KB274734

위대한 기업을 뛰어넘는
이기는
기업

이기는 기업

| 최상철 지음 |

WINNING COMPANY

한국경제신문

도쿄의 유라쿠초 · 긴자 지구는 자타가 인정하는 일본 최고의 번화가로 유명 백화점과 패션 브랜드 전문점이 밀집한 곳이다. 늘 유행에 민감한 젊은 여성들이 패션 상품을 쇼핑하기 위해 몰려들어 오랫동안 '일본 상업의 얼굴'로 군림해왔다. 이 황금 상권에서 제법 큰 1만 5,000m^2라는 영업 면적을 가진 세이부 유라쿠초점은 1984년에 당시의 유통재벌인 세존 그룹이 모든 역량을 총동원해서 오픈한 백화점으로 유라쿠초 · 긴자 지구의 상징이었다.

한편 JR(구 국철) 유라쿠초역을 사이에 두고 세이부 유라쿠초점의 맞은편에는 일본 유수의 가전양판점 체인 기업인 빅카메라의 유라쿠초 본관이 있다. 이 거대한 점포는 2001년에 경영 파탄으로 철수한 유라쿠초 소고 백화점 자리에 생겼다. 유라쿠초 한큐점, 미쓰코시 긴자점, 프랑탕 긴자점 등의 유력 백화점들이 여전히 고전 중이지만 빅카메라 유라쿠초 본관의 매상고는 유라쿠초 소고의 약 2배에 달하는 것으로 알려졌다.

한편 세이부 유라쿠초점에서 몇 분 거리에 있는 중앙로에는 2005년에 문을 연 패스트리테일링사의 유니클로 긴자점이 성업 중이다. 이곳은 패스트리테일링사의 핵심 점포로, 2009년 10월에는 영업 면적을 1.5배 늘려 2,300㎡의 커다란 점포가 되었다. 2011년 가을에는 긴자에도 점포를 낼 예정이다. 이곳에서 가까운 곳에는 루이비통, 코치, 에르메스, 까르띠에 등의 고급 수입 브랜드 점포도 즐비하지만 유니클로와는 달리 세계 금융 위기로 인한 매출 하락에 고심하고 있다.

최근에 이 지역에는 세계적인 캐주얼 의류 체인점, 통칭 패스트패션 점포가 늘어나고 있다. 2008년 9월에 스웨덴의 헤네스 앤드 모리츠가 일본 제 1호점인 H&M 긴자점을, 이어 2009년 12월에 미국의 애버크롬비 앤드 핏치Abercrombie&Fitch 가 일본 1호점이자 아시아 1호점인 애버크롬비 앤드 핏치 긴자점을 각각 개점했다. 개점 당일에 수천 명의 고객들이 장사진을 이루었고, 지금도 많은 사람들이 붐비고 있다. 2010년 4월에는 한국계 장도원 사장이 이끄는 미국의 포에버21 Forever21 2호점이 마쓰자카야 백화점 긴자점에 입점했다.

유라쿠초·긴자 지구는 과거에도 그랬지만, 앞으로도 계속 일본 상업의 얼굴로 남을 것이다. 이 지구의 역사를 돌이켜보면, 일찍이 서양의 유명 브랜드가 이곳을 거점으로 하여 일본 시장에 침투했고, 유명 백화점은 자사의 체면을 걸고 화려한 핵심 점포를 개점했다. 이 상업지구는 항상 변화해왔기 때문에 그만큼 매력을 증대시켰고, 일본뿐 아니라 세계 각지에서 온 쇼핑객들로 붐비게 된 것이다. 유라쿠초·긴자 지구에 오는 소비자들은 변화에 목말라한다. 그래서 이제는 백화점 같은 전통적인 대형 점포 대신 가격이 싸고 폭넓고 깊이 있는 상품을 제공하는 소매 전문점 체인과 납득할 만한 가격, 최고의 선도와 최적의 타이밍을 무기로 하는 캐주얼 의류 체인점을 지지하는 것이다.

2010년 1월 말, 일본 최대의 유통그룹 세븐&아이 홀딩스 산하의 백화점 기업인 주식회사 소고·세이부는 12월 25일부로 세이부 유라쿠초점을 폐쇄한다고 발표했다. 일본을 대표하는 명문 백화점이자 유라쿠초·긴자 지구의 상징이기도 한 세이부 유라쿠초점을 폐쇄한다는 사실은 단순히 특정 기업, 나아가 특정 유통 그룹을 넘어 일본 백화점 업계 전체의 참상을 상징적으로 보여준다.

발표 이후 언론에서는 '변화에의 대응'이라는 표어 아래 스즈키 도시후미라는 걸출한 경영자의 지휘로 승승장구해온 세븐&아이마저 마침내 백화점 사업에서 백기를 든 것이 아닌가 하는 보도가 잇따랐다. 물론 세븐&아이 측은 백화점 사업에서 물러난다는 소문에 대해서 일축하고 있다. 그러나 세계 최다 점포를 가진 편의점 체인으로 고수익을 올리고 있는 세븐일레븐을 필두로 론칭한 모든 소매 관련 사업을 성공시켜온 스즈키로서는 체면이 말이 아니게 되었다.

2006년에 경영 위기에 빠져 있던 소고와 세이부 백화점을 무려 2,300억 엔이나 들여 매수한 후 기자회견장에서 향후 자사의 전문 분야인 종합양판점과 백화점의 업태를 융합해서 미래의 소매업을 창출하겠다며 의기양양해 하던 스즈키의 모습은 찾아볼 수 없게 되었다. 처음에 스즈키는 세븐&아이의 핵심 기업이자 일본 종합양판점의 간판 기업인 이토요카도와 신규 매수 기업인 소고와 세이부 백화점이 시너지 효과를 발휘할 것으로 예상했다. 이토요카도의 점포 운영 및 머천

다이징 노하우와 소고와 세이부 백화점의 높은 스토어 브랜드가 상호 보완적으로 기능하면 공통의 상품 개발을 통해 화학적 결합을 이루고, 상품 사입에서도 엄청난 규모의 경제적 이익을 남기면서 물리적 결합도 할 수 있다고 판단한 것이다.

당시만 해도 일본의 경기가 되살아나는 시점이었기 때문에 스즈키의 백화점 매수 결정은 전략적인 것으로 평가받았다. 그러나 2008년 9월, 급작스럽게 닥친 세계 금융 위기는 일본인들의 소비 심리를 얼어붙게 만들면서 일본 유통업계를 강타했다. 일본 유통에서 악몽이나 다름없는 디플레이션deflation이 재연되면서 상대적으로 고가격 고품질의 상품을 제공하는 백화점 업계는 큰 타격을 입었다. 실제로 2010년 3월 말 현재, 올해 폐점할 것으로 알려진 일본의 백화점 수가 벌써 10군데에 이르고 있다. 이는 2009년의 9군데를 넘는 숫자이다.

현존하는 가장 탁월한 일본 경영자 중 한 명으로 평가받는 스즈키로서는 세계 금융 위기와 디플레 시대의 재래再來라는 변화를 예상하지 못했다고 변명하고 싶을지 모른다. 그러나 백화점 사업은 이미 일본에서 구조적 불황 산업이 된 지 오래되었다. 백화점 업태의 변혁을 외친 스즈키의 경영 수완에 물음표가 붙는 것이 당연할 정도로 백화점 사업은 착지점을 찾지 못한 채 급경사의 내리막길로 떨어지고 있다.

일본에서 백화점 사업의 절정기는 1999년 말로 당시에는 점포 수가 311개에 달했으나 2009년 말에는 271개로 감소했다. 2009년에는 약 90%의 점포가 적자를 기록했다고 한다. 당분간은 물가가 하락하고 실제 소득이 감소하는 디플레 경제가 지속될 것이 예상되기에 앞으로의 전망도 어둡기 짝이 없다. 왜 일본의 백화점 업계는 이토록 처참한 상황에 빠지고 말았을까? 버블 경제의 붕괴, 생각보다 빨리 닥친 저출산 고령화 사회, 예상보다 오래 지속되는 디플레 경제 등의 환경적인 요인이 그 원인이라는 매크로 경제학적 분석은 진부하고, 또 아무런 현실적인 타개책도 제시하지 못한다. 참상의 원인은 구태의연한 비즈니스 모델을 고수하고 생존을 위해 혁신하지 않은 백화점 내부에 있다.

어떤 회의론자는 성장 동력을 잃어버린 일본 경제에 대해 '삶아진 개구리 증후군boiled frog syndrome'에 빠져 있다고 말한다. 찬물이 든 비커 속에 개구리를 넣고 서서히 열을 가하면, 개구리는 물이 뜨거워지는 것을 인식하지 못한 채 헤엄을 치며 놀다가 자신도 모르게 삶겨서 죽어버린다는 것이다. 근본적인 개혁을 하지 않고 서서히 퇴조해가는 일본 경제를 야유하기 위해 쓰는 표현인데, 격변하는 외부 환경에도 불구하고 생존을 위한 적응 전략을 게을리한 백화점 업계야말로 이 표현이 적격이다.

일본의 백화점 업계는 버블 경제의 절정기였던 1991년에도 9조 7,000억 엔이라는 연간 매상고를 자랑했지만 2009년에는 약 6조 5,000억 엔으로 줄어들었다. 약 20년이라는 기간 동안 시장 규모의 1/3이 날아가 빈사 상태가 된 것이다. 매년 매상고가 2~3% 정도 줄어드는 것에 불과해 어정쩡한 태도를 유지해오던 것이 치명적인 오산이었던 것이다. 그 정도의 감소라면 경영자는 능력을 의심받을 필요가 없고, 근본적인 경영 개혁을 위해 자사의 비즈니스 모델에 메스를 댈 필요도 없었기 때문이다.

그 결과는 불을 보듯이 뻔하다. 일본 안팎의 혁신적인 소매업태들이 살아남기 위해 동분서주하고 있음에도 불구하고 일본 전역의 백화점들은 거의 삶아진 개구리 상태가 되었고, 마침내 소매업태로서 존재의 의미마저 의심받게 된 것이다. 실제로 백화점 업계 내부에서도 5년 후에는 연간 매상고가 5조 엔대로 축소될 것이라는 비관적인 전망이 나오고 있다.

백화점과 함께 고도성장기에 일본 소매업태의 기둥 역할을 한 종합양판점의 상황도 비슷하다. 한국의 대형마트에 해당하는 종합양판점 업태는 1974년에 백화점의 매상고를 추월한 후 아직도 일본 최대 소매업태의 지위는 유지하고 있지만 2009년까지 13년째 전년 대비 매상고가 계속해서 하락하고 있다. 그 여파로 인해 폐쇄되는 점포가 계속 늘고 있고, 빈 점포를 대신하는 새로운 점포도 들어오지 않아 도시의 경관을 해치는 흉물로 방치되고 있는 경우도 부지기수다.

종합양판점의 위기는 오래전부터 인구에 회자되어 왔다. 최근에 들이와서는 업태 자체의 소멸마저 거론되고 있다. 무엇보다도 세븐&아이의 뿌리이자 일본 종합양판점 업계의 간판 기업인 이토요카도가 2009년도 중기 결산(2009년 3~8월기)에서 창업 이래 처음으로 43억 엔의 영업 적자를 계상한 것은 소매업계에 큰 충격을 주었다. 종합양판점 업계의 톱 기업인 이온도 72억 엔의 영업 적자를 얻어 여전히 부진한 상태에서 벗어나지 못하고 있다.

2004년 말, 약 30년간 일본 소매업계의 정점에 군림했던 다이에가 실질적인 경영 파탄 상태에 빠진 후 일본 종합양판점 업계의 양대 산맥이었던 이토요카도와 이온이 모두 적자 상태가 되자 종합양판점 업태의 사양은 피할 수 없는 시대의 흐름으로 인식되고 있다. 미국의 GMSGeneral Merchandise Store 에서 힌트를 얻어 생긴 종합양판점은 1960년대에 일본 시장에의 창조적 적응이라는 업태 이노베이션의 결과 일본형 GMS로 원형이 만들어졌다. 그러나 그 후 거의 반세기가 지났지만 백화점과 마찬가지로 비즈니스 모델을 바꾸지 않았다. 종합양판점도 삶아진 개구리 증후군에 빠져 있었던 것이다.

이처럼 백화점과 종합양판점이라는 전통적인 일본 소매업태의 양대 산맥이 무너지고 있다면, 누가 일본 소비자의 구매 욕구를 충족시킬 수 있을까? 이 물음에 대해서는 지금까지 살펴본 것처럼 곧 폐쇄되는 세이부 유라쿠초점이 위치해 있는 유라쿠초 · 긴자 지구의 유통 지도를 살펴보면 대략적인 해답을 얻을 수 있다. 단적으로 급부상하고 있는 소매 전문점 체인과 캐주얼 의류 체인점이 폐점한 백화점의 자리를 메우고 있는 것이 그 해답이다.

유라쿠초 · 긴자 지구를 중심으로 승자와 패자로 나누어지고 있는 이 구도는 다이내믹한 일본 유통의 축소판에 다름 아니다. 《위대한 기업을 뛰어넘는 이기는 기업》에서는 일본 유통의 변화무쌍한 영고성쇠의 다이너미즘dynamism 을 공간축과 시간축으로 확대하여 독자들에게 전하고자 한다. 즉, 유통 다이너미즘의 공간을 특정 지역에 국한시키지 않고 일본 전역으로 시야를 넓혀 각 소매업태를 대표하는 유력 기

업의 행동을 분석하고, 시점을 현 상황에 국한시키지 않고 특정 소매
업태가 생성, 발전, 성숙하게 된 역사적 과정도 포함하기로 한다. 한국
의 독자들이 복잡다단한 일본 유통 시스템의 전체를 이해하는 것이 쉽
진 않겠지만, 여러 가지 흥미로운 에피소드를 통해 가급적 알기 쉽게
설명하기로 한다.

《위대한 기업을 뛰어넘는 이기는 기업》에서는 다음의 세 가지 사항
에 유의했다.

첫째, 이 책에서는 일본 유통의 역사적 전개과정에서 격렬한 시장경
쟁에서 경쟁 상대를 누르고 그때 그때 주역의 자리를 차지한 소매업태
와 소매기업을 중심으로 서술했다. 일본 유통 시스템의 역사에서 주도
적인 역할을 한 소매업태를 총망라하여 엔터테인먼트형 전문점, 백화
점, 편의점, 종합양판점, 중소 유통기업(계열 전문점), 유통 외자 등에 대
해서 살펴보고 앞에서 말한 패스트패션 기업을 비롯하여 한국에도 잘
알려진 다이소, 세븐일레븐 재팬, 한큐 백화점, 다이에, 마쓰시타전기
(현 파나소닉)의 계열점인 내셔널숍, 까르푸 재팬, 이케아 등의 혁신적인
소매기업에 대해 구체적으로 거론한다. 가급적 독자들이 흥미를 느낄
수 있도록 이론적인 분석 대신 각 기업의 혁신적인 비즈니스 모델과
경영자의 고뇌와 결단을 전면에 내세워 사례를 분석한다.

둘째, 소매업태와 소매기업의 분석에 그치지 않고 이들과 가격결정
권을 둘러싸고 격렬하게 대립하는 동시에 상생을 위한 협조를 거듭해
온 과점 제조기업에 대해서도 초점을 맞췄다. 일본의 유통 시스템은
산업자본(제조기업)과 상업자본(유통기업) 간의 대립과 협조의 상호작용

에 의해 만들어지고 진화해왔다. 그런 점에서는 소매업태와 소매기업의 분석만으로 일본 유통의 다이너미즘을 이해하기 힘들다. 반드시 과점 제조기업의 시장행동 즉, 마케팅 전략과의 관계를 분석하는 것이 필요하다. 이 책에서는 소매기업이 자사 상품인 PB Private Brand 를 둘러싸고 불가피하게 겪어야 할 제조기업과의 갈등과 상생관계에 주목하는 한편, 가전업계의 최대 제조기업인 마쓰시타전기(파나소닉), 음료 및 맥주업계의 쌍두마차 격 제조기업인 기린과 산토리를 통해 소매기업과의 관계를 어떻게 정립하고 있는가에 대해서 살펴본다.

셋째, 같은 업태 내의 다른 기업들과의 경쟁관계라는 수평축과 관련 제조기업과의 대립과 협조라는 수직축이 복잡하게 얽혀 있는 상황에서 혁신적 소매기업이 계속 성장하고 발전하기 위해서는 투철한 상인정신이 필요하다는 점을 강조한다. 일본의 유통시장은 디플레 시대의 도래, 나아가 시장 파이가 확대되지 않은 성숙기를 맞이하고 있다. 게다가 유력 외자가 들어오는 글로벌 경쟁시대에 노출되어 있다. 무한경쟁시대에 돌입한 유통 시장에서 소매기업이 살아남기 위해서는 무엇보다도 시장경쟁의 최종 심판자인 소비자의 니즈를 경쟁 기업보다 더 충족시키는 비즈니스 모델을 창조, 유지할 수밖에 없다. 이 비즈니스 모델을 유효하게 가동시키는 원동력은 상인정신이다. 상인정신은 '싫증'이라는 키워드로 분석할 수 있는 소비자를 최고의 선도와 최적의 타이밍으로 만족시키며, 단순한 상품의 구매가 아니라 감동과 즐거움도 함께 제공하게 하는 불변의 이데올로기이다.

혁신적인 소매기업의 사례를 분석하고, 소매기업과 제조기업과의 대립과 협조 관계를 중시하며, 나아가 소매기업의 행동 강령으로 상인 정신을 강조한 이상의 유의점에서 알 수 있듯이 《위대한 기업을 뛰어넘는 이기는 기업》은 이론적 체계를 갖추었다. 실제로 이 책을 집필하면서 필자는 나름대로 일본 고유의 유통론 또는 상업학의 이론과 이 책의 각 장과의 관계를 의식했다. 그러나 유통 이론에 대해 문외한이더라도 '유통' 및 '일본'이라는 화두에 관심 있는 독자들을 위해 풍부한 사례와 에피소드를 넣어 가급적 읽기 쉽게 했다. 그 일환으로 본문에서 참고문헌을 소개하는 것을 피하고 책 마지막에 정리했다. 또 번잡하게 주석을 다는 것도 생략했고, 꼭 설명이 필요한 부분은 본문에서 자세히 기술했다. 편의상 책에 나오는 경영자들에 대한 존칭은 생략했다. 시간적 여유가 없는 독자가 굳이 처음부터 읽지 않고 관심이 가는 장을 선택해서 읽더라도 문제가 없도록 각 장이 독립성과 완결성을 가지도록 했다.

《위대한 기업을 뛰어넘는 이기는 기업》에서 전하고자 하는 일본 유통의 다이너미즘과 그 주역인 각 기업들의 시행착오가 한국의 유통업계에 종사하는 분들과 유통에 관심 있는 독자들에게 참고가 되었으면 한다.

일본 유통과학대학에서

최상철

1부 경제대국으로 부활을 꿈꾸는 일본 기업의 저력

잃어버린 10년,
살아남기 위한 새로운 경영 모델

3부 글로벌 소매기업의 성공과 실패

4부 일본 경제의 향방을 결정짓는 상인정신

- 일본 유통혁명의 시작은 사카에 약국에서부터

- 유통 발전을 위한 실학적 교육을 펼치다

- 유통 거인들의 어깨 위에서 바라본 일본 유통의 참모습

일본 유통 거인들의
어깨 위에서

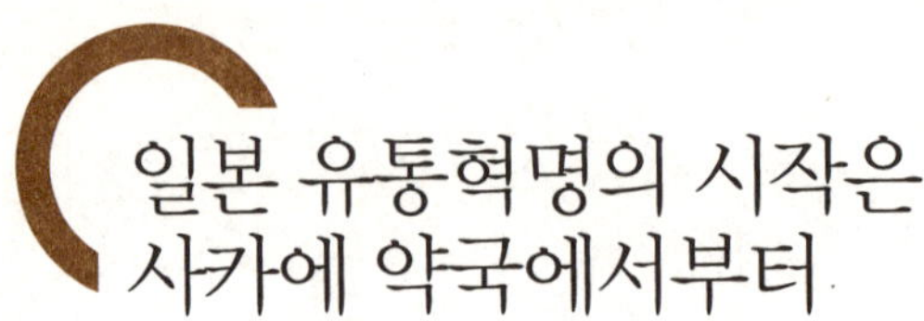

일본 유통혁명의 시작은
사카에 약국에서부터

필자가 근무하는 유통과학대학의 연구실에서는 '사카에 약국'이 보인다. 대학 내에 있는 이 낡은 약국은 영업을 하지 않는다. 하지만 이 약국은 유통과 관련된 일본의 학계나 업계에 조금은 알려진 명소로, 교내는 물론 외부 방문객들이 끊임없이 찾아온다. 2층으로 된 약 50㎡의 조그만 주상일체住商一體형의 이 약국은 1972년부터 약 30년간 일본 최대의 유통그룹으로 군림하면서 전성기에는 연결 재무제표 5조 엔의 판매액을 자랑했던 '다이에'의 원형으로 평가되는 유서 깊은 곳이다.

1926년에 나카우치 히데오가 개업한 사카에 약국은 본래 일본 관서지방의 핵심 도시인 고베시 효고구의 한 상점가에 있었다. 이곳은 외항선 선원들의 왕래가 잦고, 근처에 가와사키 조선(현 가와사키 중공업)이 있었기 때문에 약국은 번성했다. 나카우치 히데오는 4명의 아들을 두었는데, 당시 대학생이던 장남 나카우치 이사오는 일본의 침략전쟁

유통과학대학 안에
있는 사카에 약국

인 태평양전쟁에 징용되어 가장 치열한 전장으로 알려진 필리핀 전선에 투입되었다. 그는 포병대의 하사로 참전하여 압도적인 병참능력을 갖춘 미군의 파상 공격에 밀려 정글로 도망다니면서 게릴라전을 펴는 생지옥을 경험했다.

일본의 무조건적인 항복으로 겨우 목숨을 건진 청년 나카우치는 빈손으로 고베로 돌아왔고 아버지가 경영하던 사카에 약국에서 장사의 기본을 배우게 된다. 고베 시내를 주 무대로 상술을 익힌 젊은 상인 나카우치는 더욱 큰 시장인 오사카시의 센바야시역 앞에 약품과 화장품을 중심으로 저렴한 가격과 셀프 서비스를 무기로 하는 '주부의 점포' 다이에(현 다이에)를 개업한다. 1957년 9월, 일본형 종합양판점의 역사가 시작된 순간이다.

일본의 대표적 소매업태인 종합양판점은 앞으로도 자주 나오는 개념이므로 간단히 설명하고 넘어갈 필요가 있다. 일본에서는 종합양판점을 '종합 슈퍼' 또는 'GMS General Merchandise Store'라고 부른다. 식료품과 일용품을 주로 다루는 슈퍼마켓과는 달리 의류, 가전, 가구 등 여러

주부의 점포 다이에 1호점

가지 카테고리의 상품을 종합적으로 다루기 때문이다. 옛날에는 주로 역 주변에 있었지만 버블기 이후에는 땅값이 올라 교외에 점포를 얻는 경우가 많아졌다. 매장의 면적은 약 3,000㎡ 이상이고 주차장을 갖추고 있다. 좁은 일본의 토지를 잘 활용하기 위해 일반적으로 2~3층으로 구성되어 있고, 계산은 매장별로 하는 것이 보통이다. 점포의 체인 전개chain operation를 통해 얻는 규모의 경제를 활용하여 다품종의 상품을 대량으로 싸게 사서 싸게 파는 방식을 취하여 고도성장기에 일본 소비자들의 뜨거운 지지를 받았다.

이 비즈니스 모델은 1950년대 당시 미국에서 빅3 소매기업으로 일컬어졌던 시어즈Sears, 몽고메리 워드Montgomery Word, 그리고 페니J.C. Penny 등의 GMS 점포 시찰과 견학을 통해 일본에 전파된 것이다. 미국의 GMS는 주로 하드 상품(가전, 가구, 공구류 등)을 다루었지만, 일본에

서는 의류 같은 소프트 상품과 정육, 생선, 야채 등의 신선 상품까지도
다루게 되었다. 이러한 일본형 종합양판점의 효시가 바로 다이에라는
것이 일본에서는 정설이다.

종합양판점을 탄생시켜 일본에서 유통혁명의 기치를 드높인 다이에
가 성장하고 발전하고 퇴락하는 영고성쇠의 역사는 《위대한 기업을 뛰
어넘는 이기는 기업》의 주요한 테마이므로 이후 좀 더 자세히 다룰 예
정이다. 여기서는 우선 전장에서 구사일생으로 돌아온 나카우치에 의
해 다이에가 창립되었고, 그 전신이 사카에 약국이라는 점만 확인하고
넘어가자.

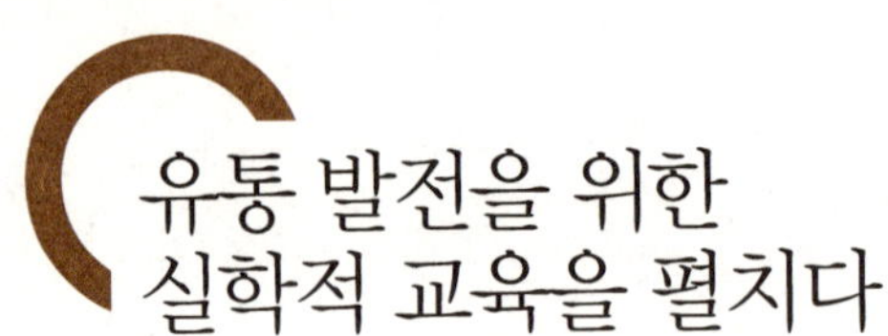

유통 발전을 위한
실학적 교육을 펼치다

사카에 약국은 다이에가 대약진을 하는 와중에도 고베시에서 계속 영업을 했다. 개업 이후 70년간 여러 차례의 대홍수와 대공습에 직면하고 1995년에는 고베 대지진의 참화를 겪으면서도 기적적으로 그 원형을 유지했다.

하지만 사카에 약국이 있던 상점가는 고베 대지진으로 큰 피해를 입어 재개발 대상이 되었다. 이에 따라 일본의 전통적인 소매상점의 모습을 가지고 있고, 종합양판점의 산실이라는 귀중한 역사적 학문적 가치를 가진 사카에 약국도 해체의 위기를 맞이하게 되었다. 이때 약국을 원형 그대로 이전하자는 움직임이 나타났다. 유통과학대학 동창회가 사카에 약국을 모교에 유치할 것을 강력하게 요청한 것이다. 그리하여 1997년 9월에 유통과학대학의 개교 10주년 이벤트의 일환으로 사카에 약국이 80년 전의 원형 그대로 대학 안으로 이전되었다. 이쯤

되면 유통과학대학과 다이에의 전신인 사카에 약국과의 관계를 알아차린 독자도 있을 것 같다. 그렇다. 유통과학대학은 다이에의 창업자인 나카우치가 사재를 털어서 개교한, 아마도 세계에서 유일하게 '유통'을 특화한 정규 대학이다.

나카우치는 과점 제조기업이 가격결정권을 구사하여 지배해온 유통경로에서 소매기업이 가격결정권을 탈취하여 유통의 주역이 되는 것이 유통혁명이라고 설파하여 일본 소비자들의 열광적인 지지를 얻었지만, 사농공상이라는 동양적인 직업 가치관 때문에 유통을 담당하는 상인들에 대한 뿌리 깊은 차별을 안타까워했다. 이를 타개하기 위해서는 유통이라는 화두를 본격적으로 연구하고 가르치는 고등 교육기관인 정규 대학이 필요하다는 것을 절실히 깨닫게 되었다. 그리하여 1988년에 여러 가지 규제와 견제 속에서 우여곡절을 겪으며 일본에서 재벌 기업의 총수가 실질적으로 개교에 관여한 최초의 대학인 유통과학대학이 마침내 탄생하게 된 것이다.

유통과학대학의 모든 교과과정은 철두철미하게 유통기업을 중심으로 한 제조기업과 소비자와의 상호관계를 실학적인 견지에서 가르친다는 건학 이념에 의해 만들어졌다. 교수진도 이에 호응하는 실학계 연구자와 기업의 싱크탱크 멤버들로 구성되었다. 간혹 유통의 최일선에서 활약하고 있는 경영자들이 강의를 하기도 하는데, 실제로 나카우치도 다이에 사장 겸 회장의 신분이 아닌 유통과학대학 이사장 및 비상근 강사로 교단에 서기도 했다.

교내에는 실사구시를 전제로 한 학풍이 충만하다. 그래서 교수회의에서는 대학 설립자가 깊이 관련된 사카에 약국을 유치하는 것에 대한 반대의 목소리도 작지 않았지만, 학생들에게 실학적인 교육 효과가 크다고 판단했기 때문에 동창회의 요청대로 학내에 약국을 유치하게 된 것이다. 사카에 약국에는 많은 교내외 학생들의 견학이 끊이지 않는다. 필자가 한국에서 온 경영자나 상인 단체의 연수단을 맞이했을 때도 반드시 약국을 견학하도록 하고 있는데, 반응도 상당히 좋다. 타이밍이 맞을 때는 연수단과 나카우치가 만나는 것도 가능했고, 나카우치는 기념 촬영을 요청하면 싱긋이 웃으며 응해주기도 했다.

이제는 학생들을 가르친 후 사카에 약국 앞을 지나다가 잠시 멈춰서 사색에 빠지곤 하던 나카우치의 모습을 더 이상 볼 수 없다.

2005년 한여름이었다. 여름방학과 오본(양력 8월 15일로 한국의 추석에 해당) 연휴를 맞아 학생들과 교직원들이 거의 학교를 비운 8월 중순, 나카우치는 한산한 캠퍼스를 느긋이 돌아보고 사카에 약국 앞에서 잠시 상념에 잠겼다가 학생식당에서 천천히 점심을 먹은 후 정기검진을 예약한 고베 시내의 모병원 대합실에서 뇌경색으로 쓰러졌다. 그로부터 약 20여 일간 혼수상태에 빠져 있다가 의식을 회복하지 못한 채 조용하게 일생을 마쳤다. 향년 83세였다. '다이에의 창업자 나카우치 서거'의 소식은 바로 각 TV 방송국의 속보로 전국에 발신되었다.

소비자 주권을 위해 과점 제조기업을 대신하여 대형 소매기업이 유통경로의 주도자여야 한다는 일본 유통혁명의 선구자였고, 한때 전후의 일본 경제를 대표하는 위대한 기업 경영자로서 마쓰시타전기의 창업자인 마쓰시타 고노스케와 함께 추앙받았던 나카우치였지만, 무리한 경영 다각화로 인한 다이에의 경영 악화에 대한 책임을 지고 2001년에 다이에의 모든 직책에서 물러난 후 자택을 포함한 모든 자산을 주거래 은행에 넘겨야 했다. 문자 그대로 공수래공수거의 인생이었다.

다이에 창업 이후 단 하루도 쉬지 않고 달려왔고 단 한 번도 사업이 즐겁다고 생각한 적이 없었다는 그가 말년에는 학생들을 가르치면서 모든 구속에서 벗어나 환하게 웃을 수 있게 만들어준 유통과학대학을 최후에 방문할 수 있었던 것은 신의 가호 때문이었을까. 대학장으로 치러진 나카우치의 장례식에는 일본 실업계의 쟁쟁한 창업자들을 비롯한 약 4,000명이 참석하여 고인과의 이별을 아쉬워했다. 사카에 약국 주위의 벚나무에서는 늦여름과 함께 그 생을 마쳐야 하는 매미들의 쇠잔한 울음소리가 을씨년스럽게 들려왔다.

나카우치 서거 1년 후 유통과학대학은 다시 한번 언론의 주목을 받았다. 2006년 9월, 서거 1주년을 기념하여 대학 강당에서 개최된 유통 심포지엄에 나카우치와 함께 전후 일본 유통의 근대화를 위해 최전선에서 분투한 4명의 일본 최대 소매기업의 창업 경영자들이 패널리스트로 참가했기 때문이다.

나카우치의 서거 후 생존하고 있는 '일본 유통의 사천왕'이라 불리는 4명은 세븐&아이 홀딩즈 명예회장인 이토 마사토시, 이온의 명예회장 겸 상담역인 오카다 타쿠야, 유니 특별고문인 니시카와 토시오, 그리고 라이프 코프레이션의 시미즈 노부쓰구이다. 모두 80세가 넘는 고령이지만 나카우치와 함께 일본 유통의 근대화 초창기에 일본 전역에서 한치의 양보도 없는 출점 경쟁과 수성 경쟁을 벌였던 신화적인 창업 경영자의 면면이었다.

나카우치 생전에는 결코 한자리에 모일 수 없었던 일본 유통의 사천

왕들은 고인의 치열한 유통혁명의 열정과 선구적 발자취를 칭송하면서 아직도 유통혁명은 끝나지 않았다고 주장했다. 그리고 일본에서의 참된 유통혁명의 이론적 총본산으로서 유통과학대학의 사명을 역설했고 이를 위해 가능한 협력을 아끼지 않겠다고 입을 모았다. 실제로 이들 사천왕 중 건강상 사퇴한 니시카와를 제외한 3명이 2008년부터 유통과학대학 이사로 취임했고, 교직원들에게 여러 가지 면에서 조언과 질타를 아끼지 않고 있다. 때로는 특별 강사로, 때로는 각종 심포지엄의 패널리스트로 활약하면서 말이다.

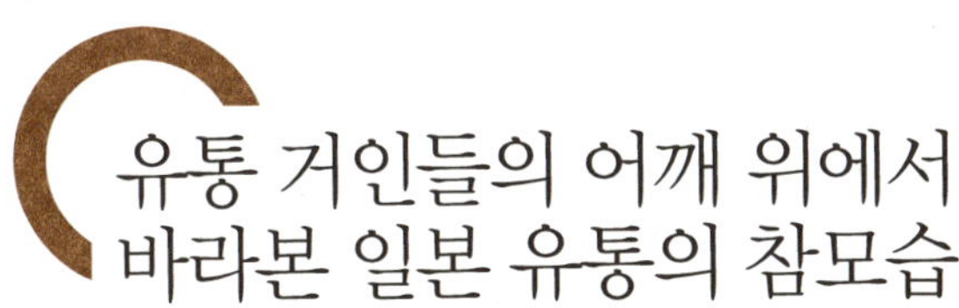

유통 거인들의 어깨 위에서
바라본 일본 유통의 참모습

세계 최대의 검색 사이트인 구글에는 구글 학술 검색Google scholar이라는 연구자용 문헌 사이트가 있는데, 메인 페이지에 '거인의 어깨에 올라서서on the shoulders of giants' 라는 아이작 뉴튼의 금언이 적혀 있다. 위대한 과학자(거인)들의 축적된 연구 업적이 있었기에 만유인력의 법칙 같은 과학적 혁명이 성공할 수 있었다는 의미를 포함하고 있는 것이다.

필자가 이 책의 앞부분에서 장황하게 유통과학대학을 중심으로 한 일본 유통의 거인들에 대한 이야기를 꺼낸 것은 앞으로 전개되는 이 책의 내용이 필자가 연구자로서 유통에 대한 얕은 지식을 일방적으로 전하고자 하는 것이 아니라는 점을 미리 이야기하고 싶기 때문이다.

필자는 일본이 여전히 버블 경제의 여운에 잠겨 있던 1990년에 늦은 나이로 유학을 왔다. 지금 생각해봐도 당시의 일본은 흥청망청하고 있었다. 필자가 다닌 학교가 국립대학임에도 불구하고 상당수의 여학생들은 5만 엔가량 하는 명품 가방을 들고 캠퍼스를 활보했고, 회사 파견으로 석사과정에 입학한 30대의 보험 회사원들은 연봉으로 천수백만 엔을 받는다는 자랑을 일삼았다. 회사에서 정시에 퇴근한 독신의 여사원들은 비싼 골프가방을 들고 골프장으로 몰려들었고, 1991년에 개장한 초대형 호화판 디스코장인 줄리아나 도쿄에서는 반라의 젊은 여성들이 밤새 춤췄고 그 모습은 연일 TV에 보도되었다.

그때는 이미 버블이 가라앉기 시작하여 잃어버린 10년이 시작되고 있었다. 버블 경제의 절정이었던 1989년 말 니케이 평균주가는 3만 8,915엔이었지만 1999년 말에는 1만 8,934엔으로 반토막이 되었고, 도심부의 맨션 가격은 그 이상으로 폭락했다. 문제는 이러한 1990년대 버블 붕괴에도 불구하고 백화점, 종합양판점 등 당시의 주력 소매업태는 신점포 개발을 이유로 오히려 매장 면적을 확대하는 우를 범하고 있었다는 것이다. 실제로 일본의 통상산업성(현 경제산업성)이 발표해온 상업통계조사의 데이터를 시계열로 보면, 1994년을 경계로 소매기업은 판매액 증가율보다 매장 증대율이 높았다. 잃어버린 10년을 반성하지 않고 과거 고도성장기의 꿈에서 깨어나지 못한 결과는 '잃어버린 20년' 대의 돌입을 불러왔다.

일본에서는 2000년부터 2009년까지의 10년을 '제로연대'라고 부른다. 물가가 지속적으로 하락하는 디플레 경제가 계속된 이 기간에 일본 경제의 성적표는 잃어버린 10년 이상으로 참담하다. 단적으로 2009년의 국내총생산GDP은 약 474조 엔 정도가 될 것으로 보이는데, 이는 1992년의 수준을 밑돌고 1999년에 비해도 5% 감소한 수준이다. 결국 제로연대 기간에는 평균적으로 매년 −0.5%의 역성장을 한 것이다. 니케이 평균주가는 2009년 말에 1만 604엔으로 나타나 1989년 말의 1/4 수준으로, 1999년 말의 약 절반 가까이 떨어졌다. 한편 일본 경제가 세계 경제 전체에서 차지하는 비중은 GDP 기준으로 잃어버린 10년의 기간에는 그래도 15% 전후를 차지했지만, 제로연대에는 지속적으로 떨어져 2008년에는 8.1%가 되어 1980년을 밑도는 수준이 되고 말았다. 이제 세계 2위의 GDP 국가라는 지위도 2010년에는 중국에 넘겨줄 것이 분명해졌다.

이렇게 말하면 일본 경제가 완전히 쇠락하고 있다고 느껴질지도 모르겠다. 하지만 1990년대와 제로연대 즉, 강산이 두 번 변할 20년 동안 일본에서 생활한 필자는 오히려 이 잃어버린 20년이 일본을 성숙시켰다고 생각한다. 이코노믹 애니멀로 전 세계로부터 야유를 받던 버블기의 그 광란의 시절보다 지금에서야 비로소 성숙한 선진국 국민답게 검소하면서도 품위 있는 생활을 누리게 된 게 아닌가 하는 생각이 든다. 버블기는 가난한 유학생에게 그만큼 악몽이었는데, 양식 있는 일본인들도 같은 생각이었을 것이다. 지금 일본은 과거의 '재팬 애즈 넘버 원 Japan as No.1' 시대의 미망에서 깨어나 성숙한 유럽형 복지국가로 탈바꿈할 상황에 놓여 있다.

필자는 대학원에서 유통 연구자로서의 교육을 받은 후 약 15년 전부터 일본의 어떤 국립대학에서 본격적으로 유통 연구에 몰입하기 시작했다. 일본 경제의 격변기이자 과격한 유통 다이너미즘의 시대에 일본에서 유통 연구를 시작할 수 있었던 것은 연구자로서 행운이라 할 수 있다.

그동안 일본 소매기업의 주역은 완전히 바뀌었다. 무분별한 점포망 확대와 다각화 전략을 통한 양적 성장전략을 편 백화점과 종합양판점은 파탄의 길을 걷게 된 대신 편의점이 급부상했다. 제로연대에 들어와서는 편의점과 함께 드럭스토어가 주역을 차지했다. 최근에는 이들도 시장 포화현상에 직면했고 현재는 전문 체인점의 시대라 할 만하다. 가전양판점의 야마다전기, 캐주얼 의류 유니클로를 만든 패스트리테일링, 가구 인테리어의 니토리 등이 현재 일본 소매업계의 주역이다.

이러한 소매기업의 주역 교대는 자연스럽게 유통 연구의 폭을 넓히고 또 심화할 수 있는 절호의 기회였다. 그러나 생각만큼 유통 연구의 성과가 나타나지 않아 초조하기도 했다. 유통이나 마케팅 같은 실천학문 분야에서는 지극히 당연한 '현실은 이론을 초월한다'는 명제를 잊어버리고 책상 앞에서 추상적인 유통 이론 연구에 빠져 있던 필자로서는 당연한 결과였다. 변명처럼 들리겠지만 국립대학의 교원으로서 여러 가지 면에서 제약이 있었고, 무엇보다도 소매기업 매니지먼트의 현장을 접할 기회가 절대적으로 부족했다. 그러다가 다행스럽게도 유통 연구의 새로운 전기가 찾아왔다.

11년 전에 현재의 근무처인 유통과학대학으로 적을 옮기게 되면서 나카우치 등 많은 일본 유통의 거인들을 접하는 행운을 누릴 수 있었고, 그 결과 살아 있는 유통 지식을 배울 수 있게 되었다. 유통과학대학의 이사로 취임한 근대 일본 유통의 여명기를 개척한 위대한 창업자들, 각종 기업론 특별강의에 초빙되어 자사의 혁신적인 비즈니스 모델을 설파하는 신흥 유통기업의 경영자들, 그리고 일본을 대표하는 유통 연구의 거인들과도 쉽게 접할 수 있는 기회를 얻게 된 것이다. 그 결과 유통의 현실은 확실히 이론을 초월한다는 것을 거듭 확신하게 되었다.

과거와 현재, 그리고 미래의 일본 유통의 거인들의 어깨 위에서 조금씩이나마 유통 연구자로서의 자세를 되찾고 또 새로운 식견을 넓힐 수 있게 된 필자가 《위대한 기업을 뛰어넘는 이기는 기업》을 통해 일본 유통의 참모습을 독자 여러분에게 전하고자 한다. 예전에도 많은 분들이 일본의 유통에 대해 이야기한 바 있지만 그 형식과 내용에 있어 조금은 차별화되고 흥미롭게 만들기 위해 노력했음을 강조하고 싶다.

경제대국으로 부활을 꿈꾸는 일본 기업의 저력

1장

절실함을 감동으로, 100엔숍 다이소

100엔숍 비즈니스에 대한 다이에의 오해

100엔숍이 일본 전역에서 점포를 늘리며 소비자들의 지지를 받던 2000년 9월, 다이에는 88엔의 균일가 상품을 팔겠다고 발표했다. 당시 언론에서는 일본 최대의 소매기업으로 군림하던 다이에가 마침내 반격에 나섰다고 크게 보도했다.

이미 종합양판점 업태가 사양길에 접어들긴 했지만 최대 기업인 다이에가 전국의 270개 점포에 '88엔 코너'를 설치하여 88엔이라는 파격적인 균일가로 자주 기획상품을 대대적으로 판매하기 시작한 것은, 일반적으로 100엔숍으로 불리는 100엔 균일가점 업태의 최대 기업으로 당시 시장점유율 70%를 차지하고 있던 다이소산업(이하 다이소)에게는 큰 위협이 될 것이라는 분석이 제기되었다. 실제로 다이에는 2000년 10월부터 청소용품, 부엌용품, 학용품 등 약 300가지 생활필수품을 팔기 시작했다. 화장지 4개, 세탁용 타올, 90분짜리 비디오 테이프, 500그램짜리 세제 등을 88엔에 팔아 많은 소비자들이 몰려들었다.

당시 다이에 부사장인 사사키 히로시게는 100엔숍을 의식하긴 하지만 일부러 경쟁하진 않겠다고 의기양양하게 말했다. 일본 디스카운트 스토어 업태의 지평을 연 원조 할인점으로서 다이에는 다이소 같은 신흥 디스카운트 스토어를 애써 무시하려는 자세를 보인 것이다. 하지만 결과는 다이소의 완승, 다이에의 완패였다. 2004년 9월, 다이에는 조용히 88엔 코너를 철수했다.

다이에는 다이소와의 경쟁을 88엔 대 100엔의 가격 경쟁 구도로 착각했다. 다이소는 굳이 업태를 분류하자면 디스카운트 스토어에 해당할지 모르지만 실제로는 소비자들에게 100엔의 저가 상품을 파는 것이 아니라 쇼핑의 즐거움 즉, 엔터테인먼트 서비스를 제공하는 기업이라는 것을 다이에는 몰랐던 것이다.

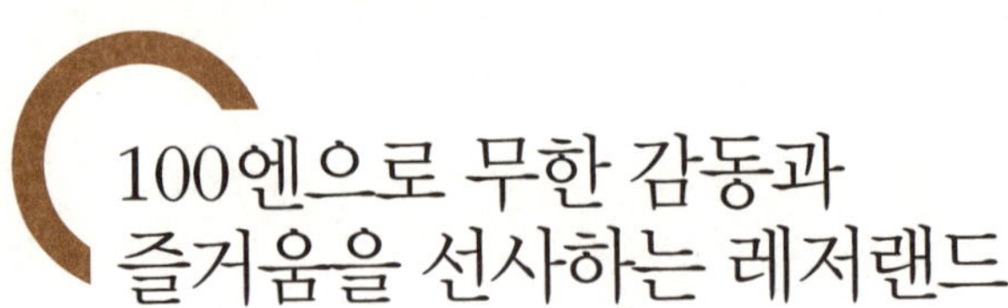

100엔으로 무한 감동과
즐거움을 선사하는 레저랜드

30분에 500엔의 즐거움을 파는 다이소 극장

다이소 홈페이지에 들어가면 '다이소 극장'의 막이 열리는 것을 볼 수 있다. 일본 극장의 정규 요금은 1,800엔이다. 1992년에 정해진 1,800엔은 18년이 지난 오늘날에도 변함없다. 영화의 평균 상영시간은 100분인데, 어림잡아 일본의 극장에서는 1시간 관람에 1,000엔 즉, 30분에 500엔이 드는 셈이다. 다이소의 창업자인 야노 히로타케는 득의만만하게 "보통의 극장은 2,000엔에 2시간, 500엔에 30분의 쾌락을 팔지만 우리의 다이소 극장은 30분에 500엔의 즐거움을 판다"고 말한다.

단적으로 보통의 극장에서 영화를 보고 난 후 관객은 감동을 느끼거나 즐거움, 슬픔 등의 감정만 기억할 뿐이다. 하지만 30분에 500엔의 입장료를 내고 다이소 극장에 들어온 주부는 무작위하게 진열되어 있는 무려 9만 개의 상품이 제공하는 놀라움과 감동의 스토리를 충분히

극장의 막이 열리는 것처럼
꾸며 놓은 다이소 홈페이지의
메인 화면

즐기고, 밖으로 나왔을 때는 자신의 손에 들린 5개의 상품을 보며 행복함을 느끼게 된다. 그 상품 중에는 얼마 전까지 백화점에서 5,000엔에 팔렸던 액세서리도 있고, 다이에의 88엔 코너에서 88엔에 팔렸던 이쑤시개도 있다.

다이소를 이용하는 주 고객인 주부들은 이미 다이소 극장이 제공하는 것이 극장 이상의 엔터테인먼트 서비스라는 것을 감각적으로 알고 있기에 5,000엔이던 상품이 100엔으로 둔갑한 것에 놀라고 기뻐하는 한편, 88엔이던 상품이 100엔으로 팔려도 실망하지 않고 미소를 짓는다.

다이에는 다이소가 제공하는 것이 100엔의 저가 상품이 아니라 극장 이상의 엔터테인먼트 서비스라는 것을 전혀 인식하지 못했다. 실제로 창업자 야노는 다이소 점포를 디스카운트 숍이 아닌 '주부들을 위한 레저랜드'이며 '500엔으로 30분을 즐길 수 있는 엔터테인먼트 시설' 이라고 십수년 전부터 거듭 강조해왔다.

참고로 말하면 다이소는 미국의 1달러숍과 비교해도 전혀 다른 비즈니스 모델이다. 1달러숍은 저소득층을 타깃으로 한 전형적인 저가 업태이다. 예컨대, 월마트는 화장지 12개를 한 세트로 파는 의미에서 디스카운트 스토어이긴 하지만 그래도 세트를 구입할 여력이 있는 고객을 대상으로 한다. 반면 1달러숍에서는 한 세트를 살 여력이 없는 극빈층도 타깃으로 하고, 화장지도 1개 단위로 저가 판매한다는 의미에서 디스카운트 스토어이다. 다이소는 이 1달러숍과는 전혀 다르게 고소득층을 포함한 폭넓은 고객층을 타깃으로 하고 있다.

다이소의 뛰어난 경영 성적표

극장 이상의 엔터테인먼트 서비스를 제공하는 극장형 사업을 전개하는 비즈니스 모델을 통해 주부들의 마음을 사로잡은 다이소는 창업 이래 고속 성장을 해왔다. 2008년도(2009년 3월 결산) 매상고는 3,412억 엔이고 점포 수는 2,570개이다. 100엔숍 업계 2위인 세리아 Seria의 동년도 매상고가 684억 엔에 939개 점포, 3위인 캔두 Can Do가 608억 엔에 803개 점포, 4위인 왓츠 Watts가 331억 엔에 735개 점포인 것을 감안하면 다이소의 걸출한 마켓 파워를 짐작할 수 있다. 일본 전체 100엔숍의 시장 규모를 파악하는 것은 쉽지 않지만, 대략 6,000억 엔 정도라는 것이 일반적이다. 이를 감안하면 다이소가 시장점유율의 약 60%를 차지하는 과점형 기업이 된다. 비과점화의 특징을 가지는 일본의 소매업계에서 다이소의 60% 점유율은 아주 예외적이다.

그 밖에 다이소의 압도적인 시장 지위를 나타내는 수치를 살펴보자. 다이소는 100엔을 중심으로 약 9만 개의 상품을 기본으로 취급하면서 매월 1,000가지의 신상품을 개발하고 있다. 9만 개의 상품 거의 모두가 다이소의 자주 기획상품 즉, PB Private Brand이다. 이 매력적인 상품에 이끌려 다이소에 오는 고객 수(실제 구입하는 고객 수)는 약 6억 명으로, 매일 160만 명이 다녀가는 셈이다. 일본 내 자사 창고만 30개 이상을 가지고 있고, 전국에 200개 이상의 물류기지를 갖추고 있다. 또 중국, 태국 등지에도 물류센터를 지어 글로벌 로지스틱 네트워크를 구축하고 있다. 아시아 지역뿐 아니라 유럽과 북미를 포함한 전 세계 45개국의 사입처에서 온 100개 이상의 콘테이너가 매일 일본의 주요 항구에 입하되고 있다. 특히 세븐일레븐이나 패밀리마트처럼 규모가 작은 편의점을 제외하고 일본에서 가장 해외 점포 수가 많은 소매기업으로서

일본뿐만 아니라 한국에서도 쉽게 찾아볼 수 있는 다이소 점포

다이소는 일본 이외에 24개국에 약 530개 점포(한국이 압도적으로 많아 2008년 말 430개 점포) 네트워크를 가지고 있다.

이러한 다이소의 뛰어난 경영 성적표는 결과적으로 다이소의 브랜드 파워로 직결된다. 실제로 9년 전부터 실시되어 일본 최대의 브랜드 평가 프로젝트로 평가되는 '브랜드 재팬 2009'에 따르면(2009년 4월 17일 발표), 다이소는 탁월성, 혁신성, 국제성 등의 종합력에서 일본 내 46위를 차지한 것으로 밝혀졌다. 이는 전년도의 71위를 크게 넘어선 것이다. 브랜드 재팬은 제조기업, 외식기업, 서비스기업, 그리고 소매기업 등을 총망라하여 일본에서 활약하는 내외 기업 1,500개 사의 브랜드를 조사하는데, 2009년의 조사에서는 1위가 닌텐도, 2위가 구글, 3위가 소니였다. 참고로 2009년에 다이소의 46위보다 한 수 아래인 47위가 한국계 손 마사요시가 이끄는 소프트뱅크였고, 48위가 미스터도너츠, 49위가 아디다스, 50위가 에스비식품 등의 쟁쟁한 기업이라는 것을 감안하면, 다이소가 지금도 여전히 일본에서 발전하고 있는 초우량 기업이라는 것을 짐작할 수 있다.

이제 다이소가 오랫동안 일본 소매업계 평론가나 연구자들에게서 지적되어 왔듯이 거품처럼 사라질 디플레 시대의 일시적인 디스카운트 스토어가 아니라 고객의 마음속 깊이 각인된 브랜드 기업이자 즐거움과 감동을 제공하는 극장형 엔터테인먼트 기업이라는 것을 독자들도 인식하게 되었을 것이다. 하지만 이 화려한 다이소 극장의 무대 뒤편의 총감독 즉, 다이소 창업자인 야노는 너무나 괴팍한 성격의 기인奇人이다.

다이소 극장을 주재한다고 해서 왠지 영화계에 종사하는 사람답게 멋지고 젠틀한 성격의 댄디 스타일을 기대했다면 아마 실망하게 될 것이다. 작은 키에 두루뭉술한 체격, 폭탄주를 좋아하고 기상천외한 농담으로 사원들을 웃기는 사람이 야노이다. 야노에 대한 몇 가지 일화만 봐도 그가 얼마나 상상을 초월하는 괴짜 경영자인지 알 수 있을 것이다.

괴짜 사장의 괴짜 기업 경영

다이소에서는 아침 조회를 1년에 3번만 한다. 창업 이후 회의라는 것을 해본 적도 없고, 경영목표나 계획도 세운 적이 없다. 야노의 경영철학이 '임기응변만이 살 길'이기 때문이다.

야노는 운전사가 대기하는 전용 차도 두지 않았고, 화려하게 꾸민 사장실도 만들지 않았다. 원래 볼링장이던 곳을 개조한 회사 건물 이곳저곳을 뛰어다니며 사원들을 매섭게 질타할 뿐이다. 비가 오든, 눈이 오든, 누가 찾아오든, 점심은 무조건 히로시마의 명물인 오코노미야키나 우동을 먹어야 한다. 사원 교육은 외부의 세미나나 강의에 사원들을 참석시키는 것이 아니라 자신이 불같이 화를 내는 것이라고 생각한다.

지금은 운이 따라줘서 사원들에게 월급을 주고 있지만 '회사는 반드시 망하게 되어 있다'고 신앙처럼 믿고 있다. 유일하게 존경하는 이토요카도 그룹(현재 세븐&아이 홀딩스)의 창업자이자 명예회장인 이토 마사토시에게서 한 달에 한 번은 회사가 도산하는 꿈을 꾼다는 이야기를 들은 후부터 이 신조는 더욱 강해졌다. 야노는 지금은 다이소가 순조롭게 잘나가지만 앞날을 생각하면 무서워서 잠이 오지 않는다고 한다.

다이소 같은 기업은 잘해야 3년이라고 자신과 사원들을 의도적으로 긴장시키고 있다.

3,000억 엔 이상의 매상고를 올리면서도 회사는 여전히 시골인 히로시마현의 히가시 히로시마시에 두고 있는데, 그 이유는 특별하다. 예전부터 도쿄로 본사를 옮기라는 이야기는 많이 들었지만, 도쿄에 가면 정보가 너무 많이 들어온다고 거부한다. 회사를 도쿄로 옮기면 애널리스트나 컨설턴트들이 찾아올 것이고, 경영 관련 세미나에 참석해서 많은 사람들을 만나는 일이 싫다는 것이다. 야노는 20세기는 정보가 중요한 시대였지만, 21세기는 정보 과다의 시대이므로 오히려 정보가 적은 것이 낫다고 강변하고 있다. 한번은 이토가 야노에게 도쿄에서 가장 비싼 곳에 200m² 정도의 땅이 났으니 사라고 권유하기도 했지만 겨우 100엔숍의 사장이 호화 저택에 산다면 세상이 용서할 리 없다며 일언지하에 거절했다. 재계에 야노를 데뷔시키려던 이토의 의도는 무산되었다.

다이소는 아직도 비상장기업이다. 그래서 야노는 상장해서 일류 기업, 일류 경영자가 되라는 소리를 수없이 많이 들었다. 상장 애널리스트는 당장이라도 다이소가 상장한다면 액면 50엔의 주식이 6만 엔 정도로 시세가 형성될 것이라고 예상한다. 다이소가 상장만 한다면 다이소의 대주주인 야노는 틀림없이 일본의 억만장자 랭킹 상위에 들 것이다. 하지만 야노는 다이소를 상장하여 큰 이득을 얻게 되면 100엔짜리 물건을 팔아서 부자가 되었다고 욕을 얻어먹는 것은 물론 고객들이 등을 돌릴 수 있으므로 싫다고 한다. 나아가 주식을 상장하면 액면가의 3%를 배당해야 하고 그렇게 하면 득을 보는 것은 대주주인 자신뿐인데, 이는 지금까지 자신을 따라주던 사원들이 용납할 리가 없다고도 한다.

다이소는 창업 이래 지금까지 '불량 재고' 때문에 곧 망할 것이라는 소문에 시달려왔다. 하지만 야노는 오늘날 기업 경영자들이 대전제로 하는 '적정 재고'라는 용어 대신 '과잉 재고'야말로 다이소의 생명선이라고 강변한다. 보통의 소매기업, 예컨대 종합양판점은 반복 구매자를 타깃으로 하는데, 이들은 늘 구매하는 상품이 없으면 크레임을 건다. 따라서 매장은 POS 데이터를 이용하여 잘 팔리는 상품을 중심으로 진열한다. 일반적으로 현대 소매기업의 기본 전략인 단품 관리에 기인한 당연한 전략이다. 하지만 야노는 오히려 특정 상품이 잘 팔리는 것을 경계한다. 또 다이소에서는 POS 관리도 실행하지 않는다고 연막을 피운다. 잘 팔리는 상품은 그만큼 고객이 빨리 싫증을 낸다며 오히려 안 팔리는 상품을 더욱 사입할 것을 독려한다. 예컨대, 대형 종합양판점에는 양동이가 5가지밖에 없지만 다이소에는 50~100가지, 가위만 하더라도 종합양판점에는 2~3가지뿐인데 다이소는 20~30가지를 갖추고 있다. 야노는 적정 재고 수준이란 POS를 통해서 소매기업이 마음대로 판단하는 것이 아니라 똑같은 상품 구색에 싫증을 내는 고객을 만족시키도록 하는 다양하고 풍부한 것이 되어야 한다고 역설한다. 최대의 고객 접대는 최다 상품 구색이라는 야노의 경영철학에 따라 다이소의 비즈니스 모델은 고객을 만족시키기 위한 무한한 상품 개발, 이를 소화하기 위한 출점 공세, 결과적으로 무한의 불량 재고 증가로 이어질 것이라는 것이 비판적인 애널리스트들의 분석이다. 하지만 야노는 고객이 원하면 100엔짜리 텔레비전도 개발할 것이라고 목

최다 상품 구색이 특징인 다이소 점포

소리를 높이고 있다.

이렇듯 경영학이나 마케팅 텍스트의 가르침을 일체 무시하는 괴짜 경영자 야노가 '일본 소매업계의 기적'이라고까지 불릴 정도로 100엔 숍 사업에서 타의 추종을 불허하는 실적을 거두는 이유는 도대체 무엇일까? 가장 큰 이유는 야노가 지옥의 입구까지 가본 엄청난 체험을 한 창업자이기 때문이다. 일본의 경영자 중 가장 드라마틱한 삶을 살았다는 평가를 받기에 환희와 감동이 넘치는 현재의 다이소 극장을 만들 수 있었던 것이다. 이제부터 파란만장한 그의 인생 역정을 살펴보자.

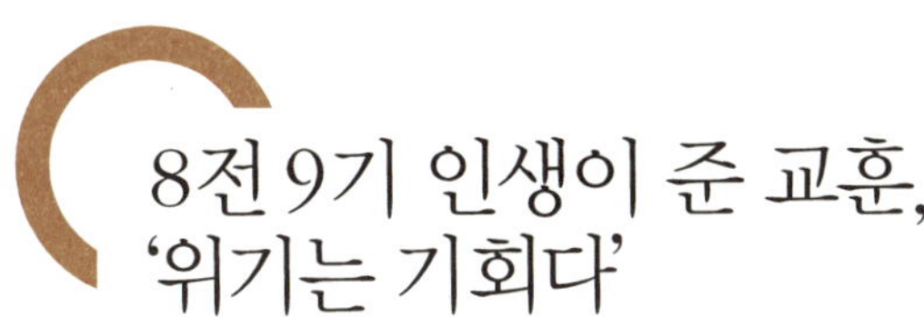

8전 9기 인생이 준 교훈,
'위기는 기회다'

경영 실패와 야반도주

야노는 태평양전쟁 중인 1943년에 히로시마현에서 8남매의 막내로 태어났다. 아버지는 의사였고, 4명의 형들 중 2명도 의사가 된 것에도 알 수 있듯이 비교적 유복한 가정에서 자랐다. 야노는 주오대학 이공학부 토목학과 야간부를 겨우 졸업했다. 야노가 스스로 인정하듯이 형들에 비해 머리는 좋지 않았지만 체력과 추진력은 있었기에 처음부터 전공과는 상관없이 사업가를 지향했다.

야노의 본명은 구리하라 고로이다. 그는 대학 4학년때 야노 가쓰요와 결혼하면서 개명을 했다. 구리하라라는 성은 4글자로 길어서 기억하기 어려우므로 아내의 성인 야노로, 고로라는 이름은 너무 흔하고 가볍게 느껴진다 생각해 사극에 자주 나오는 이름인 히로타케로 바꾸어버렸다. 그리하여 현재 이름인 야노 히로타케가 되었다. 이것만 봐도 야노가 얼마나 독특하고 별난 성격인지 알 수 있다.

야노는 처가가 히로시마현의 세토내해를 면한 오노미치에서 방어 양식장을 했기에 이를 물려받았다. 양식업은 상상을 초월할 정도로 중노동의 연속이었다. 새벽 4시에 일어나 물고기에게 먹이를 준 다음에는 시장에서 중개 업무를 했다. 트럭으로 치어를 매입해서 양식장에 돌아온 후에는 그물을 보수하고 물고기가 병이 들진 않았는지 살펴봤다. 잠시도 쉴 틈이 없었다. 운 나쁘게 적조라도 오면 물고기가 폐사했고, 그물이 찢어지면 물고기가 도망가버렸다. 마치 노름판처럼 앞날을 예상할 수 없는 하루하루의 연속이었다.

어느 날 밤, 결국 야노는 형들에게 빌린 700만 엔이라는 어마어마한 부채를 남기고, 낡아빠진 트럭에 부인과 어린 아들을 태우고 도쿄로 야반도주하고 만다. 이제 자신의 인생은 끝났다는 패배감에 눈물을 머금고 운전대를 잡고 있으니 어린 아들조차 걱정이 된 듯 "아빠, 어디로 가는 거예요?"라고 몇 번이나 물어봤다. 아내는 옆에서 눈을 감고 잠든 체하고 있었다. 야노는 어린 마음에도 불안해하는 아들과 자신과 결혼한 탓에 불행하게 된 아내를 곁눈질하며 묵묵히 도쿄까지 트럭을 운전할 수밖에 없었다. 당시 700만 엔이라면 지금의 1억 엔 이상의 가치가 있는 셈이다. 야노는 어떻게 하든지 재기해서 형들의 빚만은 갚아야겠다고 다짐했다.

단칸방에 공동 변소, 공동 부엌을 쓰는 허름한 집합주택에 입주한 야노는 빚을 갚기 위해 닥치는 대로 일하기 시작했다. 처음에는 백과사전을 방문판매하는 일을 했는데, 영업사원 24명 중 23위를 차지할 정도로 실적이 좋지 않았다. 다음에는 고지古紙를 수거하여 화장지와 바꾸는, 말하자면 고물상으로 일했다. 이전보다 수입은 나아졌지만 여전히 단칸방 신세를 면하기 어려웠다. 이후에도 여러 직장을 전전했지만 사정은 나아지지 않았다. 막내아들이 고생하는 것을 안타깝게 생각한 부모님은 고향으로 돌아오라고 성화였다. 야노 가족은 할 수 없이 히로시마로 돌아왔다.

100엔숍과의 운명적인 만남

히로시마로 돌아와서도 사정은 별반 나아지지 않았다. 야노는 처형이 운영하는 볼링장 경영을 돕기도 했고, 유치원이나 공장에 테이블 크로스를 팔기도 했으며, 도로 표식을 묻는 작업도 했다. 하지만 어떤 일을 해도 가족들이 겨우 입에 풀칠할 정도에 불과했다. 그러던 어느 날, 야노는 히로시마의 공민관公民館 앞에서 소형 트럭에 냄비 등의 잡화를 싣고 판매하는 뜨내기 장사꾼이 사람들을 끌어 모으는 모습을 보게 되었다. 이런 장사라면 자신도 할 수 있을 것 같다고 생각한 야노는 그 상인에게 제자로 받아들여 장사법을 가르쳐달라고 부탁했다. 그 상인은 야노의 부탁을 받아들였다. 훗날 100엔숍 신화를 창조하게 되는 야노를 잡화 판매의 세계로 이끈 운명적인 만남이었다.

야노는 장사꾼을 스승으로 삼아 잔심부름을 하며 내내 따라다녔다. 트럭에 잡화를 싣고 동네에 도착하면 상품 전단지를 뿌리며 '내일부터 이틀간 공민관 앞에서 장사합니다' 라고 선전했다. 장사를 시작한 첫날 밤, 트럭을 타고 공민관으로 돌아온 야노는 밤 10시가 지나도 공민관의 마룻바닥에서 묵묵히 상품에 가격표를 붙이고 있는 스승의 행동에 안절부절했다. 빨리 여관에 가지 않으면 식사도 늦어지고 목욕물도 미지근해질 것 같아 조심스럽게 숙소로 안 가느냐고 물었다. 스승은 태연하게 "여기서 잔다"고 대답했다. 살을 에듯이 추운 히로시마의 겨울밤, 공민관에서 새우잠을 잔 야노는 그제서야 이 장사의 어려움을 통감했지만 별다른 대안이 없었다. 눈동냥으로, 몸으로 부닥치면서 장사 수완을 익힌 야노는 1972년 독립하여 야노 부부 둘만의 잡화 이동판매를 시작했다.

야노 히로타케가 천신만고 끝에 손에 넣은 사업인 잡화 이동판매업은 근대적인 소매업태의 형태를 전혀 갖추지 못했다. 어떤 고객이 와서 상품을 구입한 후 다음에 같은 상품을 구입하려 할 때는 그 점포가 제자리에 있는 경우가 드물고, 판매자는 두 번 다시 만날 손님이 아니기 때문에 품질이 나쁜 상품을 적당히 팔아버리고 다른 손님을 맞이하면 되는 뜨내기 사업 모델이 바로 이동판매업이었다.

야노는 업계의 관행에서 인정받지 못하는 잡상인에 불과했다. 실제로도 집 근처에서 어정쩡한 형태의 이동판매업을 할 수밖에 없었는데, 이는 어린 아들이 보육원에 다니고 있었기 때문이다. 당연히 얼굴을 아는 고객들이 다시 오기 때문에 품질이 나쁜 상품을 적당히 팔 수 없었다. 따라서 가급적 좋은 상품을 사입해서 고객들에게 신뢰를 얻고 반복 구매자를 늘리려고 노력하게 되었다.

둘째 아들이 태어나자 일손이 부족하게 되었다. 무엇보다도 상품의 사입 가격에 따라 서로 다른 가격표를 붙이는 것이 큰 일이었다. 결국 야노는 가격표를 붙이는 시간과 품을 줄이기 위해 모든 상품을 100엔에 파는 대담한 결단을 내리게 된다. 야노 부부가 처한 개인적인 상황이 결과적으로 괜찮은 품질의 상품들을 100엔이라는 균일가에 파는 100엔숍 비즈니스 모델을 태어나게 한 것이다. 대학을 졸업한 후 5년 동안 9가지 직업을 전전하며 좌절을 맛본 야노에 의해 드디어 일본 최초의 100엔숍이 탄생하게 되었다.

거듭되는 좌절과 재기

하지만 야노의 고난이 이것으로 끝난 것은 아니었다. 오히려 본격적인 100엔숍 비즈니스의 험난한 여정이 시작되었다. 부부가 시작한 100엔숍 균일점은 트럭으로 상품을 싣고 길바닥이나 슈퍼마켓 입구의 공터를 빌려서 단기간 점포를 여는 이동판매였다. 야노가 아무리 좋은 상품을 사입해서 판매한다고 해도 싼 게 비지떡이라 100엔 상품의 이미지가 크게 나아질 리가 없었고, 매출도 그다지 나아지지 않았다. 설상가상으로 가족들이 살면서 창고로도 쓰던 곳에서 불이 나 모든 재고 상품이 한 줌의 재로 사라져버렸다. 야노는 재만 남은 창고를 보면서 왜 이렇게 운이 안 따라주는가 탄식했다. 모든 것을 포기하고 싶다는 생각뿐이었다.

이때 야노의 형들이 구원의 손길을 내밀었다. 형들이 그의 재건을 위해 다시 사업 자금을 빌려준 것이다. 야노는 이동판매를 하면서 방어 양식업을 할 때 형들에게 빌린 돈을 조금씩 갚았는데, 이것이 그가 힘들더라도 약속을 지키는 사람이라는 믿음을 주어 형들이 다시 한 번 더 사업 자금을 빌려주게 한 것이다.

형들의 따뜻한 도움으로 야노는 다시 한번 재기를 다짐한다. 집과 창고를 다 태워버린 화재도 야노가 축적한 100엔숍 점포의 경영 노하우와 잡초혼까지 태우지는 못했다. 야반도주와 9번의 전직轉職, 화재 등 보통 사람들이 쉽게 경험할 수 없는 체험을 한 야노에게 다시 위기가 닥쳤으니, 1973년의 오일쇼크와 100엔숍 비즈니스의 근간을 흔드는 광란의 인플레 시대 도래라는 시련이다. 동업자들은 비명을 지르며 100엔숍 사업에서 속속 철수했지만 수차례 지옥을 경험한 야노는 오히려 위기를 기회로 생각했다. 하늘은 스스로 돕는 자를 돕는다. 야노는 100엔숍 경영에 대한 투지를 불태웠다.

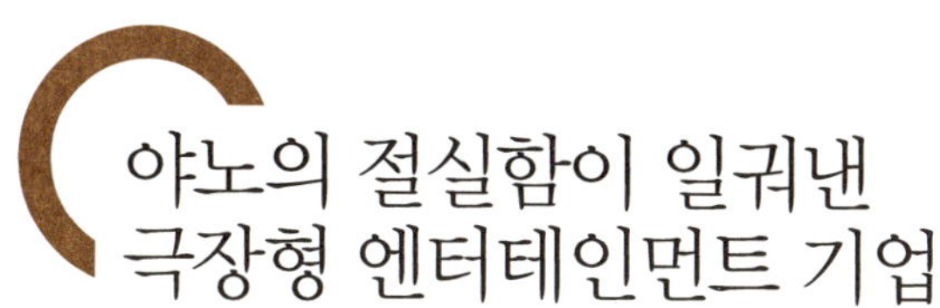

야노의 절실함이 일궈낸
극장형 엔터테인먼트 기업

격투기식 사입 전략과 다이소산업의 창립

야노 부부의 100엔 균일 숍은 단골 고객들에게 좋은 평가를 받으면서 서서히 매출도 늘어났다. 야노는 아내의 손을 잡고 언젠가는 연간 1억 엔의 매상고를 올려보자고 말했고, 이때부터 1억 엔은 야노 부부의 미래 목표가 되었다. 하지만 이들 부부의 100엔 균일 숍이 나름대로 성과를 얻자 다른 업자들이 이와 유사한 점포를 열게 되었다. 문제는 당시의 100엔 균일 숍은 여전히 싼 게 비지떡이라는 평가밖에 받지 못했다는 것이다. 나름대로 좋은 상품을 사입했다고 자신하는 야노도 예외는 아니었다. 실제로 야노의 점포를 처음 찾아오는 고객의 시선은 냉랭했다. 그 이유는 간단했다. 아무리 비싼 상품이라도 100엔에 팔기 위해서는 상품의 사입 가격이 70엔을 넘을 수 없었다. 게다가 1973년의 오일쇼크로 인한 광란의 인플레 시대는 사입가와 운임, 그리고 인건비를 급격하게 끌어올렸다. 100엔 균일 숍을 표방한 이상 상품의 판매가를 인상할 수는 없는 노릇이었다.

야노가 이렇게 힘든 장사를 그만 두어야 할까 계속해야 할까로 고민하고 있을 때, 점포에 온 주부 고객들의 대화가 그에게 상인으로서의 투지에 불을 붙여주게 된다. 다이소 비즈니스 모델의 뿌리가 되는 커다란 전환점을 마련한 그 상황을 재연해보면 다음과 같다.

슈퍼마켓 앞에서 상품을 펴놓고 장사를 하고 있던 어느 날, 어떤 부인이 와서 플라스틱 그릇을 만지작거렸다. 야노는 '그만 만지작거리고 빨리 계산대로 가지고 올 것이지'라고 속으로 투덜거렸는데, 그때 그 부인의 친구인 듯한 다른 부인이 다가와서 "금방 못 쓰게 되니까 이런 싸구려 상품 따위는 사지 마"라고 말했다. 그 부인은 야노를 흘겨보며 "싸구려 상품을 사는 것이 오히려 더 비싸게 먹혀"라고 덧붙였다. 살까 말까 망설이던 부인은 그 말을 듣자 "그 말이 일리가 있네" 하고 맞장구를 친 후 손에 들고 있던 그릇을 놓고 가버렸다.

이 대화를 들은 야노는 처음에는 화가 났지만 바로 냉정을 되찾았다. 그리고 이왕지사 이렇게 힘든 사업이라면 적어도 싸구려라고 욕먹지 않을 상품을 사입하자고 생각했다. 그래서 70엔이라는 상품 사입 가격의 한계를 없애기로 했다. 좋은 상품이라면 95엔, 경우에 따라서는 100엔에 사입해서 100엔에 팔아보자, 그래도 안 팔리면 장사를 그만두면 될 것이 아닌가 하고 생각했다. 거의 자포자기에 가까운 심정이었을지도 모르지만 그때부터 야노는 사입 가격에 구애받지 않고 고객들이 매력을 느낄 만한 좋은 품질의 상품을 사입하여 이동점포에 진열했다.

그 결과 상품은 급격하게 팔리기 시작했다. 이렇게 좋은 상품도 100엔에 파는가라고 말하는 듯 고객들의 눈빛은 달라졌고 야노는 자신의 생각이 틀리지 않았음을 알았다. 매상고가 크게 늘어나자 자연스럽게 사입량도 늘어나 도매상들은 야노에게 납입 가격을 낮추어주었다. 야노에 대한 평판을 들은 제조업자들도 야노와의 직거래에 응하면서 공장 출고 가격이 100엔이 넘는 상품을 90엔에 넘겨주기도 했다. 소매기업의 가격을 결정하는 철칙인 '원가 적립 방식'에서 '고객 본위 방식'으로 전환하여 고객의 지지를 얻게 되었고, 그 결과 상품 구색의 폭이 넓어지면서 매출이 더 좋아진 것이다.

야노는 공격적인 상품 구색 전략을 펴면서 어느 때부터인가 상품의 사입이야말로 회사의 운명을 결정하는 '격투기'라고 말하기 시작했다. '공격이야말로 최대의 방어'는 격투기의 가장 기본인데, 다이소 경영의 대전제인 불량 재고를 두려워하지 않는 야노의 사입 전략이 여기에서 비롯된 것을 알 수 있다. 야노는 자신의 점포 상품을 신랄하게 비난하고 그냥 가버린 그 주부 고객에게 다이소 비즈니스 모델의 근간인 사입 전략의 힌트를 주었다는 점에서 지금도 감사하다고 말한다.

1977년, 야노는 자본금 300만 엔으로 주식회사 다이소산업을 설립하여 부부가 경영하는 가족형 기업에서 탈피했다. 앞에서도 말했듯이 야노 부부는 장래 1억 엔의 매상고를 올리는 것이 목표였는데, 어차피 중소기업으로 끝나더라도 대기업 분위기를 내보고 싶었기에 다이소大創라는 조금은 과장된 이름을 회사명으로 한 것이다. 본명인 구리하라 고로가 마음에 들지 않는다고 아내의 성인 야노와 사극에 나옴직한 히로타케라는 이름으로 바꾼 것처럼 회사명에도 야노의 익살스럽고 괴팍한 성격이 반영된 것이다. 물론 지금은 2008년도(2009년 3월 결산) 매상고 3,412억 엔에 일본 점포 수만 해도 2,570개나 되는 거대한 소매 기업 다이소의 이름을 보고 웃는 사람은 아무도 없다.

이동판매에서 상설점포 판매로 전환

다이소가 현재의 강력한 비즈니스 모델을 가지게 된 데는 격투기에 비유될 정도의 공격적인 사업 전략에 이동판매에서 일반 상설점포로 바꾼 전략이 더해져서이다. 그 과정에 대해 살펴보자.

1980년에 100엔숍 사업이 궤도에 오르기 시작하자 야노는 다이소의 자본금을 1,200만 엔으로 증자하여 히로시마 지역을 본거지로 하는 종합양판점 업태의 대기업인 '이즈미'와 '니치이(1996년에 MYCAL로 사명 변경)'의 점포 앞에서 이동판매를 실시했다. 좋은 품질의 상품을 100엔이라는 파격적인 가격에 판매하는 다이소의 상술이 주효하여 많은 고객들을 끌어 모으자 종합양판점 측도 다이소에 대해 좋은 평가를 하게 되었다.

하지만 호사다마라고 할까? 다이소의 100엔숍 비즈니스가 잘된다는 소문을 듣고 오사카 지역을 본거지로 하는 대기업이 갑자기 히로시마의 100엔숍 시장에 진입한 것이다. 종합양판점 측은 중소기업인 다이소와의 거래를 일방적으로 중지했고, 야노는 할 수 없이 이동점포를 철수할 수밖에 없었다. 하지만 오사카에서 신규 진입한 대기업의 100엔숍은 뜨내기 손님들을 상대로 장사했기 때문에 상품의 질은 다이소에 미치지 못했다. 그 결과 종합양판점 측의 매상고가 이전보다 하락하게 되었다. 히로시마 시민들은 100엔숍의 소매업태가 아닌, 다이소의 상품과 다이소 그 자체를 지지했던 것이다.

당황한 종합양판점 측은 야노에게 다시 자신들의 점포 앞에서 이동판매를 해달라고 요청했다. 다이소가 쫓겨났다가 다시 들어가게 된 이야기가 퍼지면서 다이소는 전국 각지의 종합양판점과 슈퍼마켓에서 이동점포를 설치해달라는 요청을 받게 되었다. 이에 따라 야노는 도쿄, 규슈, 오사카 지역에 속속 영업소를 개설하면서 전국 시장을 대상으로 이동판매업을 확대하게 되었다. 한창 때는 다이소의 트럭이 90대를 넘어서기도 했다.

그러다가 다이소가 상설점포 판매업으로 업태를 바꾸게 되는 계기가 찾아왔다. 1987년에 일본 종합양판점 업계의 대기업인 유니가 다이소의 소문을 듣고 상설점포로 입점하지 않겠느냐고 제의를 했다. 도쿄 인근에 있는 요코하마시의 고난점 4층에 20평 정도의 상설점포를 내지 않겠느냐는 것이다. 유니는 아이치현을 본거지로 하고 주부 지방과 간토 지방을 중심으로 점포를 전개하는 종합양판점 업계의 대기업(2008년도 매상고 1조 1,902억 엔으로 전체 종합양판점 중 3위, 전체 소매업체 중 5위)으로 다이소와 같은 중소기업에 입점 의뢰를 한 것은 큰 의미가 있었다.

하지만 야노는 입점 제의를 단호하게 거절했다. 종합양판점이나 슈퍼마켓에 쇼핑을 하러 온 고객들을 상대로 점포 입구에 100엔 상품을 진열하여 충동구매를 하도록 만드는 것이 100엔숍의 영업 방식이다. 따라서 아무리 유니와 같은 대형 소매기업일지라도 고객들이 4층까지 일부러 올 리가 없다고 생각했다. 게다가 상설점포라면 당연히 재고도 필요하고, 인건비와 시설 투자비 등에 따른 상당한 자금도 들어가게 된다. 하지만 고객을 끌어 모으는 다이소의 능력을 높이 평가한 유니는 계속 입점을 의뢰했고, 결국 야노는 시험적으로 상설점을 오픈하게 되었다. 상설점을 내니 야노의 예상과는 달리 상당수의 고객들이 1, 2층에 있는 유니의 점포가 아닌 4층까지 일부러 올라와서 다이소의 상품을 구매했다. 이렇게 상설점포가 잘됐음에도 불구하고 야노는 상설점으로 업태를 전환할 것인가 원래의 이동판매업에 계속 집중할 것인가를 두고 3, 4년을 고민했다. 여러 차례 실패를 맛보았기에 당연히 신중할 수밖에 없었던 것이다.

야노가 다이소의 궤도를 상설판매업으로 전면 수정하게 된 것은 1991년에 일본의 '대규모소매점포법'(2000년에 폐지되고 '대규모소매점포입지법'으로 바뀜)이 대형 소매점의 출점 규제를 완화하여 종합양판점, 슈퍼마켓 등의 영업시간을 연장하면서부터다. 대형 점포 앞에서 상품을 진열하여 고객을 기다리는 이동판매업을 하는 다이소의 영업시간은 주부들이 저녁을 준비하기 위해 장을 보러 오는 오후 6시 30분까지였다. 규제가 완화되어 대형 점포의 폐점 시간이 원래의 오후 7시에서 한두 시간 늦어진다고 해서 그만큼 고객이 더 늘어나는 것은 아니었다. 다시 말해 밤 8시, 9시까지 오지 않는 고객을 기다리는 것은 아주 비효율적이다. 특히 이동판매업이기 때문에 폐점 후에는 상품을 트럭에 싣고 창고에 넣어야 하는데, 그렇게 하면 한밤중이 되어서야 퇴근하게 되므로 종업원의 피로가 쌓이는 등 많은 문제들이 생기게 된다. 그래서 야노는 1991년부터 상설점포를 늘리는 대신 서서히 이동점포의 비중을 줄여나가기 시작했고, 1995년에는 완전한 상설점포 방식으로 돌아섰다. 대형 소매점에 입점한 100엔숍의 매상고가 순조로웠던 것이 야노로 하여금 자신감을 가지고 상설점포 판매업으로 업태를 전환하게 만든 것이다.

다이소가 완전한 상설점포 방식을 택한 1995년은 버블 경제가 완전히 붕괴되고 본격적으로 디플레 경제가 도래한 시기였다. 디플레 경제의 특징인 실질 소득의 감소와 이에 따른 소비심리의 위축은 마치 단거리 경주의 주자에게 뒷바람이 불어주는 것처럼 다이소 경영에 탄력을 주었다. 이후 다이소는 일본 열도를 횡단하면서 상상을 초월하는 출점 공세를 벌여 높은 매상고를 올리게 되었다. 그 결과, 2008년에는 일본 소매기업 30위라는 당당한 순위를 자랑할 수 있게 되었다.

메뚜기떼 같은 대량 출점 전략

동서고금을 막론하고 대지의 모든 초목과 곡물을 깡그리 먹어치워 기근을 불러일으키는 메뚜기떼의 엄습은 대지의 재앙이다. 일본에서도 추수기의 논을 습격하여 농부의 피와 땀의 결정인 탐스러운 낟알을 다 까먹은 후 다른 논으로 이동하는 메뚜기떼는 두려운 존재이다. 일본에서는 다이소를 비롯한 100엔숍 소매기업의 출점 형태를 종종 메뚜기떼에 비유한다. 일본 유통업계에 새로운 카테고리 킬러로 나타난 100엔숍 소매기업은 일본 열도를 종횡무진하면서 백화점, 종합양판점, 상점가 등 기존 소매점포들의 영업 기반을 뿌리째 먹어 치워 거의 모든 전통적 소매기업들이 공포감을 느끼지 않을 수 없다는 점에서 환영받지 못하는 메뚜기떼로 인식되는 것이다.

기본적으로 다이소는 점포 규모에 대해서 그다지 신경을 쓰지 않는

다. 그래서 입점 의뢰가 들어오면 바로 출점이 가능하다. 또 편의점처럼 물류 비용을 절약하기 위해 한정된 지역에서는 복수 점포를 두는 전략을 쓴다. 이것이 결과적으로 100엔숍의 고속 출점과 집중 출점으로 나타나 메뚜기떼와 같은 출점 전략으로 비친 것이다. 물론 대지와 전답을 초토화하는 메뚜기떼와 다이소를 필두로 한 100엔숍 그룹의 출점은 전혀 의미가 다르다. 메뚜기떼와 달리 100엔숍의 엄습은 소비자들의 지지를 잃어버린 기존의 무력한 소매업태에 피해를 줄 뿐 디플레 시대의 현명한 소비자들은 오히려 100엔숍의 엄습을 환영하기 때문이다.

물론 100엔숍이라는 소매업태가 물거품처럼 사라질 것이라고 예상하는 사람들도 적지 않았다. 이상 기후 등의 환경 변화로 인해 갑자기 발생했다가 사라지는 메뚜기떼처럼 이상 번식에 불과한 100엔숍도 어느 날 갑자기 소비자의 지지를 잃고 사라지게 될 것이라는 게 일반적인 평가였다. 실제로 광란의 물가로 일본 열도가 들끓었던 1970년대에 저가의 100엔숍 비즈니스 모델은 시대의 흐름을 읽지 못해 망할 것이라고 평가됐고, 실제로 많은 사람들이 그만두기도 했다. 1980년대 중반 이후 도래한 버블기에도 그러했다. 일본 국민들이 주식과 부동산 투기에 열광하면서 졸부들이 속출하고 고가의 외제차와 명품 상품이 없어서 못 파는 시대에 100엔짜리 동전 몇 개를 받아 장사하는 100엔숍은 전혀 장래성이 없어 보였다. 이때도 100엔숍 사업의 동업자 상당수가 다른 업태로 전환했다. 하지만 100엔숍 창시자인 야노는 전혀 한눈을 팔지 않았다. 야노에게는 100엔숍 외에 다른 사업을 하려는 의지도 능력도 없었다. 그에게 100엔숍은 야반도주와 9번의 전직, 화재 등의 생지옥을 겪은 후 천신만고 끝에 만난 천직 그 자체였다.

흔히 대형 소매기업의 경영자가 소매점포의 존재 이유는 무엇인가라는 질문을 받으면 "우리 점포는 고객을 위해 존재한다"거나 "종업원을 위해 존재한다"고 대답하는데, 야노는 이에 동의하지 않는다. 자신의 점포는 "스스로 목을 매어 죽지 않도록 하기 위해 존재한다"고 말한다. 고객 만족이니 종업원 만족이니 하는 상투적인 답안과는 동떨어지지만 야노다운 대답이다. 실제로 다이소의 점포는 야노가 자포자기하여 나락에 떨어졌을 때 의지가 되었던 유일한 방파제였다. 그는 한때 우울증과 불면증에 시달리기도 했지만 아침마다 회사에서 사원들과 함께 콘테이너의 상품을 하역하면서 이를 극복할 수 있었다고 말한다.

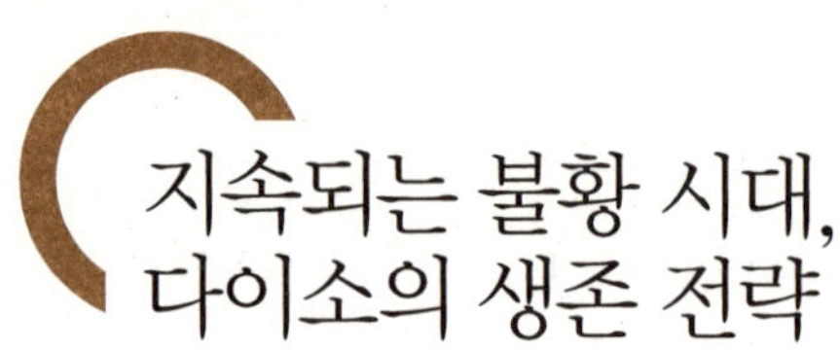

지속되는 불황 시대, 다이소의 생존 전략

다이소의 아킬레스건

지금은 승승장구하는 다이소지만 앞날을 불투명하게 만드는 요인도 여전히 가지고 있다. 창업 이후 지적되어온 '불량 재고'와 '인플레 시대 도래'의 문제는 이후에도 계속 다이소의 아킬레스건으로 작용할 것이다.

먼저 불량 재고 문제에 대해 살펴보자. 야노가 지금과 같이 평범한 디스카운트 스토어가 아니라 '주부들을 위한 레저랜드'로 30분에 500엔의 즐거움을 파는 '다이소 극장'을 표방하는 한, 고객이 싫증을 느끼지 않도록 상품 구색을 늘릴 수밖에 없다. 그러면 불량 재고의 문제가 항상 생기게 된다. 지금까지는 재고가 쌓이더라도 새로 생기는 점포에 재고를 들여 불량 재고 수준을 최소화할 수 있었지만, 100엔숍 시장이 성숙기를 맞은 현재는 더 이상 지금까지와 같은 출점 속도를 내기 힘들다. 그러니 앞으로는 당연히 불량 재고 부담이 늘어날 수밖에 없고 결과적으로 매출은 급격히 떨어지게 될 것이다.

야노는 항상 재고가 쌓이는 것보다 고객이 줄어드는 게 더 무섭다고 말해왔다. 잘 팔리는 상품 위주로 진열하면 고객들이 빨리 싫증을 느끼게 되고, 그것이 종합양판점과 백화점이 퇴조한 원인이라는 생각은 여전하다. 잘 팔리는 상품은 그 반동 때문에 고객에게 외면받을 시점을 당길 우려가 있기 때문에 오히려 경계한다는 야노의 지론은 아마도 소매업의 진수眞髓일 것이다. 물론 그도 무한한 과잉 재고가 합리화될 수 없다는 것을 잘 알기에 대책도 강구하고 있다. 대외적으로는 불량 재고가 오히려 다이소의 자산이라고 큰소리치는 것과 달리 불량 재고를 줄이기 위해 노력하고 있다는 증거도 있다. 실제로 다이소 본사에는 매년 10억 엔 이상의 유지비가 드는 거대한 컴퓨터가 전 점포의 상품별 매상고를 수시로 집계하면서 상당히 정도 높은 재고 관리를 하고 있다.

다음은 인플레 시대에 대처하는 것에 대한 문제이다. 지금은 운 좋게도 계속해서 디플레 시대이지만, 조만간 100엔숍 경영이 불가능한 시대가 올 것이 분명하다. 그때 다이소는 기존의 성공 방식인 100엔숍 비즈니스 모델에서 환골탈태할 수 있을까? 묵묵히, 그리고 우직하게 100엔숍 사업에 전념해온 야노도 다이소의 비즈니스 모델이 디플레 시대가 끝나면 위기 상황에 처할 것이라는 사실을 잘 알고 있다. 그래서 사원들에게 창업 이래 일관되게 다이소는 가까운 장래에 망하게 되어 있다고 주지시키고 긴장감을 심어주고 있다. 실제로 다이소를 창업할 때부터 야노는 다이소의 존속기간은 3년에 불과하다고 말했다. 3년

뒤에 망할 테니까 그간 여한 없이 100엔숍 사업에 전력질주해 보자고
사원들을 독려했다. 그러다가 버블 경제가 끝나고 디플레 경제라는 가
미가제神風가 불어오자 야노는 다이소의 존속기간은 5년이라고 말하기
시작했다. 나아가 2002년 2월부터 6년 가까이 지속된 전후 최장의 경
기 확대 국면을 맞이하여 다이소의 수명도 끝났다는 말이 들렸지만,
야노는 이 시기에도 공격적인 출점 전략의 고삐를 늦추지 않았다. 실
감할 수 없었던 경기 확대 국면이 끝나고 새로운 경기 후퇴 국면에 돌
입하여 다시 디플레 시대의 장기화가 예상되자 야노는 다이소의 수명
을 다시 7년으로 늘려 잡았다. 야노가 다이소의 여명餘命을 조금씩 늘려
가는 것은 조금씩 사업에 대한 자신감이 붙었기 때문일 것이다. 하늘
은 스스로 돕는 자를 돕는다고 하듯이 우직하리만치 한 우물만을 파온
야노에게 디플레 시대의 지속이라는 환경 요인이 응원해준 셈이다.

100엔숍 다이소의 가격 탈피

현재 일본 정부의 재정 적자가 천문학적으로 늘어나고 있는 상황이라
가까운 시일 내에 인플레 시대가 도래하게 될 가능성이 크다. 광란의
인플레 시대를 경험한 야노가 물가가 올라 사입가가 오르면 가격 인상
이 불가피하여 100엔숍 경영이 어려워지리라는 사실을 모를 리 없다.
그는 이미 오래전부터 인플레 시대에 대응할 로드맵을 가지고 있었던
것 같다. 다이소의 최후의 선택 즉, 장기 전략으로 100엔숍 경영을 그
만두고 대형 종합양판점이나 슈퍼마켓, 백화점에 상품을 공급하는 벤
더(도매기업)로 남는 방안을 연구하고 있는 것으로 알려졌다. 다이소가

적극적으로 해외로 진출하는 것도 글로벌 소싱과 상품 공급 노하우를 축적하기 위해서일 것이다.

현재 다이소는 인플레 시대에 대비한 장기적인 생존 전략에 기반한 단기 및 중기 전략을 펼치고 있다. 일본에서는 2004년 4월부터 소비세 (5%)를 포함하는 총액 표시의 법제화 즉, 소비세의 내세화内税化가 실시되었다. 이를 계기로 야노는 100엔숍의 성공 체험에 대한 안티테제 Antithese를 제기했다. 단적으로 기존에 100엔으로 표시하던 것을 105엔으로 바꿀 수밖에 없는 상황이 된 것을 계기로 2003년 여름부터 새로운 점포의 간판에는 '100엔숍 다이소'라는 명칭에서 '100엔숍'을 빼고 '다이소'만 넣기 시작했다. 그리고 200엔짜리 상품을 도입하여 '100엔의 마지노선'을 넘어버렸다. 지금도 다이소의 주력은 100엔 상품이지만 300엔과 500엔짜리 잡화, 5,000엔짜리 가방, 1만 엔짜리 그림도 판다. 야노는 100엔숍의 다이소를 지지해온 고객들의 신뢰를 저버리는 것이 아니냐는 물음에 일본의 천문학적인 재정 적자를 고려할 때 앞으로는 유럽의 복지선진국과 비슷한 25% 소비세의 시대가 올 것이라고 답했다. 소비세 인상에 편승하여 100엔숍이라는 가격에서 벗어난 것을 계기로 도래하는 인플레 시대에는 지금보다 좀 더 자유로운 가격 전략을 펼치려는 속셈으로 판단된다. 최근 야노는 '진화'라는 말을 자주 사용하는 동시에 21세기의 소매기업은 자기부정력이 중요하다는 표현도 종종 쓰고 있다. 인플레 시대에 대비한 새로운 비즈니스 모델을 모색하고 있는 것이다.

포스트 야노의 문제

앞으로 다이소의 가장 큰 문제는 불량 재고나 인플레 시대가 아니라 후계자 문제가 될 가능성이 크다. 당분간 다이소는 지금까지와 같은 고속 성장은 어렵겠지만 야노라는 걸출한 경영자가 존재하는 한 경영 기반은 무너지지 않을 것이다. 하지만 당대에 거대한 유통제국을 세운 쟁쟁한 소매기업 경영자가 후계자 문제에 실패한 후 제국의 존립이 위태로워진 경우는 수없이 많았다. 다이소 제국도 포스트 야노의 청사진이 그려지지 않은 상태에서 성숙기를 맞이하고 있는 것이야말로 가장 큰 불안 요소라고 할 수 있을 것이다.

2장

제로로부터의 도전, 세븐일레븐 재팬

잠들지 않는 글로벌 소매기업

세계에서 가장 많은 점포를 가지고 있는 소매기업은 어디일까? 정답은 세븐일레븐이다. 그렇다면 패스트푸드 등 음식점까지 포함한 체인 기업으로 세계에서 가장 많은 점포를 가지고 있는 기업은 어디일까? 해외여행 경험이 많은 학생들에게 물어보면, 거의 예외 없이 햄버거 체인으로 세계 최대 기업인 맥도널드라고 대답한다. 하지만 틀렸다. 이 문제의 정답도 세븐일레븐이다.

북미, 아시아, 유럽과 오세아니아 17개국에서 24시간 영업하여 소위 '잠들지 않는 글로벌 소매기업'이 된 세븐일레븐의 글로벌 리테일러 네트워크의 정점에 군림하고 있는 것이 바로 세븐일레븐 재팬이다. 2007년 3월 말에 맥도널드는 세계 118개국에서 3만 1,062개의 점포를, 세븐일레븐은 3만 2,208개의 점포를 열어 패스트푸드 체인 기업을 합친 명실 공히 세계에서 가장 많은 점포를 가진 기업이 되었다. 하지만 세븐일레븐 재팬의 홍보부는 이 사실을 자사의 이름에 맞추어 일부러 같은 해 7월 11일에 발표했다. 참고로 세븐일레븐은 2009년 12월 말 현재 약 3만 7,000개 점포를 가지고 있고, 2년 후에는 4만 개 점포 체제를 갖춘다는 비전을 가지고 있다.

점포 수 세계 제1의 소매기업인 세븐일레븐 그룹의 총수인 동시에 산하에 세븐일레븐 재팬을 두고 있는 일본 최대의 유통그룹 세븐&아이 홀딩즈의 회장 겸 CEO가 이번 장의 주인공인 스즈키 도시후미이다.

과거를 버리고
새롭게 도전하라

샐러리맨 출신의 최고경영자 탄생

일단 세븐&아이 홀딩스라는 유통그룹과 스즈키의 관계에 대해 약간의 설명이 필요할 것 같다. 세븐&아이 홀딩스의 전신은 이토요카도 그룹이다. 이토요카도 그룹의 주요 기업으로는 이토요카도(종합양판점), 세븐일레븐 재팬(편의점), 대니즈 재팬(레스토랑) 등이 있었다. 이토요카도의 뿌리는 본래 도쿄의 아사쿠사에서 양품점으로 시작한 요카도로, 세븐&아이 홀딩스의 명예회장인 이토 마사토시의 숙부가 1920년에 만든 소위 노포老舗 기업이었다. 이토는 1958년에 요카도를 주식회사로 법인화하면서 실질적인 창업자가 되었고, 고도성장기의 흐름에 뒤처지지 않기 위해 구태의연한 양품점에서 벗어나 종합양판점으로 업태를 전환했다. 그리고 1971년에 자신의 성을 따서 회사 이름을 '이토요카도'로 변경했다.

이토의 탁월한 수완에 힘입어 이토요카도는 간사이 지역의 다이에와 함께 일본을 대표하는 종합양판점으로 성장하게 된다. 하지만 1970년 대에 들어 2차례의 오일쇼크와 대형 소매점포의 출점을 규제하는 대점 법大店法 제정 등의 환경 악화로 고속 성장에 브레이크가 걸린다. 실제로 1990년대에 들어와 버블 경제가 붕괴되고 잃어버린 10년이 도래하게 되면서 종합양판점 시장은 축소되기 시작했고, 나아가 업태의 존속마저 위태롭게 된다. 이토요카도의 경영도 예외일 수는 없었다.

특히 1992년에 이토요카도에 의한 총회꾼에의 '이익공여사건'이 불거지면서 엄청난 사회적 지탄을 받게 되자 부득이하게 이토가 사장직에서 물러나게 되었다. 주주 총회에서 주주로 행세하던 야쿠자(총회꾼)가 소란을 피우지 않도록 미리 현금을 준 것이 상법을 위반했기 때문에 이토는 도의적 책임을 지고 당시까지 자회사였던 세븐일레븐 재팬에서 엄청난 성공을 거둔 스즈키(당시 세븐일레븐 재팬 사장 겸 이토요카도 부사장)에게 권한을 넘기고 경영 일선에서 물러났다. 이토요카도 그룹의 모체인 이토요카도의 경영 실적이 악화되고 있긴 하지만 이토와 친족들 대부분이 그룹 전체의 주식을 소유하고 있었으므로 언제라도 이토요카도의 최대 주주인 이토 명예회장의 복귀, 또는 자신의 아들 등 친족에의 선양이 가능한 상황이었다.

이토요카도의 대표이사 사장 겸 이토요카도 그룹의 총수가 된 스즈키는 창업자인 이토와는 혈연, 학연도 없는 일개 샐러리맨, 더군다나 중도 채용 사원에 불구했다. 그런 스즈키였지만 지금은 일본의 소매업계에서 타의 추종을 불허하는 최고의 유통기업 경영자이다. 샐러리맨 출신의 스즈키는 아직도 창업자가 가장 위에서 군림하거나 창업자 가계에서 총수를 배출하는 경향이 강한 일본 유통업계에서 창업자 이상으로 창업에 도전하여 대성공을 거둔 이 시대 최고의 유통경영자, 아니 일본 산업계 전체에서 가장 높은 평가를 받는 경영자라는 데 이견이 없을 정도이다.

창업자인 이토를 제치고 최고의 경영자가 된 스즈키의 탁월한 경영수완에 대해서는 나중에 상세히 전하기로 하고, 우선 이토요카도 그룹이 현재의 세븐&아이 홀딩즈로 바뀌게 된 사정부터 알아보자.

이토요카도 그룹의 해체와 세븐&아이 그룹의 탄생

2005년 1월, 스즈키의 급작스런 결단에 사람들은 경악했다. 스즈키가 일본 최대의 소매 재벌인 이토요카도 그룹을 해체하고 새로운 그룹을 만들겠다고 선언했기 때문이다. 스즈키는 모기업인 이토요카도보다 자회사인 세븐일레븐 재팬의 시가총액이 큰, 소위 자본의 역전현상을 해소하기 위해서라고 설명했다. 급작스런 전개에 일본의 언론들은 특보로 알렸고, 창업자인 이토의 축출 음모가 있다는 가십성 기사도 넘쳐났다. 스즈키는 이에 구애받지 않고 그룹을 지주회사로 이행시키고 이윤이 낮다는 이유로 모기업인 이토요카도를 세븐일레븐 및 다른 계열사와 동격으로 만들어버렸다. 물론 스즈키가 새로운 지주회사인 세븐&아이의 대표이사 회장 겸 CEO가 되면서 실질적인 의미에서도 그룹의 총수가 되었다.

새로운 그룹의 이름은 세븐&아이 홀딩즈(이하 세븐&아이로 약칭함)가 되었다. 스즈키는 새로운 이름에 대해 편의점, 종합양판점, 외식업, 식품, 슈퍼마켓, 백화점, 금융, IT 및 서비스업의 7가지 사업을 의미하여 '세븐', 이노베이션Innovation의 첫 글자인 아이와 '사랑'의 일본어 발음 인 아이愛를 의미하는 아이를 합성하여 '세븐&아이'로 정했고, 그룹 내 에 위기의식과 경쟁심을 불러일으키는 한편 고객에 대해서는 영원한 사랑을 맹세한다고 덧붙였다. 하지만 세븐&아이의 명칭은 물론 7이라 는 숫자를 붉게 칠한 로고는 누가 봐도 세븐일레븐을 연상하게 했다.

스즈키는 선정적인 일부 저널리즘으로부터 창업자인 이토의 복귀를 원천봉쇄했다는 이유로 배은망덕한 경영자로 비난받기도 했다. 세븐일 레븐 재팬의 창업자인 스즈키가 모회사인 이토요카도를 말아먹었다는 보도가 이어졌지만 스즈키는 전혀 개의치 않았다. 실제로 세븐&아이의 경영지표를 보면 스즈키가 결단을 내린 근거를 엿볼 수 있다. 세븐&아 이 그룹 전체의 2008년 2월 결산 시의 연간 매상고는 5조 7,986억 엔에 영업이익은 2,812억 엔이다. 세븐일레븐 재팬 즉, 편의점 부문의 매상 고가 41%를, 영업이익은 무려 71%를 차지했다. 반면 모기업인 이토요 카도 등의 종합양판점과 슈퍼마켓 부문의 매상고는 36%에 영업이익 은 12%에 불과했다.

그동안 스즈키는 시대를 다한 종합양판점에 그룹의 경영 자원을 투 입하는 것을 재고해야 하며 소비자 니즈의 변화에 대응할 가능성이 많 은 새로운 유통사업을 육성해야 한다고 주장해왔다. 하지만 경영 간부 들은 창업자인 이토의 눈치를 보느라 움직이지 않았다. 이에 위기 의 식을 느낀 스즈키가 부득이한 사정으로 이토가 경영 일선에서 물러난 틈을 타서 창조적인 파괴를 단행한 것이다. 스즈키는 이토가 제1의 창 업을 했다면 자신이 세븐일레븐 재팬을 만들면서 제2의 창업을 했다는 자부심을 가졌을 것이다. 그는 세븐&아이의 창업을 끝으로 유유자적한 은퇴 생활을 즐길 수 있을 것이라고 생각했다. 언론들도 스즈키의 은퇴가 멀지 않았다고 말했지만 이는 오산이었다.

스즈키는 아직도 은퇴할 시기가 아니라고 판단했다. 세븐&아이를 창립한 후 진정한 의미에서 최후의 대역사大役事가 남아 있었던 것이다. 1932년 출생인 스즈키의 나이는 이미 70대 후반이 되었지만 그는 이토요카도를 부정하고 새로 만든 세븐&아이를 다시 파괴하고 창조하는 마지막 도전을 하려고 한다. 이토요카도에 입사한 후 45년 동안 변화하는 소매 환경에 대응하기 위해 '창조적 파괴'라는 일관된 논리로 '변화에의 대응'을 주장해온 스즈키의 최후의 승부가 시작된 것이다. 스즈키의 마지막 도전은 과연 무엇일까?

종합양판점에서 디스카운트 스토어로의 업태 전환

최근 들어 스즈키의 미간에서 깊은 주름이 사라질 날이 없다. 부하 직원들에게 심하게 화를 내는 경우도 많다고 한다. 그 이유는 세븐&아이의 전통적 핵심 기업인 종합양판점 이토요카도를 2008년에 출범시킨 디스카운트 스토어인 '더 프라이스The Price'로 업태 전환할 것을 지시했음에도 불구하고 진행이 지지부진하기 때문이다.

1978년에 이토요카도는 디스카운트 스토어 업계에 진출하기 위해 다이쿠마라는 디스카운트 스토어 기업과 자본 제휴를 했다. 나아가 1983년에 더 프라이스 1호점을 냈다. 하지만 당시 디스카운트 스토어는 시기상조였다. 고도성장기가 지나고 성숙형 경제에 진입하자 소비자들은 저가를 무기로 하는 디스카운트 스토어를 외면했다. 실제로 이토요카도는 다이쿠마의 주식을 신흥 가전양판점 최대 기업인 야마다전기에 매각했고, 전망이 불투명한 더 프라이스 1호점도 바로 폐쇄했다.

스즈키는 100년에 한 번 온다는 대불황기를 라이프 사이클의 쇠퇴기를 맞이한 종합양판점 업태에서 벗어나 새로운 업태로 다각화할 수 있는 천재일우의 기회로 인식하여 디스카운트 스토어로의 업태 전환을 지시했다. 하지만 경영 간부들은 말을 듣지 않았고 스즈키가 불같이 화를 내게 된 것이다. 물론 이토요카도의 우수한 경영 간부들도 할 말은 있다. 지금까지 2차례나 디스카운트 스토어 업태에 진입을 시도했다가 실패한 것이 트라우마가 되어 새로운 그룹인 세븐&아이의 총수인 스즈키의 지시라 해도 망설일 수밖에 없었던 것이다. 경영 일선에서 손을 떼고 은퇴 준비를 하고 있다는 소문이 나돌던 스즈키가 노구를 이끌고 다시 경영 현장으로 돌아온 이유가 바로 여기에 있다.

스즈키의 마지막 도전의 내용이 밝혀진 셈이다. 지금은 세븐&아이의 일개 소매기업으로 전락하긴 했으나 창업자가 시작한 종합양판점인 이토요카도의 비즈니스 모델을 파괴하는 것이었다. 2009년 그룹의 전 사원에 대한 스즈키의 새해 인사는 "과거를 버리고 새롭게 도전하라"는 것이었다. "소매업은 변화 대응이 모든 것"이라고 입이 닳도록 말해온 스즈키로서는 지금까지 경험한 적이 없는 대불황을 맞은 상황에서 스스로에게 채찍질을 하지 않을 수 없었던 것이다.

스즈키는 끊임없이 과거의 경험에서 벗어나라고 강조해왔다. 특히 성공한 경험에 안주하면 다음에는 절대로 성공할 수 없다고 말했다.

이처럼 성공한 경험에의 안주를 경계하는 풍토는 이토요카도를 비롯한 세븐&아이에 깊숙이 침투했을 것이다. 하지만 실패한 경험에 대해서는 스즈키와 경영 간부들 간에 서로 인식하는 바가 달랐다. 과거 도쿄 지구에서 피비린내 날 정도로 혹심한 출점 경쟁을 벌였던 최대 라이벌 다이에는 무모한 확장 경영으로 결국 천문학적인 부채를 남기고 그룹이 해체되었다. 이를 타산지석으로 삼아 다각화에는 신중했던 이토요카도의 DNA를 견지하고 있는 경영 간부들은 당연히 그룹의 경영 자원을 분산시키는 디스카운트 스토어 업태에의 진입에 불안을 느낄 수밖에 없었던 것이다.

스즈키의 창조적 파괴와 끝없는 도전

흔히 일본에서는 기업의 경영 전략을 논할 때 '확대의 로망'을 추구하는 다이에와 '심화의 꿈'을 꾸는 이토요카도를 다른 기업문화를 가진 소매기업으로 비교하곤 한다.

다이에는 고도성장기와 버블기 때 고속 출점과 경영 다각화를 위해 기존의 점포를 담보로 은행에서 융자를 받아 신규 출점을 거듭하는 적극적인 경영 전략이 높이 평가됐다. 고베 출신인 창업자 나카우치 이사오는 매상고 증대가 경영의 모든 문제를 해결한다고 주장한 모험적인 상인이었다. 실제로 융자를 끼고 출점한 점포와 관련 부지는 부동산 가격의 상승으로 자산 가치가 올랐고, 이는 다시 은행이 망설이지 않고 거액의 융자를 대출해주게 만들었다.

반면에 이토요카도는 신중한 경영을 하기로 유명한 기업이었다. 도쿄의 아사쿠사에서 양품점으로 출발한 이토요카도의 전신인 요카도는 에도 상인의 기질을 물려받아 돌다리도 두드려 보고 건너는 견실 경영으로 일관하였다. 여담이지만 필자가 재직하는 유통과학대학의 이사이기도 한 이토는 "다시 태어나면 지금과 같이 회사를 크게 하지 않고 손 안에 넣을 수 있을 정도의 규모로 장사를 하고 싶다"고 말할 정도의 성격이다. 기업의 분위기가 이렇다보니 새로운 업태에의 진출, 무엇보다 과거에 참담한 실패를 맛본 디스카운트 스토어 업태에 대한 진입을 망설이는 것은 당연했다.

거듭 말하지만, 이토요카도의 전신인 요카도는 의류를 주로 팔아서 성공한 기업이다. 이토요카도는 2008년 2월 결산기에 전 점포에서 2,781억 엔의 매상고를 올렸다. 스즈키가 말하는 디스카운트 스토어 업태는 기본적으로 의류 판매를 포기하는 대신 회전율이 좋은 식료품 중심의 할인점형 슈퍼마켓 또는 하드코어 중심의 홈센터를 말하는 것이다. 그 점에서 디스카운트 스토어 업태로의 진입 지시는 단순히 새로운 업태에 진입하는 것이 아니라 창업 시의 본업 포기 즉, 이토요카도의 아이덴티티에 대한 근본적인 부정, 그 자체였다.

스즈키는 과거에 실패한 경험 때문에 새로운 기회를 무시하고 보수적이고 무사안일한 태도를 취하는 경영 간부들의 저항에 부닥쳤지만 결코 양보할 생각은 없는 것 같다. 스즈키로서는 35년 전에 미국의 세븐일레븐이라는, 일본의 유통 역사상 들어보지도 못한 편의점 업태를 도입하려 했을 때 당시 사장이던 이토를 비롯한 모든 경영 간부들의 철저한 반대에 직면했던 쓰라린 기억이 떠올랐을 것이다.

역사에 가정은 필요 없지만, 만약 35년 전에 스즈키가 일본에 세븐일레븐을 도입하지 않았다면 현재 일본 최대의 소매 재벌인 세븐&아이 그룹이 존재할 수 있었을까? 세계 최다 점포를 자랑하는 세븐일레븐 그 자체가 존재할 수 있었을까? 일본에서 유통혁명이 성취되었을까? 대답은 모두 '노No'이다.

스즈키는 모든 사람들이 '이것이 옳다'고 생각하는 상황에서 위기를 느끼고, 모든 사람들이 성공했다고 생각하는 상황에서는 스스로 자기부정을 거듭하는 인물이다. 스즈키에 의한 창조적 파괴와 끝없는 도전을 이해하기 위해서는, 그리고 은퇴 시기를 늦추고 일선에 복귀한 스즈키의 안타까움과 위기 의식을 이해하기 위해서는 시계바늘을 과거로 돌려볼 필요가 있다. 도전자 정신으로 재창립된 세븐&아이가 스즈키 이후에도 끝없는 도전을 계속할 수 있을지 예상하기 위해서도 꼭 돌아봐야 한다. 지금부터 스즈키를 중심으로 한 세븐일레븐 재팬의 탄생 비화를 살펴보자. 일본의 기업 경영사에서 가장 드라마틱하고 감동적인 장면, 전후 최대의 미일역전美日逆轉 드라마로 평가되는 장면이 바로 여기에 있다.

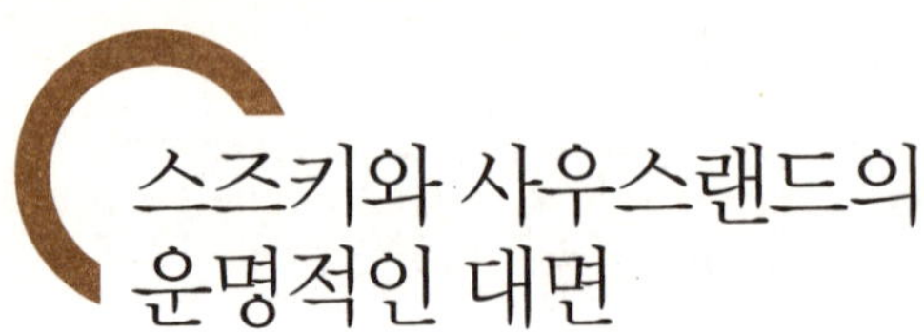

스즈키와 사우스랜드의
운명적인 대면

출판업에서 소매업으로 전직

스즈키는 1932년에 3,000m 이상의 험산 준령이 즐비하여 '남알프스'로 불리는 산악지대를 안고 있는 나가노현의 동부에 있는 농촌에서 농업과 양잠업을 가업으로 하는 가계에서 태어났다. 패전 후에 농업고교에 진학한 스즈키는 변론부와 육상부, 학생회장 등 아주 바쁜 고교생활을 보냈지만 최종 학년이 되어 대학 진학을 결심, 수험공부에 열중하여 도쿄의 주오 대학에 합격했다.

스즈키는 정치가가 되고 싶었지만 정치에 뜻이 있으면 경제를 공부해야 한다는 선배의 조언에 결국 경제학부를 택했다. 정치가가 되고 싶었기에 입학 후 회기 중인 국회에 얼굴을 내밀었고, 나중에는 주오 대학 자치회의 서기장에도 발탁되었다. 서기장의 임기가 끝나고 졸업이 다가오자 경제학 공부에 몰두했고, 이때 정치가보다는 민간 기업에 취직하고 싶다고 생각하게 되었다.

서기장 등의 경험과 학생운동에 관여한 탓에 스즈키는 블랙리스트
에 올라 있었다. 이 때문에 보통의 대기업에 취직하는 것이 쉽지 않았
다. 문이 열려 있는 곳은 언론사 정도였다. 스즈키는 저널리스트도 괜
찮을 것 같다고 스스로를 납득시킨 후 신문사의 입사시험에 응시했다.
하지만 필기시험에 합격해도 번번이 면접에서 떨어졌다. 취직 시즌이
끝나갈 즈음, 농협 간부를 지낸 아버지의 소개로 출판업계의 대형 도
매기업인 동경출판판매(1992년에 도한TOHAN으로 사명 변경)에 취직하게
된다. 도한은 지금도 일본출판판매와 함께 일본의 서적 도매업계에서
쌍벽을 이루는 기업이다.

1956년, 23세가 되어 스즈키의 회사원으로서의 인생이 시작되었다.
스즈키는 초기에는 서점에서 돌아온 책을 출판사로 되보내는 반품계
를 맡았다. 대학을 졸업한 스즈키는 육체노동에 불과한 반품계를 맡으
면서 좌절과 실망의 나날을 보냈다. 반년 후에 스즈키에게 딱 맞는 업
무가 주어졌다. 출판업계의 근대화를 위해 어떤 독자가 어떤 출판물을
구입하고 있는가 하는 데이터를 수집 분석할 필요가 있다고 판단한 회
사 경영진의 지시로 조사연구 업무를 맡게 된 것이다. 낮에는 무거운
녹음기를 들고 전국을 돌아다니며 독자 인터뷰를 하고, 밤에는 그 결
과를 통계처리하여 보고서를 쓰는 업무였다.

스즈키는 이때 통계학은 물론 심리학도 공부했다. 객관적인 데이터
를 얻기 위해서는 유도에 의해 독자가 심리적인 영향을 받지 않도록
하는 질문이 중요했으므로 통계학뿐 아니라 심리학도 알아야 했다. 이
런 경험이 결국 스즈키를 데이터를 중시하는 경영자로 만들었고, 훗날

세븐일레븐 경영에도 많은 도움을 주었다. 특히 스즈키는 검사 데이터의 이상치異常値를 소비자의 심리적 경향의 새로운 표출로 중시했다. 지금도 스즈키는 현대 소비사회는 경제학보다 심리학으로 접근하여 분석해야 한다고 자주 말하는데, 아마도 이때의 경험 때문일 것이다.

스즈키는 조사연구 업무를 3년 정도 한 다음 홍보과로 이동했다. 회사 홍보지를 만들면서 많은 유명인사를 만났는데, 이때 상대적으로 자신이 위축되는 것을 느꼈다. 스즈키는 도한의 노조 서기장으로 발탁될 정도로 능력을 인정받았지만 서서히 전직을 생각하게 되었다. 막연하게 텔레비전 프로그램을 제작하는 독립 프로덕션이 앞으로 유망할 것 같다고 생각했다. 그러다가 홍보지의 스폰서로 방문한 적이 있던 도쿄 시 아다치구에 있는 이토요카도(당시의 사명은 요카도) 본사를 방문하여 본부장에게 독립 프로덕션에 대한 구상을 말하고 스폰서를 요청했다. 본부장은 재미있으니 이토요카도로 와서 일해보라고 제안했다. 스즈키는 이토요카도에서 선전 전단지 편집 등 판촉 업무를 하다보면 언젠가 자금을 지원받아 독립할 수 있을 것이라고 생각하고 전직을 결심하게 된다.

이토요카도에서 단련된 반골 정신

스즈키는 이토요카도에 입사하기 전까지 소매업에 대해서 전혀 문외한이었다. 당연히 이토요카도가 무엇을 하는 회사인지, 슈퍼마켓이나 종합양판점의 의미도 몰랐다. 이토요카도에 입사한 후 얼마되지 않아 본부장에게 독립 프로덕션 이야기를 꺼냈지만 본부장은 그 이야기는 먼 미래의 일이라며 일언지하에 거절했다. 스즈키가 퇴사한 도한은 당시 대기업이었으나 이토요카도는 아직 커지기 전의 소매기업에 불과했다. 스즈키는 독립 프로덕션의 꿈 때문에 노조 서기장의 자리까지 오른 도한에서 나왔는데 이토요카도에게 배신당한 기분이었다. 그렇다고 달리 갈 곳도 없었기 때문에 꿈을 접고 이토요카도에 머무르기로 결심했다. 스즈키와 이토요카도의 인연은 이렇게 시작되었다.

이토요카도는 현 이토 마사토시 명예회장의 숙부가 창업한 양품점인 요카도에서 시작된 기업으로 나중에 이토가 승계하게 된다. 1958년에 주식회사가 되었지만 스즈키가 입사할 당시에는 동경에 5개 점포, 종업원 500명을 둔 신흥 종합양판점에 불과했다. 스즈키처럼 중도 채용자도 많았지만 가전이나 자동차 산업이 평가를 받던 시절이었기 때문에 사표를 쓰고 떠나는 사람도 많았다.

스즈키는 입사 초기에는 상품 관리 담당이었으나 바로 판촉 담당이 되었고, 3년 후에는 도한에서의 노조 서기장 경력 덕분에 인사과장이 되었다. 종합양판점 업계의 급성장과 함께 이토요카도도 확대되기 시작했다. 점포 수 20개, 종업원 2,000명이 된 1970년에는 노조 설립의 움직임이 있었다. 스즈키는 사원과 회사와의 원활한 의사소통을 위해서는 노조가 필요하다고 생각하여 반대하는 이토 사장에게 노조는 경영자를 비추는 거울이라고 주장하며 설득했다. 그렇게 해서 노조가 설립되자 초대 노조위원장에 훗날 세븐일레븐의 창립 멤버로 활약하게 되는 이와쿠니 슈이치를 지명했다. 1972년에는 마찬가지 이유로 이토를 설득하여 상장上場을 달성했다.

이런 과정을 거치면서 이토와 스즈키의 관계는 가까워졌지만 이토는 여러 가지 어려운 문제를 가지고 오는 스즈키에게 분명히 불만이 있었을 것이다. 처음부터 자신의 의지가 아닌 독립 프로덕션 설립에 도움을 줄 스폰서를 찾던 중에 입사한 스즈키이기에 처음부터 창업자에게 절대 복종이라는 전통적인 소매기업의 문화에 그다지 구애받지 않았다. 사내에서 반대 의견이 많더라도, 때로는 사장의 의사에 반하더라도 하고 싶은 것은 실행에 옮겼다. 도전자 스즈키의 청춘시대는 이렇게 일찌감치 반골 정신으로 단련되고 있었다.

끊이지 않는 신규 출점 문제와 미국 출장

1960년대 후반에 들어와 종합양판점 업계는 신규 출점할 때마다 지방의 상점가에서 강력한 반대운동에 부딪치게 된다. 스즈키는 1971년에 39세의 나이로 홍보 및 인사 담당 이사로 취임한다. 간부 사원의 일원으로서 스즈키도 신규 출점 반대운동에 직면하게 되었다. 스즈키와 이토요카도 측은 출점 예정인 지방에서 설명회를 개최하여 대형점과 중소 소매점의 공존공영이 가능하다고 주장하지만 지방의 상점가 측은 그러한 공존공영이 가능할 리 없다고, 강자의 논리일 뿐이라고 반대했다. 출점 교섭은 심한 경우 2년이나 걸렸고, 30회 이상의 회합이 필요한 경우도 있었다. 스즈키는 이 교섭 때문에 상당히 고생하면서 무엇인가 해결책이 필요하다고 통감했다.

스즈키가 미국의 세븐일레븐과 운명적인 대면을 하게 된 것은 이러한 신규 출점의 교섭 업무에 몸과 마음이 피폐해졌을 때였다. 당시 스즈키는 홍보 및 인사 담당 이사 외에도 신설된 업무개발실의 리더이기도 했다. 그는 유망한 부하 직원인 시미즈 히데오를 미국에 파견하여 미국의 신업태를 연구하도록 했다. 나중에 세븐일레븐 재팬의 회장과 부회장이 되는 두 사람은 함께 간 미국 출장길에서 우연한 기회에 세븐일레븐을 만나게 되는데, 이에 대해서는 나중에 다시 말하기로 하겠다.

스즈키는 일본 상점가가 쇠퇴하는 원인으로 생산성이 문제라고 생각했다. 상점가를 구성하는 소형 소매점은 제조업보다 노동 생산성이 아주 낮았고, 이것은 사회적으로 큰 이슈가 되었다. 이를 타개하기 위해 행정 당국은 영업시간을 평일은 저녁 6시까지, 일요일은 휴업으로 정하고 행정지도를 통해 생산성 향상과 종업원 확보를 도모했다. 하지만 이는 소비자의 니즈와는 동떨어진 방안에 불과하여 소비자에게 불편만 끼칠 뿐이었다. 소비자에게 지지를 못 받는 상점가의 생산성이 향상될 리는 없었다.

소형점임에도 불구하고 높은 생산성을 올리면서 철두철미하게 가격 경쟁을 회피하는 메커니즘을 갖춘 세븐일레븐은 스즈키에게 구세주처럼 보였다. 스즈키는 대형점이 소형점을 이긴다는 것은 고도성장기 시절의 경험 법칙에 불과하고, 이제는 소형점도 생산성을 높이면 대형점과 공존공영이 가능할 것이라고 생각했다. 스즈키가 미국 세븐일레븐의 본사인 사우스랜드와의 접촉을 결심한 것은 이러한 이유에서였다. 물론 사우스랜드가 그렇게 녹록하게 스즈키를 맞이해줄 리는 만무했다.

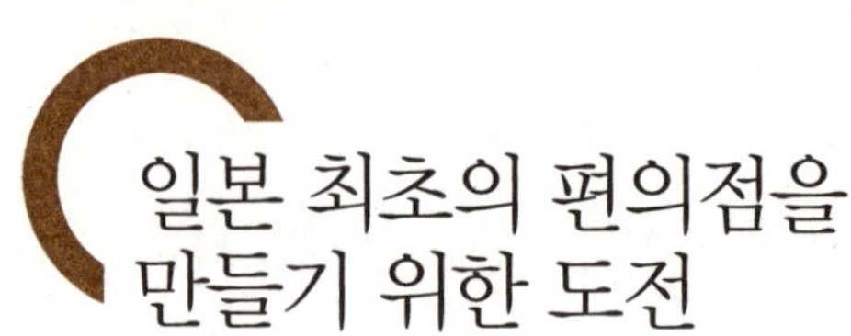

일본 최초의 편의점을
만들기 위한 도전

난관에 부딪친 세븐일레븐 사업

"말도 안 되는 소리다. 이 따위 조건으로는 교섭할 수 없다."

1973년 7월 말, 폭염으로 악명 높은 텍사스 달라스의 사우스랜드 본사에서 이토요카도의 홍보 인사 담당 이사 겸 신설된 업무개발실의 리더인 40세의 스즈키는 주먹으로 테이블을 치며 고함을 질렀다. 미국내에서 4,200개의 점포를 운영하여 이미 세계에서 가장 많은 소매점포를 가진 체인 기업인 사우스랜드와 최종 교섭하는 자리였다. 사우스랜드 측에서는 허버트 하트필드 사장과 창업자인 제리 톰슨 부사장이, 이토요카도 측에서는 스즈키와 함께 업무개발을 담당하고 있던 시미즈 히데오가 나왔다.

시미즈는 이토요카도가 창립한 이래 처음으로 입사한 대졸 사원으로 나중에 세븐일레븐 재팬의 부회장이 된 사람이다. 시미즈는 스즈키보다 네 살 적었고, 이토요카도에서는 본래 점포 개발을 담당하고 있었다. 고도성장기를 거치면서 일본 경제는 안정된 성장세를 보이고 있었고 종합양판점으로 업태를 전환한 이토요카도는 새로운 점포를 개발하는 것이 현안이었다. 이 때문에 사내의 유망주인 시미즈에게 점포 개발을 맡긴 것이다. 당시 저렴한 가격과 풍부한 상품 구색을 무기로 하는 이토요카도와 같은 대형 소매점포의 진출에 대해 사회적 약자로서 지역 상점가의 영세 소매점들은 대대적인 출점 반대운동을 폈기 때문에 시미즈는 신규 출점 교섭에 상당히 고전하고 있었다. 결국 시미즈는 점포 개발 업무에서 밀려나 새로운 업무개발실, 지금의 용어로 말하자면 신업태 개발 업무를 맡는 신설 부서로 밀리게 되었다. 겨우 3평 남짓한 신설 부서의 사무실에서 망연자실하고 있던 시미즈의 상사가 된 것이 스즈키였다. 앞에서도 말했듯이 스즈키는 부하인 시미즈의 능력을 간파하여 유통 선진국 미국으로 건너가 새로운 업태를 공부하고 오라고 지시했다.

막연한 지시였지만 스즈키도 시미즈처럼 신규 출점할 때마다 부딪치게 되는 지역의 상점가를 중심으로 한 출점 반대운동을 해결하기 위해서는 새로운 소매업태의 진입이 불가피하다고 느끼고 있었다. 시미즈는 장기 출장을 허락받아 장거리 버스로 미국 전역을 돌아다녔다. 출장비도 그다지 많지 않던 시절, 젊은 시미즈는 싸구려 호텔 방에서 컵라면을 먹으며 최악의 샐러리맨 인생이라고 자조했다. 광활한 미국 대륙을 돌아다니면서 엄청난 규모의 슈퍼마켓이나 쇼핑센터를 견학했지만 어느 것도 좁은 일본에서 통용될 리 없다며 자포자기 직전의 상태가 되었다.

어느 겨울날 저녁, 시카고의 호텔에서 언제나처럼 컵라면을 먹고 있던 시미즈는 스즈키가 미국에 왔다는 연락을 받았다. 존경하는 선배이자 직속 상관인 스즈키와 재회하자 시미즈의 얼굴에는 화색이 돌았다. 당시 욱일승천의 기세를 보이던 이토요카도는 유통 선진국인 미국의 최신 유통 사정을 배우기 위해 사원들을 파견하여 연수를 실시하고 있었다. 1년에 여러 차례에 걸쳐 60~70명이 10일의 일정으로 미국을 방문했는데, 마침 스즈키가 책임자로 동행하게 된 것이다. 두 사람과 연수단을 태운 장거리 버스는 잠시 쉬기 위해 어느 조그만 마을에 들어섰다. 스즈키는 피곤해서 곯아떨어진 시미즈를 깨워 어느 조그만 가게로 들어갔다. 7이라는 숫자에 ELEVEN이라는 대문자를 쓴 세븐일레븐이라는 가게였다. 식품과 잡화가 진열되어 있는 작은 슈퍼마켓 같은 점포였다. 스즈키와 시미즈, 세븐일레븐이 운명적으로 대면하는 순간이었다.

스즈키는 '편리한 점포'라는 뜻에서 '컨비니언스 스토어'로 불리고 50평 정도의 면적에 연중무휴, 그리고 아침 7시부터 밤 11시까지 영업하는 이 잡화점을 보고 신선한 충격을 받았다. 무엇보다도 일체 가격을 내리지 않는 정가 판매가 원칙이라는 것에 깊은 감명을 받았다. 일본의 종합양판점에서는 거의 매일 벌어지는 가격 인하 경쟁 때문에 고심했는데, 이 조그만 잡화점은 정가 판매임에도 불구하고 번창하고 있었기 때문이다. 스즈키는 일본으로 돌아온 후 세븐일레븐에 대해 조사를 하다가 다시 한번 놀라게 됐다. 세븐일레븐을 운영하는 사우스랜드는 미국 전역에 4,000개 이상의 체인 점포를 가진 초우량 회사였던 것이다.

당시 미국에서는 일본과는 비교도 되지 않을 정도로 슈퍼마켓, 쇼핑센터 같은 대형 소매점포가 발달되어 있었는데, 이런 상황에서 소형 체인 점포인 세븐일레븐이 4,000개 이상 존재한다는 것은 실로 대단한 일이 아닐 수 없었다. 당시 새로운 사업을 개척하는 업무개발 책임자였던 스즈키는 일본에서 이와 비슷한 사업을 추진하면 대형 소매기업과 상점가의 소형점포와의 공존공영이 가능할 것이라고 판단하여 회사 내부와 외부에 의견을 물어보았다. 하지만 돌아온 답은 백이면 백 모두 부정적이었다.

이때는 고도성장기로 유통혁명이 논의되고 있었다. 각지에서 종합 양판점과 슈퍼마켓이 유통혁명의 주역으로 평가받았지만 그와 동시에 대형 소매기업의 대량 출점이 상점가를 쇠퇴시킨다는 비판도 적지 않았다. 이런 판에 상점가에 있는 소형점포의 경쟁상대가 될지도 모르는 미국판 잡화점 업태에 귀중한 경영 자원을 투입한다는 것 자체가 어불성설이었던 것이다. 사내뿐만 아니라 업계 관계자와 학계에서도 모두 부정적인 견해를 비쳤다. 특히 영업 담당 간부에게서는 현장을 모르는 뜬금없는 소리라고 비난받기까지 했다. 이런 비난은 인사, 판촉, 홍보와 같은 관리 부문만 담당하고 판매와 사업에 대해 경험이 없던 스즈키에게 당연한 듯했다. 하지만 스즈키는 오히려 경험이 없는 만큼 경험에 구애받지 않고 도전해볼 수 있다고 생각했다. 스즈키의 최초의 도전이 시작된 것이다.

스즈키는 시미즈에게 사우스랜드와의 접촉을 지시했고 드디어 교섭이 시작되었다. 하지만 듣지도 보지도 못한 일본의 소매기업이 프랜차이즈 계약을 맺고 싶다고 해서 사우스랜드가 성의를 보일 리 없었다.

천신만고 끝에 시미즈가 성사시킨 교섭 석상에서 사우스랜드 측은 비즈니스 파트너로 인정한다고 볼 수 없는 무성의한 태도, 도저히 받아들일 수 없는 로열티 조건 등을 내밀어 스즈키는 불같이 화를 낼 수밖에 없었다. 미국 대륙에서의 스즈키의 장대한 도전은 시작부터 난관에 부딪치고 있었다.

프랜차이즈 계약과 끊긴 퇴로

1973년의 무더운 여름, 이토요카도 측의 스즈키와 시미즈, 사우스랜드 측의 하트필드 사장과 제리 톰슨 부사장이 만나서 행한 사우스랜드 본사에서의 최종 교섭은 좀처럼 해결의 실마리를 찾을 수 없었다. 사우스랜드가 제안한 프랜차이즈 계약 조건은 도저히 받아들일 수 없는 것뿐이었다. 일본 사업은 사우스랜드와 합병할 것, 출점 지역은 일본을 2분할하여 동東일본으로 한정할 것, 8년 동안 2,000개의 점포를 낼 것, 로열티는 매상고의 1%를 엄수할 것 등이었다. 일본 소매업계 15위에 불과한 이토요카도가 받아들이기엔 너무 벅찬 조건이었기에 스즈키는 격렬하게 항의했다.

　수차례에 걸친 피가 마르는 듯한 교섭 끝에 사우스랜드는 이토요카도 측의 요청대로 단독 자회사, 일본 전역 출점, 8년 동안 1,200개 출점을 받아들였다. 마지막까지 문제가 된 것은 로열티 1% 지불 건이었다. 당시 캐나다 등의 애리어 프랜차이즈 지역이 1%였으므로 예외는 인정할 수 없다는 사우스랜드 측에게 스즈키는 일본의 유통경로, 상관행의 차이, 사회자본의 미정비로 인한 인프라 비용 등의 이유를 들어 0.5%를 주장했다. 당시 이토요카도의 세전 이익의 매상고 대비 비율은 겨우 3.8%에 불과했기 때문에 1%는 도저히 받아들이기 어려운 조건이었다. 하지만 사우스랜드 측도 이 건에 대해서는 절대로 물러서지 않았다. 교섭이 결렬되면 별실로 옮겨서 잠시 작전회의를 연 후 다시 교섭을 재개하는 과정을 거친 끝에 스즈키는 "우리는 이 사업을 어떤 방법으로든 성공시키겠다. 로열티를 낮추더라도 일본에서 성공하면 당신들의 목적에 부합할 것이다"고 호소했다. 이것이 주효하여 로열티는 0.6%로 결정되었다.

1973년 11월 30일, 이토요카도와 사우스랜드 간에 일본에서 프랜차이즈 방식으로 편의점 사업을 한다는 것에 대한 계약이 정식으로 체결되었다. 이때 스즈키는 일본에서 대형점과의 공존공영이 가능한 비즈니스 모델을 구현하게 해줄 것이라고 생각한 사우스랜드 측의 경영 노하우 매뉴얼 등의 기밀자료를 보게 되었다. 스즈키는 일본에서의 편의점 사업을 성공하는 열쇠가 세븐일레븐의 노하우 매뉴얼에 전부 담겨 있다고 믿어 의심치 않았기에 속으로 쾌재를 불렀다. 하지만 얼마 후 미국 연수에 참가하여 번역된 경영 노하우 매뉴얼을 본 그는 천국에서 지옥으로 떨어지는 기분을 느끼게 된다.

정식 계약 후 미국에 건너가 사우스랜드의 훈련센터에서 넘겨 받았던 27권에 이르는 엄청난 분량의 경영 매뉴얼에는 처음으로 점포 운영을 하는 사람들을 위한 내용뿐 어디에도 스즈키가 그토록 찾고자 했던 노하우는 없었다. 예컨대, 패스트푸드 편에는 냉동 햄버거를 받아 점포에서 데워서 판매하라는 내용이 있었는데, 이는 신선제품을 선호하는 일본 소비자에게 절대 통용될 리 없었다. 마케팅, 머천다이징, 물류

편에도 일본 현실에 적용할 수 있는 내용은 없었다. 출점 입지로는 주변에 경합 점포가 없는 곳을 선택해야 한다고 적혀 있었지만, 좁은 국토에 160만 개나 되는 소매점포가 있는 일본에서는 허무맹랑한 내용에 불과했다. 유일하게 사용할 수 있었던 것은 체인본부와 가맹점 간에 황이익慌利益을 배분하는 방식 등을 기술한 회계 시스템 편 정도였다. 하지만 이제 와서 물러날 수도 없었다. 스즈키는 최고 경영진의 의사와 달리 무리하게 세븐일레븐과 계약을 맺었다고 하여 회사에서 쫓겨난 상태였다. 그는 엉터리 같은 매뉴얼의 내용에 망연자실했지만 이미 퇴로는 완전히 차단되어 돌아갈 수 없었다.

제로에서 출발한 15명의 창립 멤버

스즈키는 사우스랜드와 정식 계약을 하기 열흘 전인 11월 20일에 도쿄 치요타구의 이토요카도 본사 빌딩에 있는 7평짜리 사무실에서 15명의 사원들과 함께 새로운 회사 요크 세븐(후에 세븐일레븐 재팬으로 개칭)을 설립했다. 원래 스즈키는 업무개발 책임자였기에 교섭은 담당했지만 새 회사의 경영에는 참가할 계획이 없었다. 실제로 업무개발 책임자가 경영까지 맡는 것은 어불성설이었지만 모든 경영진이 반대한 사업을 맡으려는 사람은 아무도 없었다. 결국 이토 사장은 스즈키에게 직접 경영을 하도록 지시했다. 자본금은 1억 엔이었으나 이토요카도는 자본금의 전액 출자를 거부하고 반액 출자만을 허락했다. 어쩔 수 없이 자본금의 반을 충당하기 위해 스즈키와 시미즈는 자신들의 적금을 해약하고, 나아가 은행에서 융자를 받아 개인 출자할 수밖에 없었다. 그래도 자금이 부족하여 주위의 지인들에게 머리를 숙여 빌린 끝에 겨우 출자금을 맞출 수 있었다.

특히 사원을 뽑는 것이 힘들었다. 새 회사이기 때문에 월급 같은 조건이 이토요카도보다 나쁠 수밖에 없었고, 단순한 파견이 아니라 이적이 요구되었다. 이토요카도에서는 스즈키의 심복인 시미즈에 노조위원장을 지낸 이와구니 슈이치, 종합상사에서 중도 입사한 가마타 마사아키 정도가 왔다. 나머지는 신문 광고로 모집했지만 결과는 신통치 않았다. 제빵회사의 영업사원, 전 자위대원 등 15명이 채용되었는데, 창립 멤버는 거의 다 소매업의 초보자였다. 훗날 스즈키는 오히려 초보자 집단이었기에 상식을 벗어나 과감하게 도전할 수 있었다고 회상했다.

이렇게 이토요카도에서 새 회사로 완전 이적한 상태이긴 하지만 그래도 새 회사의 성공을 보장해줄 것은 사우스랜드의 경영 매뉴얼뿐이었다. 하지만 이것이 실제로 전혀 도움이 되지 않는 상황에서 스즈키를 포함한 15명의 초보자들은 나락으로 떨어지는 듯했다. 하지만 자신을 믿고 따라오는 사원들 때문에 스즈키는 언제까지 낙담만 하고 있을 수 없었다. 오히려 제로에서 출발하는 것을 보람으로 삼자고 실의에 빠진 사원들을 격려했다. 바야흐로 제로에서 도전하는 세븐일레븐 재팬의 역사가 시작된 것이다.

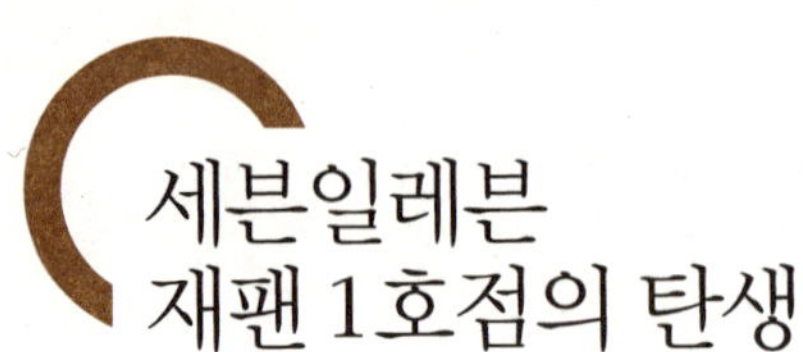

세븐일레븐
재팬 1호점의 탄생

도쿄 외곽지에서의 1호점 개점 결의

도쿄의 고토구 도요슈 일대는 현재 지하철 유라쿠초선과 신교통시스템AGT의 모노레일인 유리가모메선이 개통되면서 노른자땅으로 부상하고 있다. 긴자 지역에서 대중교통을 이용하면 약 6분밖에 걸리지 않는 데다가 임해부라는 지리적 이점을 가지고 있고, 또 2006년 10월에 그랜드 오픈한 라라포트 도요슈LaLaport Toyosu 등의 대형 복합 상업시설과 초고층 빌딩 및 맨션, 고급 레스토랑이 들어서는 등 대규모의 도시개발이 진행되고 있는 지역이기 때문이다. 최근에는 일본판 노량진 수산시장인 쓰키지 시장을 이전할 유력한 지역으로 거론되어 각광받고 있다.

하지만 이 지역은 40년 전만 하더라도 조선소와 자재 창고, 사원 주택과 낮은 목조의 공영주택이 드문드문 있던, 국제적 도시인 도쿄의

23개 구 중에서 가장 낙후된 지역 중의 하나였다. 상식적으로 생각해도 편의점 입지로 좋은 곳이 아니었는데 스즈키는 이곳에 일본 최초의 편의점인 세븐일레븐 1호점을 개점할 것을 결심했다.

직영점인가 가맹점인가

앞에서도 보았듯이 스즈키는 천신만고 끝에 사우스랜드와의 프랜차이즈 계약을 성사시켰다. 하지만 본사인 이토요카도의 지원을 거의 얻지 못한 상태에서 이토요카도에서 반강제적으로 퇴사하여 새 회사인 요크세븐을 설립할 수밖에 없었다. 스즈키와 유통에 관한 한 초보자들로 구성된 15명의 창립 멤버에게는 세븐일레븐의 경영 매뉴얼이 유일한 희망이었지만 일본에서의 편의점 경영에는 전혀 도움이 되지 않는다. 사우스랜드에 위약금을 물고 계약을 파기하는 방안도 있었지만 스즈키에게는 이미 퇴로가 끊긴 상태였고, 부득이하게 제로에서 출발을 다짐할 수밖에 없었다. 사우스랜드, 그리고 본사인 이토요카도가 전혀 도움이 되지 않는 상태에서 15명의 창립 멤버들은 일본에서 최초로 편의점을 세우는 프로젝트의 일원이 되어 무無에서 유有를 만들 수밖에 없었다.

프로젝트의 최우선 과제는 일본에서의 편의점 1호점이자 세븐일레븐 1호점의 개점이었다. 원래 15명의 멤버는 사우스랜드의 조언도 있고 해서 직영점을 고려했다. 하지만 이때 불운하게도 제1차 오일쇼크가 닥쳤다. 물가가 폭등하면서 출점 비용은 예정보다 배가倍加했기 때문에 50평 정도의 넓이와 적당한 주택지 주변의 입지 조건을 갖춘 부지를 찾는 작업부터 암초에 부닥쳤다.

스즈키는 당초부터 1호점을 직영점으로 하는 것에 찬성하지 않았다. 그는 직영점의 부지를 고민하는 멤버들에게 일본의 세븐일레븐 1호점은 직영점이 아니라 프랜차이즈 가맹점으로 출점시킬 것을 제안했다. 그 이유는 자명한 것이었다. 스즈키가 미국에서 사우스랜드의 세븐일레븐과 최초로 대면하고 일본에서의 전개에 영감을 얻은 것은 세븐일레븐의 도입이 일본에서의 대형 소매점포와 영세한 소형점포와의 공존공영, 그리고 전근대적인 소매 경영을 하고 있던 기존의 소형점포의 활성화에 도움이 된다고 생각했기 때문이다. 그 때문에 1호점은 직영점이 아니라 소형점포가 업태 전환한 프랜차이즈 가맹점이 되어야 이후 일본에서 본격적인 세븐일레븐 시대를 펼치는 데 상징적인 의미가 있다고 생각했다.

하지만 스즈키의 의도가 아무리 그럴 듯해도 현재 소매점포를 운영하는 사람이 세븐일레븐이라는 듣지도 보지도 못한 미국식 잡화점으로 업태를 전환하기 위해 간판을 내릴 리는 만무했다. 직영점의 부지를 확보하는 것이 어려웠지만 가맹점을 모집하는 것은 더욱 힘들었다. 사우스랜드와는 2년 이내에 일본에서 60개의 점포를 내기로 약속한 상태였다. 15명의 멤버들 얼굴에는 짙은 그늘이 생겼다. 바로 그때 미국에서 세븐일레븐을 함께 시찰한, 스즈키의 심복이면서 나중에 세븐일레븐 재팬의 부회장이 되는 시미즈 히데오에게 한 통의 편지가 배달되었다. 발신인은 야마모토 겐지로, 주소는 도쿄시 고토구였다.

주류 판매점에서 온 편지

야마모토는 고토구에서 주류 판매점을 하고 있다고 자신을 소개하고 세븐일레븐 점포를 열고 싶다고 밝혔다. 1974년 1월 1일, 새해 아침부터 스즈키와 시미즈는 눈길을 걸어 야마모토의 집을 찾아갔다. 조선소의 자재 창고와 부자재 공장이 드문드문 서 있을 뿐 거의 공터인 매립지 구석에 '야마모토 시게루 상점'(이하 야마모토 상점)이라는 간판이 붙어 있는 주류 판매점이 쓸쓸히 서 있었다. 야마모토의 점포였다. 야마모토는 아버지가 사망하자 대학을 중퇴하고 점포를 이어 받았다. 당시 그는 23세로, 막 결혼한 부인은 임신 중이었고 홀로 남은 어머니와 2명의 동생들을 부양해야 하는 입장이었다.

당시 일본의 주류 판매점은 면허제에 의해 보호를 받았으므로 그런 대로 최소한의 수입을 얻을 수 있었다. 하지만 야마모토는 이대로 있다가는 앞으로도 매상고가 늘어나는 것을 기대할 수 없다고 생각했다. 실제로 경영을 해보니 매일 주문배달 때문에 가족 전체가 일해도 그다지 이익이 생기지 않았다. 이런 전근대적인 육체노동을 계속 해야 할 것인가로 고민하던 그때 신문에서 세븐일레븐에 대한 기사를 보게 되었고, 곧바로 시미즈에게 편지를 쓰게 된 것이다. 야마모토는 전근대적인 주류 판매점에서 근대적인 편의점으로 바꾸면 집안 경제가 안정될 것이라고 믿었다. 그 때문에 점포 겸 자택인 야마모토 상점을 방문한 스즈키와 시미즈를 다다미방으로 안내하여 차를 대접하며 야마모토 상점을 세븐일레븐 점포로 바꾸고 싶다고 강력하게 호소했다.

시미즈는 야마모토의 열정이 느껴졌지만 내심 걱정이 되기도 했다. 야마모토 상점은 겨우 24평으로 미국 세븐일레븐의 평균 면적의 반도

되지 않는 데다가 주차공간도 없었다. 무엇보다 입지 조건이 나빴다. 시미즈는 스즈키의 눈치를 살폈다. 아마 스즈키도 무리라고 판단할 것 같았다. 하지만 예상과 달리 스즈키는 야마모토의 손을 덥석 잡으며 "저희들과 함께 도전해봅시다. 만약 3년 후의 결과가 실패라면 제가 책임을 지고 점포를 원 상태로 돌려드리겠습니다"라고 말하는 것이 아닌가. 야마모토의 점포를 뒤로 하면서 시미즈는 스즈키에게 괜찮겠느냐고 물었다. 스즈키는 "야마모토 씨는 우리에게 인생을 맡기려고 하고 있다. 우리도 대안이 없는 상태이다. 우리도 야마모토 씨도 벼랑 끝에 서 있는 입장이 아닌가? 어차피 제로에서 도전하는데 서로 어울리는 파트너가 되지 않겠는가?"라고 대답했다.

세븐일레븐 재팬 1호점의 탄생

이런 과정을 거쳐 야마모토 상점이 세븐일레븐 재팬 1호점으로 정해졌다. 개장 비용은 2,200만 엔이었다. 야마모토는 토지를 담보로 은행에서 융자를 받았다. 준비하는 데 3개월이 걸렸다. 점포 개장, 3,000가지의 상품 선정, 좁은 점포에 맞는 업무용 냉장고 개조 등 모든 것이 새로운 경험이었다. 준비작업 중 가장 어려웠던 것은 종래의 야마모토 상점에서 취급하던 상품의 6배나 되는 세븐일레븐 1호점에 들일 3,000가지의 상품을 선정하는 작업이었다. 이토요카도의 매상고 상위 품목 리스트를 참고하여 후보 상품을 회의실에 모아놓고 어떻게 하면 24평의 좁은 매장에 효율적으로 진열할 수 있는지를 두고 수십 차례에 걸쳐 시뮬레이션했다. 유통 초보자로 구성된 15명의 멤버들은 좁은 국토와 밀집된 상권이라는 제약하에 '일본형 편의점'이라는 미지의 업태를 탄생시키기 위해 모두가 한마음이 되어 움직였다.

여담이지만 모두가 1호점의 개점에 맞추어 분주하게 움직이던 때, 미국 사우스랜드에서 파견된 점포 지도원 2명이 방문했다. 그들은 야마모토 상점이 지나치게 좁아 필요한 최소한의 상품도 진열할 수 없다는 점과 입지가 나쁜 점을 지적했다. 이에 대해 스즈키는 격노했고 우리들의 방식으로 하겠다며 그들을 쫓아버렸다. 그들은 아무런 지도도 하지 못한 채 긴자의 밤거리로 사라졌다.

15명의 멤버들은 야마모토 상점을 교대로 방문하여 개점 준비작업을 도왔다. 멤버들은 야마모토의 가족들과 함께 '편리한 컨비니언스 스토어가 미국에서 오다! 아침 7시부터 늦은 밤 11시까지 세븐일레븐은 연중무휴'라는 내용의 전단지를 인근의 주택단지에 배포했다. 개점 1주일 전부터는 거의 철야작업이 계속되었지만 힘들다고 불평하는 사람은 아무도 없었다. 개점 전날 밤, 스즈키와 시미즈를 비롯한 주요 멤버들은 점포 2층에서 새우잠을 잤다.

일본 최초의 편의점이자
세븐일레븐 재팬 1호점인 도요슈점

1974년 5월 15일, 드디어 일본 최초의 편의점인 도요슈점이 문을 열었다. 그날은 공교롭게도 비가 내렸다. 공장으로 출근하던 남자 손님이 들어와 점포 안을 천천히 돌아보았다. 오너 점장으로서 카운터 앞에 서 있던 야마모토에게는 그 몇 분이 몇 시간처럼 느껴졌다. 그 손님은 카운터 옆에 있던 800엔짜리 선글라스를 구입했다. 스즈키는 자서전에서 당시를 회상하며 일본의 세븐일레븐 1호점의 손님을 아직도 잊지 않고 있다고 했다.

멤버들의 걱정과는 달리 손님들의 발길은 끊이지 않았다. 오후에는 주부와 어린이들로 북적거릴 정도였다. 전단지를 보고 주택단지에서 온 손님들이었다. 밤 11시에 점포의 문을 닫은 야마모토가 전자계산기를 두드리며 첫날의 매상고를 집계했다. 39만 4,000엔이었다. 주류 판매점을 하던 때보다 2배 가까이 오른 실적이었다. 멤버들은 일제히 환호성을 질렀다.

세븐일레븐 재팬 1호점의 현재 모습

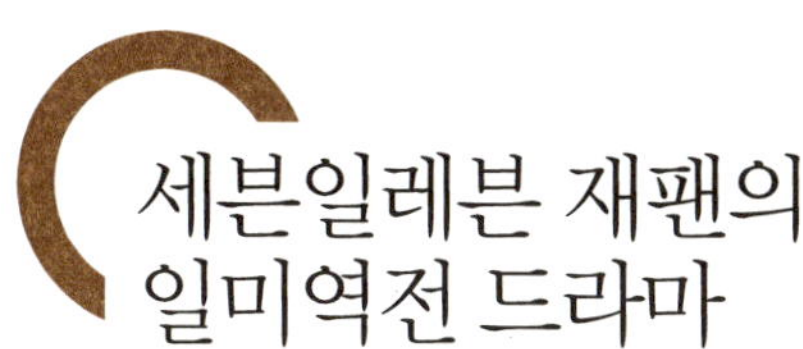

세븐일레븐 재팬의
일미역전 드라마

집념으로 완성한 단품 관리 시스템

기쁨은 잠시였다. 한 달 후 야마모토와 프로젝트 멤버들은 다시 지옥으로 떨어지는 기분을 느꼈다. 1호점의 매상고는 이전보다 2배 가까이 늘어났지만 장시간 영업으로 인한 아르바이트 직원의 급여와 전기, 수도, 가스요금, 프랜차이즈 본부인 요크세븐에 지불하는 로열티를 빼고 나면 남는 것은 야마모토 상점을 하던 때와 그다지 다르지 않았다. 지금 상태가 지속된다면 거액의 은행 융자를 안고 있는 야마모토가 도산할 것은 불 보듯이 뻔했다. 야마모토와 멤버들의 얼굴에서는 웃음이 사라졌다.

스즈키는 도요슈점이 이익을 내지 못하는 이유에 대해 고민하기 시작했다. 이때 상품부장인 이와구니 슈이치가 해답을 가지고 왔다. 당시 이와구니는 야마모토가 걱정이 되어 거의 매일 도요슈점에 출근하고 있었다. 노조위원장 출신인 이와구니는 사무실에 출근해서 자리에 앉아 있는 것보다 현장에서 땀을 흘리는 것에 익숙해 있었다. 은행에서 동전을 바꾸는 일도 하고 밀대로 점포를 청소하는 일도 마다하지 않았다.

어느 날 이와구니는 도요슈점의 점포 구석에서 빗자루와 식기 등에 먼지가 쌓인 것을 발견했다. 반면 주스 같은 상품은 품절이 된 상태였다. 이와구니는 야마모토에게 왜 잘 팔리는 상품을 추가로 주문하지 않았는지 물었다. 야마모토는 이와구니를 2층으로 데리고 갔다. 거기에는 재고 상품이 산처럼 쌓여 있었다. 야마모토의 설명에 의하면, 도매상이 소량의 주문에는 응하지 않기 때문에 3,000가지의 상품을 팔아야 하는 그로서는 엄청난 양의 재고를 안을 수밖에 없다는 것이다. 이 때문에 잘 팔리는 상품이라고 해도 둘 곳이 없어 추가 주문이 힘들고, 안 팔리는 상품은 먼지를 뒤집어 쓰더라도 점포에 방치해둘 수밖에 없다고 했다.

실제로 당시의 상 관습으로는 도매상에서 사입할 때 통조림은 24개나 48개, 세제는 12개, 주스는 5상자가 최소 단위였다. 도매상은 소매상에 대해 어떤 상품도 최소한의 로트 사이즈lot size로 사입할 것을 요구했고 그것을 다 팔지 않는 한 다음의 사입에 응하지 않았다. 유통경로에서 도매상이 큰 힘을 가지고 있던 시대였다. 이와구니는 이러한 사정을 스즈키에게 보고했다.

도요슈점의 재고분을 소매가로 환산하니 무려 1,300만 엔에 달했다. 현재 세븐일레븐 전 점포의 하루 평균 판매액이 약 60만 엔에 재고는 약 570~580만 엔인 것을 고려하면 야마모토의 점포가 얼마나 많은 불량 재고를 안고 있었는지 추측할 수 있다. 이와구니의 보고에 놀란 스즈키는 현재 상태로는 매상고도 이익도 늘어날 수 없다는 것을 알게 되었다. 스즈키는 생각에 잠겼다. 그리고 내린 결론은 배송 방식을 변경하는 것이었다.

사입 단위를 적게 하는 소량 배송이 절대적으로 필요하다는 결론이었지만 당시 업계의 상식으로는 도저히 받아들여질 리가 없었다. 물론 도매상에서 한 번에 주문하는 상품의 양인 로트 사이즈를 적게 만들어 배송해주면 상품의 사입 단가는 물론 재고도 줄어들겠지만 편의점의 주요 상품인 일용 잡화를 소량 배송하면 채산성이 나빠진다는 이유로 도매상들이 응하지 않을 것이 뻔했다. 멤버들도 스즈키의 의견에 일제히 반대했다. 하지만 스즈키는 소량 배송이 이루어지지 않는 한 세븐일레븐의 체인 사업을 본격적으로 펼칠 수 없다고 생각했다. 이때 이와구니가 도매상과 교섭해보겠다고 나섰다. 노동조합에서 단련된 불굴의 교섭 능력을 발휘하겠다는 것이다. 하지만 도요슈점 한 곳에 대한 소량 배송 요구에 응할 도매상은 아무도 없었다. 이와구니의 고전은 예상된 것이었다.

한편 스즈키는 3,000가지나 되는 상품 중 어떤 것이 잘 팔리고, 어떤 것이 안 팔리는지 리스트가 필요하다고 생각했다. 회전율이 좋은 상품만 사입하면 그만큼 재고를 줄일 수 있게 되기 때문이다. 하지만 당시에는 컴퓨터가 대중적으로 보급되지 않았고 현재와 같은 POS가 도입되기 전이라 3,000가지나 되는 상품의 매출 상황을 매일매일 조사한다는 것은 엄청난 일이 아닐 수 없었다. 이때 상사에서 중도 입사하여 뛰어난 영어 실력으로 사우스랜드의 세븐일레븐 경영 매뉴얼을 번역한 가마타 마사아키가 손을 들어 지원했다. 당분간은 영어 솜씨를 발휘할 기회가 없을 것 같았기에 몸으로 때우는 작업을 스스로 선택한 것이다.

아마 가마타가 소매업의 사정을 조금이라도 알았다면 이런 무모한 일에 뛰어들진 않았을 것이다. 초보자이기에 가능한 일이었다. 가마타는 하루에 15시간씩 3,000가지나 되는 상품의 매상고를 집계하는 데 전념했다. 그리고 어느 날 밤, 새로운 사실을 발견하곤 무릎을 쳤다. 상품의 매상고에서 일정한 패턴을 발견한 것이다. 예컨대, 주간잡지는 발매일로부터 4일 후에는 전혀 팔리지 않고, 세제는 용량이 많은 것은 전혀 안 팔리지만 용량이 적은 것은 금방 팔리며, 인스턴트 라면은 봉지라면보다 컵라면의 회전율이 높다는 식이었다. 이토요카도 같은 종합양판점이나 슈퍼마켓과는 전혀 다른 소비자의 구매 패턴이 드러난 것이다. 이 수작업의 집계 결과는 상품을 카테고리가 아닌 단일 품목별로 관리해야 한다는 것을 말해주고 있었다. 가마타는 이 사실을 바로 시미즈에게 보고했다. 훗날 세븐일레븐이 세계에 자랑하게 되는 단품 관리 시스템은 이렇듯 가마타의 미련하기까지 한 집념에서 탄생했다.

본격적으로 시작된 체인 점포 사업과 소량 배송

야마모토의 도요슈점을 성공시키는 것이 바로 일본에서 편의점 사업을 성공시키는 시금석이 된다고 믿어 의심치 않은 15명의 멤버들은 가마타의 분석 이후 서서히 자신감을 가지게 되었다. 이때 멤버들의 리

더(실제 직함은 요크세븐의 전무)인 스즈키는 더욱 대담한 작전을 지시했다. 세븐일레븐 재팬 1호점인 도요슈점이 위치하고 있는 고토구 주변에 집중적으로 새로운 점포를 내라는 것이었다.

스즈키는 이와구니가 아무리 열심히 설득해도 소량 배송이 받아들여지지 않으리라는 것을 알았다. 도매상이 야마모토의 도요슈점 한 군데만을 위해 채산성을 무시하고 소량 배송에 응할 리 없었던 것이다. 스즈키는 도요슈점 주변에 여러 개의 세븐일레븐 점포를 두고 지역 단위로 묶으면 채산성이 생겨 소량 배송이 가능하지 않을까 생각했다. 하지만 기존의 소매 유통 경영에서 생각해보면 이 역시도 비상식적이었다. 가까운 거리에 위치한 같은 편의점끼리는 공멸共滅할 우려가 있기에 멤버들은 당연히 반대했다. 하지만 스즈키는 새벽과 심야에도 편의점을 이용하는 새로운 고객을 개척해야 하므로 어느 정도 집중적으로 모여 있어도 문제가 되지 않는다고 판단했다. 그리하여 기존의 소매 유통의 상식을 뒤집는 것이야말로 초보자들의 특권이라고 강변하며 멤버들에게 "고토구에서 한 발자국도 밖으로 나오지 마라"고 서슬 퍼렇게 지시했다.

멤버들은 고토구 일대의 상점가를 배회했다. 주류 판매점을 중심으로 대형 점포의 출점으로 경영이 힘들어진 영세 상점을 돌아다니며 세븐일레븐으로의 업태 전환을 권했다. 하지만 지역에서 대대손손 한 가지 업태에만 종사해온 점주들은 처음 들어보는 세븐일레븐이라는 간판으로 바꾸라는 말에 귀를 기울일 리가 없었다. 시미즈는 낙담하여 밤늦게 돌아온 멤버들에게 컵라면을 주면서 미국에서 사우스랜드와 처음 만났던 일과 이토요카도를 뒤로 한 스즈키의 불굴의 도전자 정신을 들려주며 좀 더 노력해보자고 격려했다.

다음 날 멤버들은 용기를 내어 전날 쫓겨나다시피 한 영세 상점으로 다시 발길을 옮겼다. 멤버들은 점주에게 세븐일레븐이 일본에서 유통 혁명을 시작하려 한다며 세븐일레븐의 비전과 장래상에 대해 열심히 설명했다. 이런 멤버들의 열의에 감화된 점주들로 인해 점포가 하나둘 늘기 시작했다. 이윽고 야마모토의 도요슈점 주변의 11개 상점들이 세븐일레븐으로의 업태 전환을 약속하게 되었다. 점포끼리 상권을 근접시키면서 점포망을 넓혀가는 도미넌트Dominant 전략 또는 고밀도 다점포 출점 전략이라고 불리는 세븐일레븐의 독자적인 점포 개발 방식이 이때부터 시작된 것이다.

세븐일레븐 점포가 야마모토의 도요슈점 외에도 11개나 더 생긴다는 사실은 도매상과의 소량 배송 교섭에 난항을 거듭하던 이와구니에게는 낭보였다. 이와구니는 더욱 빈번하게 도매상을 방문하여 세븐일레븐이 일본에서 본격적인 체인 점포 사업을 펼치기 시작했고, 특히 도미넌트 전략을 펴고 있다고 설명한 후 소량 배송이야말로 세븐일레븐과 도매상 간의 공존공영의 길임을 설파했다. 저돌적인 이와구니의 설득에 넘어가 결국 세븐일레븐과의 소량 배송 조건을 받아들이는 도매상들이 연쇄적으로 늘어났다. 1975년 여름, 드디어 소량 배송이 시작되었다. 이전에는 한 세트에 12개였던 인스턴트 커피가 3개로, 요구르트는 1개도 배송되었다. 야마모토와 멤버들의 얼굴에 다시 웃음꽃이 피기 시작했다.

일본 유통혁명의 씨알

수작업으로 하는 단품 관리, 같은 지역에서의 집중 출점, 그리고 소량 배송이라는 일본 편의점의 기본적인 비즈니스 모델의 3대 축이 서로 맞물려 힘차게 돌아가기 시작했다. 야마모토의 세븐일레븐 1호점을 절대로 침몰시킬 수 없다는 스즈키, 시미즈, 이와구니, 가마타 등 멤버들의 집념이 결실을 맺으면서 편의점에 의한 유통혁명의 씨알이 뿌려지기 시작했다.

우여곡절도 있었지만 1호점의 성공으로 세븐일레븐 점포는 점점 늘어났다. 겨우 2년이 지난 1976년 5월에는 최초의 목표였던 60개를 넘은 100개의 점포가 생겼다. 이를 기념하여 1976년 6월에 도쿄의 뉴 오타니 호텔에서 100개 점포 개점 기념식이 열렸다. 이 자리에 참석한 사우스랜드의 회장 톰슨은 "사우스랜드가 미국에서 100개 점포를 개점,하는 데 25년이 걸렸는데 일본에서는 2년 만에 달성했다"고 말했다. 다음은 스즈키 차례였다. 스즈키는 가맹점의 오너와 가족들 앞에서 인사말을 하려다가 갑자기 말문이 막혔다. "감사합니다"라고 말하는 순간, 만감이 교차하면서 눈물이 흐르기 시작했다. 어느 정도 편의점 사업에 대한 자신감을 얻어 안도감이 느껴졌기 때문일 것이다. 이것이 피도 눈물도 없는 냉정한 사업가로 평가되는 스즈키가 오랜 회사 생활에서 일 때문에 눈물을 흘린 처음이자 마지막이었다. 시미즈를 비롯한 멤버들과 야마모토의 눈에도 이슬이 맺혔다.

일미역전극의 연출

1호점이 개점된 후 17년이 지난 1990년에 세븐일레븐 재팬의 점포 수는 4,000개에 이르렀다. 점포가 확대되면서 다듬어진 세븐일레븐의 세련된 경영방식은 편의점 업계뿐 아니라 여타 소매업태에도 전파되었다. 세븐일레븐 경영의 선진성과 혁신성에 대해서는 한국에도 많이 소개되었기에 여기서는 생략하겠다.

어느 날 스즈키는 놀라운 뉴스를 들었다. 사우스랜드가 경영 위기에 직면했다는 것이다. 1980년대에 시작한 석유정제 사업, 부동산 투기의 실패, 점포 경영의 악화 등이 그 원인이었다. 스즈키는 곧바로 사우스랜드의 재건을 위해 힘쓰겠다는 뜻을 밝혔다.

스즈키는 즉시 가마타를 사우스랜드로 보냈다. 가마타와 함께 제로에서 시작한 세븐일레븐 재팬의 경영 노하우 매뉴얼도 보냈다. 세븐일레븐 재팬의 비즈니스 노하우는 미국에서도 유감 없이 위력을 발휘했다. 1991년 3월, 세븐일레븐 재팬의 모기업인 이토요카도는 사우스랜드 주식의 70%를 확보했다. 일본 언론들은 이 사건을 '일미역전日美逆戰'이라고 대대적으로 보도했다. 파산 직전의 사우스랜드는 불과 3년 만에 흑자로 전환되었고, 미국 언론들은 전후 최대의 경영 재건극이라고 칭찬했다. 1999년에 사우스랜드는 회사명을 '7-Eleven Inc.'로 바꾸고 2007년 7월에는 13년 만에 뉴욕증권거래소에 재상장하게 되었다.

1998년에 하버드 대학 비즈니스 스쿨의 교재인 《Creating Modern Capitalism》에는 단 2건의 일본 기업의 경영방식이 사례로 소개되어 있다. 하나는 도요타 자동차의 간반看板 방식이고, 또 하나가 세븐일레븐 재팬에 의한 유통혁명이다. 세븐일레븐 재팬에 대한 부분에는 1호점인 도요슈점의 사진도 실려 있다. 이제 60세가 거의 다 된 야마모토는 오늘도 세븐일레븐 재팬 신화의 시발점인 도요슈점에서 손님들을 맞이하고 있다.

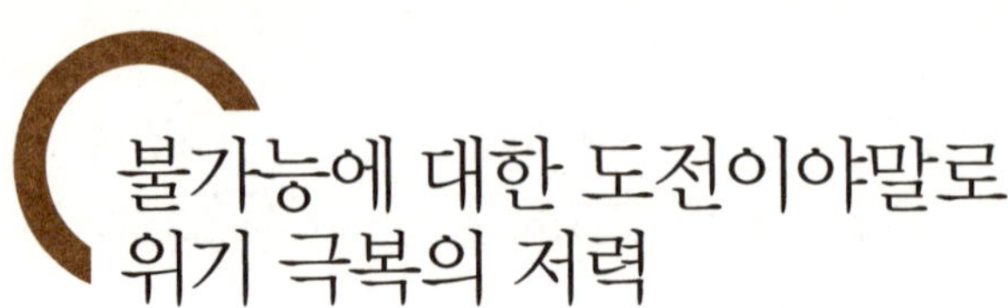

불가능에 대한 도전이야말로
위기 극복의 저력

편의점 업계에 불어닥친 위기

세븐&아이 그룹에서 압도적인 매상고와 영업이익을 올리고 있는 세븐일레븐이지만 결코 안심할 수 없는 상황이 계속되고 있다. 편의점은 점점 축소되는 백화점과 종합양판점과는 대조적으로 지속적인 성장을 해오면서 2008년도에는 백화점의 매상고를 넘어 일본 소매업계 업태 2위에 올랐지만 최근에는 여러 가지 면에서 빨간 불이 커진 상태이다.

예컨대, 2008년 4월에 발표된 '2007년 상업통계(속보치)'에 따르면 편의점 업계의 전체 매상고는 6조 9,609억 엔으로, 전년 조사 시점인 2004년에 비해 겨우 0.6% 증가하는 데 그쳤다. 이 기간 중에 점포 수는 1.4%, 매장 면적은 5.4%나 증가한 것을 감안하면 편의점 업태가 소매업태의 라이프 사이클에서 전형적인 성숙기에 접어든 것을 알 수 있다. 실제로 2007년까지 기존 점포의 매상고는 8년 연속 전년도 실적을 밑돌았다. 2008년에는 담배 자동판매기용 성인 식별 IC카드 타스포 taspo가 도입되면서 타스포 휴대를 기피하는 흡연자들이 편의점을 찾는 바람에 일시적으로 전년도 실적을 넘어서긴 했지만 그 효과는 2009년에 사라졌다.

앞으로도 편의점 업계를 둘러싼 환경은 계속 변하게 될 것이다. 24시간 영업으로 인한 이산화탄소 배출의 원흉으로 편의점이 지목되면서 어떤 지방자치단체에서는 편의점의 심야 영업을 규제하려는 움직임도 보이고 있다. 한편, 얼마 전 공정거래위원회가 편의점 본부가 가맹점의 거래 가격을 과도하게 매겨 우월적 지위를 남용했다는 혐의로 조사를 실시한 것은 충격적인 사건이었다. 소비기한이 임박한 도시락 등의 상품을 가격 인하하여 판매한 가맹점을 부당하게 제한했다는 것이 그 이유였다.

편의점이라고 하면 '24시간 영업'과 '정가 판매'가 대전제인데, 편의점이라는 업태에 대한 정의가 부정될지 모르는 상황에 처한 것이다. 당연히 편의점 업계는 업태 자체의 존립을 위협받을 수 있는 상황에서 필시적으로 24시간 영업과 가격 인하 판매가 가맹점의 이익에 기여한다고 반론을 펴고 있지만, 여론이 호의적인 것만은 아니다. 설상가상으로 풍부한 상품 구색과 저가 판매를 무기로 하는 슈퍼마켓이나 드럭스토어 등의 소매업태가 24시간 영업 시스템을 속속 도입하면서 편의점의 영역을 침범하기 시작했다.

세븐일레븐의 역사는 도전의 역사

편의점 업태의 파이오니어이면서 최다 점포망을 가지고 있는 세븐일레븐 재팬은 편의점 업계를 둘러싼 냉엄한 환경의 변화를 우선적으로 받을 수밖에 없었다. 실제로 세븐일레븐 재팬의 하루 평균 매상고가 1993년에는 업계 최고로 68만 엔이었는데, 2000년부터 서서히 줄기 시작하여 2008년에는 60만 엔으로 떨어졌다. 그나마 2008년은 타스포 효과로 전년 대비 매상고가 약 4% 증가했지만, 그 효과가 사라진 2009년에는 50만 엔대로 떨어진 것으로 알려졌다.

그렇다고 해서 100년에 한 번 올까 말까 할 정도의 대불황기를 맞아 소비 심리가 꽁꽁 얼어붙은 지금, 난국을 타개할 만한 뾰족한 수는 보이지 않는다. 실제로 세븐일레븐 점포는 겨우 100m²라는 한정된 면적밖에 가지지 못하기 때문에 상품 구색을 확대하는 것은 불가능하다. 게다가 개업 이래 지금까지 상상할 수 있는 모든 과학적 방법을 동원하여 고객이 원하는 상품과 서비스를 제공했으므로 이제 와서 매상고를 유지 확대할 수 있는 새로운 묘안이 보일 리도 없었다. 편의점 업태가 성숙기를 지나 쇠퇴기를 맞이하는 상황에서 천하의 세븐일레븐 재팬도 한계에 직면한 것이 아닌가 하는 여론이 사내외에서 들끓고 있었다.

하지만 일본 최대의 유통 재벌인 세븐&아이 홀딩즈의 회장 겸 CEO면서 세븐일레븐 재팬의 실질적인 창업자인 스즈키 도시후미는 편의점 업태 쇠퇴설과 세븐일레븐 재팬 한계설을 강하게 부정하고 있다. 세븐일레븐 재팬을 창업한 지 35년이 지났지만, 이러한 부정적인 여론과 인식에 대한 도전의 역사가 바로 세븐일레븐 재팬의 역사였다는 것이 그 근거이다.

1973년에 미국의 사우스랜드(현 7-Eleven Inc.)와 라이센스 계약을 체결한 후 1974년에 도쿄의 도요슈에 세븐일레븐 재팬 1호점을 내면서 시작된 세븐일레븐 재팬의 역사는 도전의 역사였다. 1975년에 후쿠시마현의 고리야마에서 24시간 영업을 시작했고, 다음 해인 1976년에는 도시락 등의 제조공급업자를 집약하여 공동 배송을 실시했다. 1982년에는 POS 시스템을 도입했고, 1987년에는 동경전력의 요금 수납 업무를 취급하기 시작했다. 1996년에는 상품 발주의 정확도를 높이기 위해 기상정보 시스템을 도입했고, 1999년에는 e-shopping books(현 세븐 엔드 와이) 사업을 시작했다. 2000년에는 전자상거래 사업의 seven dream.com, 2001년에는 식사 택배 서비스의 세븐 밀 서비스를 설립했다. 2001년에는 이토요카도와 공동 출자하여 아이와이 뱅크(현 세븐 뱅크)를 설립했고, 동同 은행의 ATM(현금 자동입출금기)도 전 점포에 설치했다. 2004년에는 합작회사 세븐일레븐 북경 유한회사를 설립하여 북경에 1호점을 냈고, 2007년에는 전자화폐 나나코nanaco를 도입했다.

이상은 사람들이 절대로 성공할 수 없다고 반대한 업무 또는 사업들로, 세븐일레븐 재팬이 일본 편의점 업계에서 최초로 시도한 것들이다. 스즈키가 35년간 세븐일레븐 재팬을 진두지휘하면서 체득한 것은 새로운 도전을 시도할 때마다 부닥치는 사내외의 반대야말로 새로운 도전이 성공할 가능성이 높다는 것을 반증하는 것이라는 점이다. 실제로 소매기업 경영에 관한 기존의 이론과 상식은 세븐일레븐 재팬에 의해 무너졌고, 그럴 때마다 세븐일레븐 재팬은 새롭게 성장하는 계기로 삼았다.

스즈키의 이러한 반골 정신은 앞에서 살펴본 것처럼 세븐일레븐을 일본에 도입할 때의 원체험原體驗에서 비롯된 것으로, 세븐일레븐 재팬의 한계설을 일축하는 그의 자신감은 결코 허세가 아니다. 그의 정열과 야망이 배어 있는 세븐일레븐 재팬의 불빛이 전 세계를 밝히며 잠들지 않는 글로벌 기업으로 성장과 발전을 거듭하고 있다는 것만으로도 알 수 있는 사실이다.

무에서 무한을 창조한
한큐 그룹

한큐 백화점의 건투

도쿄의 번화가가 신주쿠, 하라주쿠, 긴자, 아오야마 등의 지역으로 나누어지 듯이 일본 제2의 도시인 오사카의 번화가도 몇 개 지역으로 나누어진다. 대 표적인 곳이 기타와 미나미인데, 기타의 중심지는 우메다, 미나미의 중심지 는 신사이바시 및 난바이다. 기타는 고급 호텔과 레스토랑, 그리고 오피스타 운이 밀집하여 세련된 도시 분위기가 나는 곳인 반면 미나미는 가부키나 만 담 등의 공연장과 오래된 상점가, 대중음식점 등이 즐비하여 일본의 전통문 화가 살아 있는 곳이다.

기타는 한자로 표시하면 북北을, 미나미는 남南을 뜻한다. 그래서 우메다 지 역은 행정구역상 오사카시의 북구北區에 속한다. 하지만 미나미로 통칭되는 신사이바시나 난바는 남구南區가 아닌 중앙구中央區에 속한다. 1989년에 행정 구역이 개편되면서 동구와 남구가 합쳐져 중앙구가 되었기 때문이다. 이렇 게 말하면 기타와 미나미가 상당히 떨어져 있는 것처럼 느껴지지만, 실제로 는 오사카 시영 지하철 미도스지선에서 3번째와 4번째 역이 각각 신사이바 시역과 난바역으로, 우메다역에서 10분도 채 안 걸리는 거리이다.

기타와 미나미는 공히 대도시 오사카를 대표하는 지역답게 항상 인파가 붐 비고 당연히 많은 백화점이 들어서 있다. 일본의 상도商都인 오사카의 중심 으로 오랜 역사와 전통을 가지는 미나미는 다이마루 신사이바시점과 소고 신사이바시 본점(2009년 9월 폐점한 후 다이마루의 신사이바시점 북관으로 재개점), 그리고 다카시마야 오사카점 등 백화점들이 격돌하는 지역으로 유 명하다.

지금까지 각 백화점들은 오사카 상권을 장악하기 위해 미나미를 중심으로 치열한 경쟁을 펼쳐왔다. 그러나 최근에는 경쟁 축의 중심이 기타로 이동하 고 있다. 이미 유수의 백화점들이 많이 들어선 기타에는 계속해서 유명 백화 점들이 들어설 예정이고, 기존의 백화점들은 방어를 목적으로 영업 면적을 대폭 넓히기 시작했다. 이를 두고 일본의 유통업계와 언론에서는 '최후의 백화점 전쟁'이 시작되었다고 표현하고 있다.

이 전쟁에 참가하는 플레이어들은 일본을 대표하는 쟁쟁한 백화점들이지만, 일반적으로 기타의 중심지인 우메다역에 본점을 두고 있는 한큐 백화점이 최후의 승자가 될 것이라는 관측이 적지 않다. 실제로 한큐 백화점 우메다 본점은 고전 중인 일본의 백화점들과는 다르게 의외의 선전을 계속하고 있다. 단적으로 2008년도 일본의 백화점 전체 점포별 순위에서 1,728억 엔의 매상고를 올려 세이부 이케부쿠로 본점(1,691억 엔)을 제치고 3위에 올랐다. 미쓰코시 본점(2,531억 엔)과 이세탄 신주쿠 본점(2,460억 엔)이 각각 1위와 2위 자리를 고수하지만 각각 6.1%와 6.6%의 매상고가 감소했고, 세이부 이케부쿠로 본점도 3.1%의 매상고가 감소했다. 이렇게 대형 백화점들이 총체적인 부진에 허덕이고 있는 상황에서도 거의 전년도 실적을 유지할 수 있었기에 한큐 백화점 우메다 본점은 3위를 차지할 수 있었던 것이다. 이번 장에서는 백화점 대불황 시대에도 불구하고 한큐 백화점 우메다점이 건투하고 있는 이유를 세계 최초의 터미널 백화점을 만들어낸 천재적인 경영자의 비전과 시장 창조 전략에 환원시켜 알아보자.

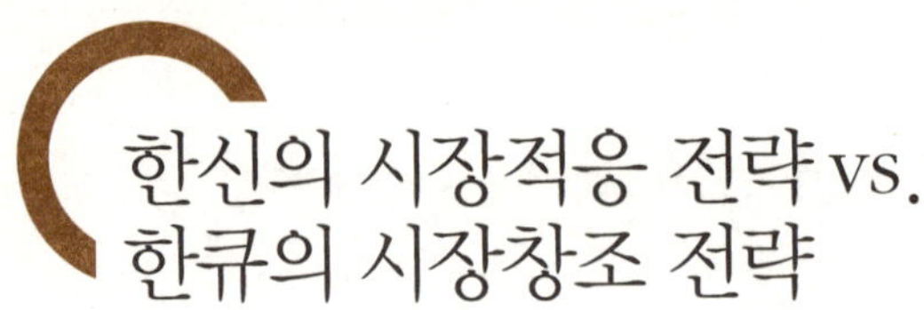

한신의 시장적응 전략 vs.
한큐의 시장창조 전략

한큐 전철과 한신 전철의 차이

필자가 살고 있는 고베의 중심지는 산노미야이다. 간사이 지방의 최대 도시인 오사카의 중심지는 앞에서도 밝혔듯이 우메다이다. 학회나 각종 연구회가 우메다에서 열리는 경우가 많아 자주 가게 된다. 산노미야역에서 우메다역까지는 과거에 국철이었으나 지금은 민영화된 JR서일본의 신쾌속新快速을 타고 가면 20분 정도밖에 걸리지 않기 때문에 주로 JR을 이용한다.

산노미야역에서 우메다역으로 가려면 JR 이외에 사철私鐵인 한큐 전철이나 한신 전철을 이용하는 방법도 있다. JR을 이용하면 산노미야역에서 우메다역까지의 편도 승차권을 구입하면 390엔이 들지만 한큐나 한신을 이용하면 310엔이 들기 때문에 필자도 유학생 시절에는 자주 이용하곤 했다. 한큐 전철 중에서 가장 빠른 '한큐 특급'을 타면 산노미야에서 우메다까지 27분 만에 갈 수 있고, 역시 한신 전철 중에서 가장 빠른 '한신 직통 특급'을 타면 29분이 걸린다. 한신 전철이 한큐 전철에 비해 2분 정도 늦긴 하지만 그다지 차이는 나지 않는다.

재미있는 것은 모든 역에 정차하는 가장 느린 '보통'을 타게 되면 한큐는 43분이 걸리지만 한신은 무려 73분이 걸린다는 점이다. 그 이유는 한큐 전철의 노선에는 산노미야역과 우메다역 사이에 15개의 역이 있는데 반해, 한신 전철은 그 2배인 무려 30개의 역이 있기 때문이다. 왜 역의 개수가 한신에 비해 한큐는 상대적으로 적을까? 유학시절에는 이에 대해 상당한 의문을 가졌는데, 살다보니 어렴풋하게나마 그 이유를 알 수 있게 되었다.

한신은 전철을 개설할 당시, 서민들이 밀집하여 생활하는 고베와 오사카 사이의 해안 지역에 선로를 깔았다. 서민들이 많이 거주하고 있

고베와 오사카를 잇는 한큐 전철

는 지역을 중심으로 역을 만들다보니 자연스럽게 역의 개수가 늘어나게 되었다. 반면에 한큐는 (나중에 언급하겠지만) 현재 사람들이 살고 있지 않지만 앞으로 부동산이나 택지 개발을 통해 사람들이 유입될 가능성이 높은 산기슭에 선로를 깔았기에 역의 개수는 한정될 수밖에 없었다. 처음에는 한신의 고객들이 많았다. 하지만 서민들이 밀집해 있던 해안 지역은 태풍과 해일 탓으로 점점 인구가 줄어들어 쇠락한 반면, 산기슭 지역은 좋은 경관과 상대적 안전성 때문에 고급주택지가 조성되면서 서서히 인구가 늘어났다. 당연히 한큐를 이용하는 고객은 늘어나고, 한신을 이용하는 고객은 줄어들게 되었다.

시장을 창조하는 한큐의 마케팅 투시력

필자가 유학시절에 수강한 석사과정 중에 '마케팅 특강'이란 수업이 있었다. 수업에서 한신과 한큐의 마케팅 전략 사례를 비교했던 기억이 난다. 한신이 새로운 사업의 착수라는 점에서 전형적인 파이오니어 기업이지만 선발자 이점first mover's advantage을 살리지 못하고 마케팅 근시안Marketing Myopia에 빠져 자멸한 반면, 한큐는 후발 기업이긴 하지만 시장과의 대화를 통해 뛰어난 마케팅 전략을 구사했다는 것이 수업의 결론이었다. 단적으로 전철 사업의 경우, 한신은 현재 시점에서 사람들이 많이 생활하는 곳을 지속 가능한 시장으로 판단하여 마케팅 자원을 투입했으나 시장이 성숙하고 쇠퇴하는 것을 도외시하여 절대로 피해야 할 마케팅 근시안에 빠져버린 것이다.

실제로 간사이 지역에서는 민간 기업 최초로 도시 간 전기철도 사업

(1900년)에 뛰어든 것이 한신이고, 철도 사업과 관련된 뉴 비즈니스로 유원지 사업(1907년), 부동산 사업(1909년) 등에서도 한신이 일본의 수많은 사철기업 중 최초로 사업을 펼친 선구자였다. 한큐는 전기철도 사업(1907년), 유원지 사업(1912년), 택지 개발 및 부동산 사업(1910년)에서 늘상 한신의 뒤를 따랐던, 말하자면 이등 기업이었다.

그럼에도 불구하고 한큐는 최근까지 전철 부문의 매상고에 있어서 한신의 3배 이상을 달성하는 등 모든 성과에서 압도적으로 우세했다. 그 결과 2006년에 한신은 낮은 주가를 투기 대상으로 삼는 투기 그룹의 주식 매입 공세에 시달리다가 100년 동안 견원지간이던 한큐에 굴욕적으로 머리를 숙이고 구제를 요청, 결국 실질적으로 한큐의 자회사가 되고 말았다.

한신과 한큐의 역전극의 열쇠는 앞에서도 살펴봤듯 전철 노선과 역의 개수에서 여실히 드러난다. 한신이 마케팅 근시안에 빠져서 헤어나오지 못하는 동안 한큐는 마케팅 투시력을 발휘했다. 한신이 자연발생적으로 고객이 많은 곳에 역을 만드는 소위 '시장 적응의 마케팅 전략'을 폈다면, 한큐는 의도적으로 고객을 만들어낸 소위 '시장 창조의 마케팅 전략'을 폈다고 할 수 있다. 당초에는 한신의 마케팅 전략이 유효했지만 서서히 한큐의 마케팅 전략이 압도적인 강점을 가지게 된 것이다. 현재의 고객에게 영합하는 것이 아니라 미래의 고객을 창조하는 한큐의 마케팅 전략은 한큐 전철이 우메다 역사에 백화점을 만듦으로써 정점에 달하게 된다. 일본 최초, 나아가 세계 최초의 터미널 백화점인 한큐 백화점이야말로 마케팅 전략의 궁극적 지향점인 시장 창조의 모범적인 사례이다.

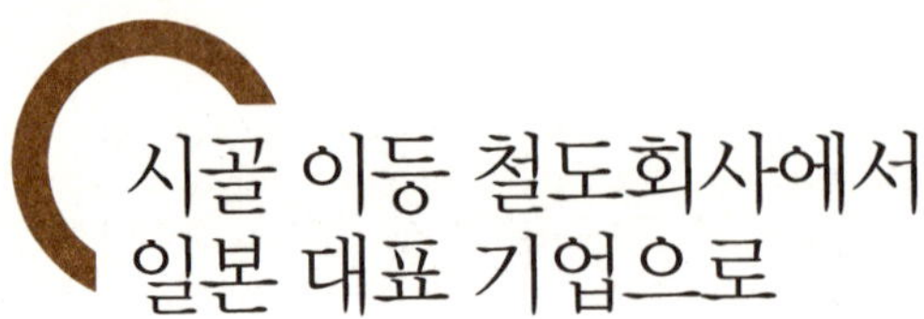

시골 이등 철도회사에서
일본 대표 기업으로

은행에서 철도 회사로 전직

한큐 백화점을 만든 사람은 이번 장의 주인공인 고바야시 이치조이다. 고바야시의 경영자로서의 선견지명과 타의 추종을 불허하는 시장 창조 전략은 일본의 후세대 경영자들에게 많은 교훈을 남겼다. 2000년까지 약 30년 동안 일본 최대의 소매기업으로 군림했던 다이에의 창업자 나카우치 이사오가 경애해 마지 않았고, 실제로 다이에의 경영에 가장 큰 영향력을 미쳤던 인물도 바로 고바야시였다. 일본의 경영사에서 불멸의 상재商才를 가진 천재 경영자로 기록된 위인이다.

1873년에 야마나시현의 산골 마을에서 태어난 고바야시는 일본 사학의 명문 게이오 대학에 재학할 때까지만 해도 소설가를 지망했다. 그는 소설가가 되기 위해 졸업한 후 신문기자가 되어 필력을 다지고 세상을 보는 안목을 키워 문단에 데뷔하려는 계획을 세웠다. 하지만 계획한 대로 되지 않아 어쩔 수 없이 미쓰이 은행에 입사하게 되었다.

은행원 생활은 고바야시에게 그다지 매력적이지 못했다. 그는 회고록에서 은행원 생활의 후반은 그만 둘 기회만을 엿본 지루한 시간이었다고 밝혔다. 하지만 이때 경영 현장을 접하고 경제와 자금의 흐름을 알게 된 것이 경영자로서의 안목과 식견을 키워준 것은 틀림없다. 간사이 지역에서 굴지의 한큐 전철과 한큐 백화점, 일본 유수의 영화제작사인 도호東寶, 일본 여성의 동경의 대상이며 금남禁男의 일본판 오페라단 다카라즈카 가극단 등 일본에서 모르는 사람이 없을 정도로 유명한 기업의 창업자인 고바야시의 전설은 이 은행 근무에서 시작된 것이다.

14년 동안 일한 은행에서 퇴직한 후 고바야시는 어떤 철도 회사의 감사역으로 발탁되어 철도 사업에 관여하게 되었다. 그러다가 이 회사가 국유화되면서 새로운 회사의 설립에 발기인으로 참가하였다. 새 회사는 한큐 전철의 전신인 미노 아리마 전기궤도였다. 회사 설립 당시 자금난에 부닥치자 고바야시는 자금 확보를 위해 동분서주했다. 처음에는 전무였다가 나중에 사장으로 취임하면서 고바야시는 타고난 경영자로서의 투혼을 일깨우게 된다. 무無에서 무한無限의 사업 영역을 개척하고 스스로 개척한 모든 사업 분야에서 성공을 거둔 전설적인 경영자 고바야시가 탄생한 것이다.

온천 관광지로 변한 시골 마을 다카라즈카

경영자 고바야시가 천재적인 경영 수완을 발휘하게 된 곳은 새 회사의 본거지인 다카라즈카시였다. 새 회사의 전철 터미널의 한쪽은 대도시인 오사카의 우메다이기 때문에 문제가 없었지만 다른 한쪽인 다카라즈카는 어쩔 수 없는 시골 마을이었다.

지금은 다카라즈카라고 하면, 오사카와 고베에서 전철로 30분밖에 걸리지 않고 다카라즈카 가극단과 같이 국제적으로도 잘 알려진 쇼 비즈니스가 성행하는 인구 20만 정도의 살기 좋은 전원 도시라는 이미지가 일반적이다. 하지만 고바야시가 경영자로서 첫 도전을 했던 메이지 시대 말기 즉, 1910년경의 다카라즈카는 몇 채의 온천 여관 이외에는 내세울 만한 것이 전혀 없는 한촌이었다. 당연히 전철을 이용하는 사람들도 한정되어 있었다. 철도 이용자 수를 늘리기 위해서는 다카라즈카에 대도시인 오사카의 시민들을 유치해야 할 필요가 있었다. 이를 성공하지 못하면 회사가 망할 것은 불을 보듯 뻔했다.

고바야시의 다카라즈카 구상안이 최초로 가시화된 것이 오사카의 우메다까지 전철을 개통한 다음 해인 1911년이었다. '다카라즈카 신온천(이하 신온천으로 약칭)'이 개업한 것이다. 전철 기업이 만든 일본 최초의 레저랜드였다. 신온천은 나중에 '다카라즈카 패밀리랜드'로 개칭하면서 간사이 지방의 명소로 떠올랐고 한때는 관람객 수가 연 250만 명에 이르기도 했다. 하지만 오사카의 유니버설 스튜디오 재팬 같은 경쟁 업체가 등장하고 아동 인구가 감소하는 등 경영 환경이 악화되면서 폐업을 결정, 2003년 4월에 문을 닫게 되었다. 하지만 폐업 반대운동이 벌어질 정도로 간사이 지방에서는 열성적인 팬들이 많았다.

고바야시가 신온천을 개업할 때의 상황을 되돌아보면 그의 천재적인 경영 수완을 엿볼 수 있다. 다카라즈카에는 옛날부터 온천이 많았다. 고바야시는 이 신온천을 내세우기 위해 어른은 5전, 어린이는 2전의 입장료를 지불하면 장내의 모든 시설을 무료로 이용할 수 있는 파격적인 전술을 폈다. 일반 목욕탕은 2전을 받던 때였다. 대욕장에는 유럽풍 대리석을 깔았고, 부인용 화장실 등에는 서양식 거울을 설치했다. 연중무휴의 무대에는 언제든지 이용객이 볼 수 있는 영화와 매직 쇼가 열렸고, 1912년에는 신온천 내에 '다카라즈카 온천 파라다이스(이하 파라다이스로 약칭)' 라는 실내 풀을 만들었다. 나아가 회전목마, 점성占星 기계도 도입했다. 현재의 레저랜드라면 당연한 시설이지만 약 100년 전 시골 마을의 레저랜드 시설이라는 것을 감안하면 얼마나 혁신적인 시도인가를 추측할 수 있을 것이다.

당시의 오사카 시민들은 일본 3대 온천의 하나인 아리마 온천을 1박 2일로 여행하는 것이 일반적이었다. 그래서 신온천에서는 '가족끼리 당일 레저' 라는 표어를 내세웠고 시민들에게 큰 호응을 얻었다. 동창회와 망년회를 할 수 있는 시설도 만들어 오사카의 회사에서 단체손님들도 오기 시작했다. 개장 1년이 지나자 누적된 입욕 손님은 45만 명, 하루 평균 이용객은 1,200명이 되었다. 한적했던 시골 마을인 다카라즈카가 외지의 인파로 북적대기 시작한 것이다.

다카라즈카 가극단의 탄생

신온천의 단순한 여흥 수단으로 출발한 다카라즈카 가극단의 결성은 고바야시의 경영자로서의 천재성을 엿볼 수 있는 것으로 특별히 설명할 필요가 있다. 앞에서 말했다시피 고바야시는 남녀가 함께 즐길 수 있는 실내 풀을 만들었지만 풍기문란하다는 비난 때문에 폐쇄해버렸고 그 자리에 '부인박람회'(1913년)와 '혼례박람회'(1914년)를 열었다.

고바야시는 신온천과 파라다이스를 만들 때만 해도 오사카의 남자 회사원들을 다카라즈카로 끌어들이려고 했다. 그래서 처음에는 오사카의 게이샤들을 불러 무용대회를 열고 활극 영화를 상영하기도 했다. 하지만 시간이 지나면서 남성 관객이 점점 줄어드는 반면 아이들을 데리고 오는 주부들이 늘어나는 것을 확인한 고바야시는 즉시 마케팅 전략을 바꾸었다. 주요 타깃을 남자 회사원에서 주부로 바꾸어 주부들의 환심을 사는 전략을 펼친 것이다. 그리하여 서양의 유한마담들의 라이프 스타일을 소개하는 부인박람회를 열고, 이어서 혼례박람회도 열었다. 특히 혼례박람회는 현재의 호텔이나 백화점의 혼례 코너와 비교해도 손색이 없을 정도의 내용이었다. 혼례박람회를 선전하기 위해 금혼, 은혼을 맞은 고령 부부의 초대회, 혼례에 관한 강연회 등 모든 것이 일본 최초로 기록된 각종 이벤트도 개최하였다.

부인박람회와 혼례박람회를 이용하는 부인들을 즐겁게 하기 위한 여흥의 일환으로 1913년에 16명의 소녀들을 채용하여 '다카라즈카 소녀 창가대'를 만들게 된다. 창가대는 '다카라즈카 소녀 가극단'으로 개칭한 후 엄선된 소녀들에게 일본 전역의 전문가를 강사로 초빙하여 노래뿐 아니라 악기, 무용, 가극까지 배우게 했다. 1914년, 가극단의 첫 번째 공연이 큰 호평을 받자 자신감을 얻은 고바야시는 1919년에 유명한 데이코쿠 극장에서 첫 번째 도쿄 공연을 열었다. 닷새간 열린 도쿄 공연 역시 연일 매진이었고 신문에도 크게 보도되었다.

도쿄 공연의 성공은 파라다이스의 입장객 수를 비약적으로 늘렸고 이윽고 전용 극장까지 만들게 했다. 나아가 고바야시는 '다카라즈카

미혼 여성만으로 구성된
다카라즈카 가극단

음악가극 학교'를 설립하고 교장으로 취임했다. 가극단의 인기를 이용해 일부러 특별석을 만들고 이에 한해 입장료를 받았지만 주부들은 개의치 않았고 특별석은 매진되었다. 이를 통해 천부의 사업가 고바야시는 비즈니스로서의 가극단의 장래성을 확신하게 되었고, 나중에는 가극단을 독립시켜 한큐 그룹의 달러박스dollar box로 운영하게 된다. 1940년에 다카라즈카 소녀 가극은 '다카라즈카 가극단'으로 개칭했고 현재에 이르게 되었다. 현재도 일본의 젊은 여성들이 가장 동경하는, 너무나도 유명한 금남의 일본판 오페라단은 이렇게 탄생하였다.

전철 이용객을 늘린 주택 개발사업

한편 고바야시는 1910년에 개통되는 다카라즈카와 오사카를 오가는 다카라즈카선의 전철 이용객을 늘리기 위해 1909년에 뉴타운 프로젝트를 개시하여 소위 문화주택의 전원생활을 제안했다. 당시의 오사카

시민들은 거리가 먼 교외에서 통근하기보다 시내에 집을 두고 있는 것이 일반적이었다. 하지만 고바야시는 매연에 고통받고 있던 오사카 시민들에게 '하늘이 검은 연기의 도시에서 하늘이 푸르고 공기가 깨끗한 문화적 교외생활로'라는 구호를 내세워 '오사카에서 임대로 지불하는 금액보다 싼 월부로 살 수 있는 문화주택'으로 오라고 유혹했다. 고바야시는 지금도 유명한 선전 팸플릿인 〈어떤 토지를 선택해야 할까, 어떤 가옥에 주거해야 할까〉를 발행하여 오사카 지역에 대량으로 배부했다. 일본 사철기업으로서는 최초로 주택지 개발사업에 진출한 것이다. 약 100평의 택지에 20~30평의 건평수, 2층 건물이 2,500~3,000엔이었다. 고바야시는 계약금으로 20% 정도 지불하면 잔금은 10년간 월부로 24엔씩 내면 주택을 가질 수 있다고 선전했다. 일본 최초의 주택 대출제도가 탄생한 것이다. 실제로 간사이 지역의 한큐 전철 주변에는 이러한 문화주택이 많이 들어서 있다. 한큐 전철은 전철 이용객이 늘어나는 것과 동시에 부동산 개발과 주택 분양사업에서도 많은 수익을 올릴 수 있게 되었다.

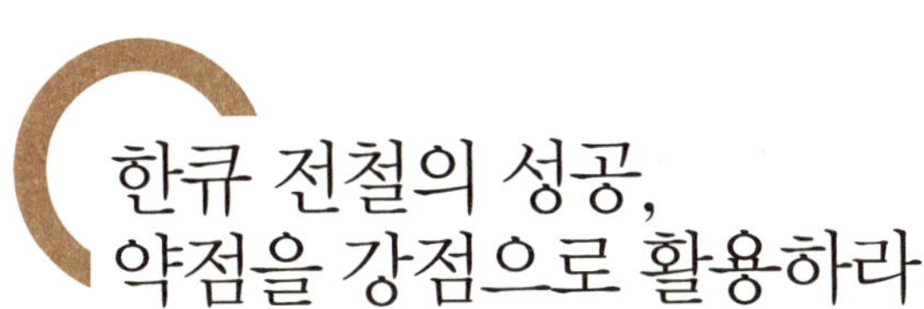

한큐 전철의 성공,
약점을 강점으로 활용하라

'한큐 전철'로 새 출발

고바야시의 사업 수완은 여러 가지 프로젝트를 통해 재계에서도 서서히 평가받게 되지만 여전히 다카라즈카를 본거지로 하는 시골의 전철 기업 경영자라는 꼬리표가 붙어다녔다. 다카라즈카 소녀 가극이 첫 공연을 한 1914년에 고바야시는 큰 결단을 내렸다. 다카라즈카를 벗어나 오사카와 고베를 주요 무대로 하는 전철 기업으로 환골탈태할 것을 결심한 것이다. 이를 위해 고바야시는 오사카와 고베를 연결하는 도시 간 전철 사업에 진출할 것을 결심하고, 고베와 니시노미야를 연결하는 철도 부설권을 가지고 있는 나다 순환전철의 매수에 도전하게 되었다. 당시 간사이 지역의 최대 전철 기업인 한신 철도도 매수 의도를 가지고 있어서 치열한 경쟁을 벌이게 되었고, 천신만고 끝에 매수에 성공할 수 있었다. 매수 대금은 300만 엔이라는 천문학적인 금액이었으나 고바야시의 사업 수완을 높이 산 간사이 지역의 부호이자 대지주가 전액을 융자해주었다. 1918년 고바야시는 회사명을 오사카와 고베라는 간사이 지방의 최대 도시를 새로운 근거지로 하는 기업이라는 의미에서 '한신급행전철'로 변경했다. 하지만 이미 한신 전철이라는 회사가 존재했기에 약칭 '한큐 전철'로 새로운 출발을 하게 되었다.

한큐 고베선 개통과 역마케팅 실시

한큐 전철로 새롭게 출발했지만 고바야시는 현재 '고베본선'이라 불리는 고베와 오사카 간의 철도 부설에서 엄청난 장벽에 부닥치게 되었다. 단적으로 철도 부설이 쉬워 공사기간을 줄일 수 있고 상대적으로 비용도 적게 드는 해안 지역은 상가와 고급주택지가 밀집해 있어서 시작 단계부터 반대운동에 직면했다. 고바야시는 어쩔 수 없이 사람이 살지 않는 산악지역을 노선으로 선택할 수밖에 없었다. 해안 지역과는 달리 화강암투성이의 록코 산기슭에 선로를 부설할 수밖에 없었던 심정은 쓰라렸을 것이다. 한편, 이미 대기업으로 성장한 한신 철도는 자본과 인맥을 풀가동하여 노른자위의 해안 지역에 선로를 깔고 영업을 개시했다.

흥미로운 것은 한신 전철은 사람들이 많이 사는 해안 지역의 마을마다 역을 만들어 고베에서 오사카까지 60분이 걸렸지만, 한큐 전철은 사람들이 살지 않는 산기슭에 선로를 둔 탓에 그다지 역을 많이 만들 필요가 없었고 따라서 고베에서 오사카까지 40분밖에 걸리지 않았다는 것이다. 앞에서도 밝혔듯이, 현재도 양 전철 간에 '보통'이 멈추는

역의 숫자와 운행시간에서 큰 차이가 나는 것은 이러한 사정이 있었기 때문이다.

고바야시는 결코 좌절하지 않았다. 1920년에 힘들게 한큐 고베선이 개통되자 지금도 일본의 광고업계에서 유명한 '깨끗하고, 빠르고, 텅 비어 있고'라는 광고 문안을 한신 지역의 모든 신문에 싣고 대대적으로 선전하기 시작했다. 한신 전철에 대한 상대적인 약점을 오히려 역으로 이용한 명작 카피였다. 두말할 나위도 없이 이 카피도 고바야시가 직접 만든 것이다. 본래 소설가를 꿈꾸었고 실제로도 10여 권의 자서전과 수필집을 썼던 고바야시는 뛰어난 문필을 이용하여 모든 광고 문안 작성에 직접 관여한 것으로 알려져 있다.

일본 최고의 주택지 아시야의 개발

고바야시가 회사명을 바꿀 정도로 정열을 쏟았던 한큐 고베선이 개통되었지만 본래 그 주변은 산기슭 지역으로 화강암이 드러난 단순한 경사지에 지나지 않았다. 고바야시는 이 지역을 고급주택지로 개발했다. 위에서 언급한 문화주택 프로젝트와 비슷한 방식을 한큐 고베선의 주변 지역에서도 실시한 것이다. 현재 고베 산노미야에서 오사카 우메다까지의 주택 시세는 한신보다 적게는 1.5배, 많게는 몇 배나 높게 형성되어 있다.

고베와 오사카 사이에 있는 아시야는 한큐 전철과는 떼려야 뗄 수 없는 관계이다. 언제부턴가 재계, 정관계, 예능계의 거물들이 자택을 짓기 시작하면서 오랫동안 부동의 최고급 주택지로 군림하게 된 아시야 지역은 한큐 고베선의 중심인 터미널이 아니었다면 생겨나지도 못했을 것이다. 아시야 지역뿐만 아니라 한큐 전철이 다니는 곳은 산기슭에 위치하여 오사카만이 내려다보이는 좋은 입지 탓에 전체적으로 일본의 부동산 거품이 꺼진 지금도 높은 부동산 가치를 자랑하고 있다.

여담이지만 1995년 1월의 고베 대지진 때도 산기슭에 있었던 덕분에 한큐 전철 주변 지역은 상대적으로 피해가 작았다. 반면에 해안 지역에 위치한 한신 전철 주변의 주택지와 상가는 큰 피해를 입었다. 고바야시가 인간의 힘으로 어쩔 수 없는 천재인 지진까지 예상한 것은 아니겠지만, 지진에도 강한 한큐 전철 주변의 주택이라는 평판이 다시 돌면서 사람들은 고바야시의 선견지명에 다시 한번 감탄했다. 고바야시 사후 반세기가 지났지만 그의 신화는 아직도 계속되고 있는 것이다.

한편 한큐 고베선이 개통되면서 고바야시는 서서히 일본 간사이 지역의 재계에서 두각을 나타내게 된다. 하지만 고바야시의 이름이 일본 재계 전체에 알려지면서 '간사이의 고바야시'에서 '일본의 고바야시'로 비약하는 계기가 된 것은 역시 1929년의 한큐 백화점 개업이다. 일본 최초의, 나아가 세계 최초의 터미널 백화점으로 평가받는 한큐 백화점이 고바야시에 의해 탄생한 것은 일본 경영사의 커다란 이정표라고 할 수 있다.

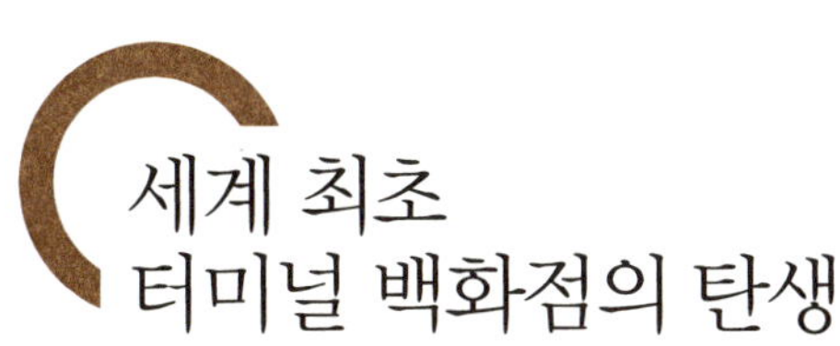

세계 최초
터미널 백화점의 탄생

주부들의 대화에서 탄생한 터미널 백화점

이제 본격적으로 백화점에 대해 말해보자. 앞에서도 밝혔듯이 다카라즈카와 오사카 사이의 문화주택이 성공하자 이에 고무된 고바야시는 다음의 사업을 구상하기 시작했다. 자신들의 전철이 다니는 주변에 사는 주민들, 특히 문화주택을 구입하여 전원생활을 즐기라는 자신의 권유에 화답하여 오사카에서 온 주민들에게 보답하기 위해 어떤 사업이 가장 좋을지 고민하고 또 고민했다. 결론은 바로 터미널 백화점이었다.

우선 고바야시가 백화점 사업에 진출하게 된 과정을 구체적으로 살펴볼 필요가 있다. 고바야시는 문화주택에 사는 주부들을 눈여겨보았다. 남편을 오사카로 출근시키고 난 후 청소와 빨래를 마친 젊은 주부들은 처음에는 동경하던 문화주택에서 천천히 시간을 즐겼을 터였다. 하지만 오사카에서 살았던 주부들은 가끔 백화점에 가고 싶다고 이야기를 나누었다. 천생의 사업가인 고바야시가 이 대화를 놓칠 리 없었다.

당시의 오사카에는 적지 않은 수의 백화점이 영업을 하고 있었으나 역 주변에 위치하는 경우는 없었다. 프랑스에서 만들어져 미국에서 개화한 서구의 백화점은 기본적으로 꿈과 희망을 파는 소매업태이고, 화려한 도시와는 쌍둥이라 할 수 있다. 이런 서구 백화점의 영향으로 일본의 백화점도 시내 한복판에 입지하는 것이 당연했고, 서민들의 냄새가 묻어나는 역 주변에 백화점을 만드는 것은 상식을 벗어나는 일이었다. 하지만 고바야시의 생각은 달랐다. 고바야시의 자서전에는 당시 상황을 다음과 같이 설명하고 있다.

당시 (오사카의) 미쓰코시가 하루에 약 8만 명, 마쓰야가 약 5만 명 가까운 손님을 각종 서비스와 이벤트를 총동원하여 끌어모으고 있었다. 이 서비스와 이벤트를 위해서는 아무리 생각해봐도 매상고의 10% 이상은 경비로 지출되고 있었다. 즉, 손님은 10% 가까이 높은 가격의 쇼핑을 하고 있는 셈이 된다. 그래서 나는 생각했다. 우리의 우메다역은 하루에 12만에서 13만 명의 손님들이 이용하고 있다. 손님을 모으기 위해서 따로 행사를 하지 않더라도 손님은 항상 존재하고 있다. 그렇다면 아예 여기에다 백화점을 만들면 좋은 것이 아닌가? 그렇게 하면 따로 경비가 들지 않는 만큼 미쓰코시나 마쓰야보다 싸게 팔 수 있다. 게다가 철도 주변의 주부들을 비롯한 손님들은 교통도 편리할 테니까 반드시 기뻐할 것이다. 나는 그렇게 확신했다.

백화점은 예나 지금이나 80%가 넘는 여성들을 대상으로 하는 사업이다. 고바야시는 이렇게 여성들(특히 주부)의 심리를 읽어 1920년 11월에 우메다에 5층짜리 한큐 빌딩을 짓기 시작했다. 이때 고바야시는 입지의 우월성 때문에 개점하면 번창할 것이 확실한데도 불구하고 직접 경영하는 방식 대신 유명한 도쿄의 노포 백화점인 시라키야에 1층을 임대해주는 방식을 택했다. 임대 계약 시에는 1개월에 얼마의 고정 임대료가 아니라 매상고에 비례한 보합제步合制를 제안했고, 시라키야도 한큐 빌딩이 12만 명 이상의 안정된 고객이 왕래하는 절호의 입지였기 때문에 기꺼이 그 조건을 받아들였다.

한큐 마켓의 개점

일본 최초, 그리고 세계 최초의 터미널 백화점의 원형은 이리하여 시라키야 우메다점으로 출발했다. 2층에는 식당을 두고, 3층 이상은 한큐 전철의 사무실로 썼다. 왜 고바야시는 자신이 구상한 터미널 백화점을 스스로 경영하지 않고 시라키야에 맡겼을까? 이 의문을 풀기 위해서는 당시의 백화점 사정을 엿볼 필요가 있다.

당시의 백화점들은 대부분 일본의 고급 전통의상인 기모노를 주로 파는 오복점呉服店에서 업태를 전환한 것이었다. 예컨대, 미쓰코시, 이세탄, 다이마루, 소고, 다카시마야 등이 오복점에서 출발한 유서 깊은 백화점 기업이었다. 그 때문에 주요 고객은 부유층의 주부와 결혼을 앞둔 젊은 여성들이었다. 따라서 백화점의 매상고를 올리기 위해서는 부유층의 여성 고객을 얼마나 단골로 확보하고 있는가와 결혼과 관련

된 고가의 기모노 세트를 얼마나 많이 파는가에 달려 있었다. 백화점이라고는 해도 과거의 오복점과 그다지 다르지 않은 상품과 고객 정책을 유지하고 있었던 것이다. 하지만 고바야시는 이런 방식으로 백화점을 경영하는 것이 계속 통할 수 있을지 의문이 들었다.

물론 오복점에서 시작했다고 해도 당시는 '오복'이라는 단일 카테고리가 아니라 백百의 카테고리를 갖춘다는 의미에서 '백화점'이라는 이름이 사용되었다. 특히 에도 시대인 1673년에 창업한 오복점 에치고야를 전신으로 하는 미쓰코시 백화점은 1905년에 일본에서 최초로 '백화점 선언'을 통해 미국형 백화점 경영을 표방했다.

고바야시는 오복점의 백화점 경영에 대해 어디까지나 미국을 흉내 내는 것에 지나지 않는다고 생각했다. 그래서 새로운 시대의 흐름에 맞게 고객이 정말 원하는 것이 무엇인가를 찾으려고 애썼다. 하지만 천재적인 사업가인 고바야시조차도 백화점 경영에 대해서는 확실히 감을 잡지 못했다. 그래서 터미널 백화점을 만들면서 리스크를 최소화하기 위해 시라키야에게 경영을 맡기는 방식을 택한 것이다. 특히 시라키야의 입점 교섭에서 매상고 보합제를 고집하여 관철시켰는데, 고바야시는 이를 통해 백화점 경영의 지식 이전을 노렸다.

고바야시의 의도는 적중했다. 개점 후 시간이 갈수록 늘어나는 고객의 매상고 데이터가 매상고 보합제 때문에 고바야시에게 시시각각 보고된 것이다. 하지만 고바야시는 신중했다. 그리하여 매상고 데이터뿐만 아니라 시라키야의 고객의 동향에 따른 상품 구색과 진열 등에 관한 노하우 등 거의 모든 것을 타고난 상술과 직관력으로 5년 동안 공짜로 얻을 수 있었다. 1925년, 고바야시는 시라키야와의 임대 계약을 해지하고 자사 직영으로 '한큐 마켓'을 출범시켰다.

한큐 식당의 성공

다카라즈카와 오사카를 왕복하는 한큐 전철을 이용하는 고객들은 계속해서 늘어났다. 이에 따라 한큐 빌딩은 1층을 승객들의 전용 공간으로 개방하고, 본사 사무실은 다른 곳으로 옮겼다. 2층과 3층은 한큐 마켓, 4층과 5층은 식당으로 만들었다. 처음에는 2층이 식당이었지만 경치가 좋은 최상층인 4, 5층을 식당으로 바꾼 것은 고바야시다운 결단이었다. 굳이 말할 필요도 없지만 일본에서 최초로 백화점에 식당을 입점시킨 것이 고바야시이다. 2004년에 시대적 사명을 마치고 폐점된 한큐 식당은 지금도 간사이 지역의 일본인들이 두고두고 이야기할 정도로 유명하다.

고바야시는 식당 메뉴에 20전짜리 카레라이스를 넣었다. 일본인이 가장 즐겨 먹는 카레라이스를 대중식당에서 본격적으로 판매하도록 한 사람도 바로 고바야시이다. 이전에 영국 출장길에서 카레의 존재를 알게 된 고바야시는 식당 요리사에게 카레아 쌀밥을 함께 내는 방안을 연구하라고 지시했고, 그 결과 만들어진 카레라이스를 메뉴에 넣은 것이다. 당시 도쿄의 나카무라야가 인도식 카레를 80전에 제공하고 있었는데, 이에 비하면 20전의 카레라이스는 싼 편이었다. 카레라이스는 어느 정도 소득이 있는 오사카 시민에게는 대인기였지만, 20전이라는 가격은 보통 대중식당의 정식류에 비해 2배 정도 비쌌기에 한큐 전철을 주로 이용하는 시민들에게는 무척 부담스러웠다. 그리하여 유명한 소스라이스가 등장하게 된다. 1929년, 한큐 식당은 카레라이스와 별도로 일본식 김치인 후쿠진즈케를 공짜로 제공하고, 쌀밥에 소스를 뿌려 먹는 소스라이스를 5전에 팔기 시작했다. 당시 중류층 이하의 서민들은 입버릇처럼 평생에 한 번은 한큐의 고층 빌딩에서 소스라이스를 먹고 싶다고 말할 정도였다.

본래 소스라이스는 가난한 학생들이 5전만 주면 먹을 수 있는 쌀밥과 공짜로 주는 후쿠진즈케로 주린 배를 채우다가 식탁에 놓인 소스를 뿌려 먹었더니 의외로 맛있었다고 하면서 크게 유행하게 된 것이다. 소스라이스가 유행하자 오사카 시내의 식당들은 소스를 뿌리는 것을 금지하게 되었고 당연히 한큐 식당에서도 금지했다. 하지만 소스라이스가 유행하게 된 사정을 알게 된 고바야시는 한큐 식당에서는 소스라이스를 팔 것을 지시했다. 채산성이 떨어진다고 반대하는 부하들에게 지금은 그들이 가난하지만 언젠가 직장을 잡고 결혼해서 아이들이 생기면 가족들과 함께 한큐 식당에 와줄 것이라고 설득했다. 말하자면 잠재 고객에 대한 선행 투자로써 소스라이스를 인정한 것이다.

고바야시가 식당을 한큐 빌딩의 최상층인 4층과 5층으로 옮긴 것도 이러한 잠재 고객의 니즈를 충족시키고 이들과 장기적인 관계를 맺고자 의도했기 때문이다. 실제로 한큐 마켓에 온 여성 손님이 식당에 들러 식사를 하고, 한큐 식당에서 카레라이스를 먹은 손님이 한큐 마켓을 돌아보는 호순환이 이어졌다. 퇴근 이후의 러시아워에는 다카라즈카 연안에 살면서 오사카에 직장을 가진 회사원들이 부인의 부탁으로 마켓에 들러 쇼핑을 하고 서둘러 한큐 전철에 올라 귀가하는 것이 일반화되기 시작했다.

한큐 백화점 우메다점

　한큐 마켓과 한큐 식당의 상호작용에 자신을 얻은 고바야시는 1929년에 한큐 마켓을 한큐 백화점으로 개칭하면서 본격적으로 백화점 사업의 진출을 선언했다. 공식적으로 일본 및 세계 최초의 터미널 백화점이 탄생한 것이다.

세계 최초의 터미널 백화점 탄생

근대화 초기의 문턱에 들어선 일본에서 앞으로의 성장이 예상되는 백화점 사업에 의욕을 가지고 있었던 고바야시는 한큐 전철을 성공시키면서 친해진 재계의 원로들에게 백화점 사업에 대한 조언을 얻으려고 했지만 천편일률적인 답변만 돌아왔다. 백화점은 전통과 신용으로 이루어지는 사업이라 한큐 같은 신흥 업체가 성공할 리 없다는 것이다.

　당시 오복점에서 업태를 전환한 백화점들은 100년 이상의 오랜 전통과 고객의 어용御用 기관으로서의 신용에 힘입어 고급 상품과 서구적인 서비스로 위세를 날리고 있었다. 그래서 재계의 원로들은 한큐 마켓의 작은 성공을 믿고 백화점 업계에 진출하려는 고바야시에 대해 냉담한 반응을 보였다. 하지만 이것이 오히려 고바야시의 투지에 불을 붙였다. 이전부터 오복점형 백화점의 비즈니스 모델에 대해 의문을 가졌던 고바야시는 전혀 다른 형태의 백화점으로 승부를 걸 수밖에 없다고 생각했다. 고급스러움을 지향하는 현재의 한큐 백화점으로서는 상상도 할 수 없는 일이지만 고바야시는 한큐 마켓이 대중 백화점으로 재출발한다고 대외에 널리 알렸다.

고바야시는 우선 한큐 백화점의 경영 이념을 담은 캐치프레이즈로 '어디보다도 좋은 상품을 어디보다도 싸게' 라고 정하고, 식료품과 일용잡화를 포함한 모든 생활용품을 취급했다. 일본의 소비자들에게는 어디선가 들어본 캐치프레이즈와 익숙한 상품 전략일 것이다. 바로 고바야시를 경영의 스승으로 생각하는 다이에 사장인 나카우치 이사오가 다이에를 창업하면서 '어디보다도 좋은 상품을 점점 싸게'를 기업 이념으로 표방한 것이다. 나카우치도 한때는 한큐 식당에서 카레라이스를 먹으며 고바야시를 동경했고, 그 결과 다이에 경영에 고바야시의 가르침을 대입한 것이다.

고바야시의 대중 백화점 노선은 소비자들의 뜨거운 지지를 받았다. 하지만 문제도 생겼다. 일용잡화를 포함한 생활용품을 너무 싸게 팔아 주변의 영세 소매상을 고사시킨다는 소문이 퍼진 것이다. 상인들 또한 한큐 전철의 고객이기에 고바야시는 이들과 경합하지 않기 위해 상품의 독창성을 높이는 방법 즉, 주변의 영세 소매상에서 팔지 않는 상품을 파는 방법을 강구하여 이들과 공생하고자 했다. 이를 위해 매장에서 같은 상품이 나열되게 만드는 도매상에서의 사입을 지양하고, 그 대신 백화점이 직영 공장을 가지고 독자적인 상품과 서비스를 제공하면 영세 소매상의 매상고를 빼앗는 일은 생기지 않을 것이라고 판단했다.

결국 고바야시는 어떤 백화점도 실행한 적이 없는, 자사 공장을 통한 브랜드 상품을 개발, 판매하는 전략을 시행했다. 실제로 와이셔츠, 양복, 나아가 일용잡화까지 자사 상품을 출시했고, 나아가 한큐 식당의 카레라이스에서 자신감을 얻어 자사 농장까지 만들어 양돈, 양계 사업에도 진출했다. 그 밖에도 고객의 숨겨진 니즈를 개발하기 위해 고미술품 매장을 신설하고, 약국, 화랑, 이발소도 입점시켰다. 그 결과는 모두 주효했다.

한편 하루 십수만 명이 이용하는 터미널에는 갑자기 몸 상태가 나빠지는 고객들이 적지 않았는데, 이를 위해 개설한 무료 건강상담소의 인기도 높았다. 고바야시는 일본 근대문화 개화기의 위인이자 게이오 대학의 대선배인 후쿠자와 유키치의 '세상을 위해, 사람을 위해'의 정신을 실천했다고 회고했지만, 그다운 상술도 어느 정도 작용했을 것이다. 실제로 이 무료 건강상담소는 큰 화제를 불러일으켜 한큐 전철뿐만 아니라 한큐 그룹 전체가 서민적이라는 이미지를 전하는 데 큰 역할을 했다. 이에 자신감을 얻은 고바야시는 결혼상담소와 우체국도 개설하여 한큐을 지지하는 고객층을 더 늘려갔다.

대중 백화점에서 고급 백화점으로 진화

한큐 백화점은 고바야시의 경영자로서 타고난 혜안과 걸출한 추진력

덕분에 서민을 위한 믿음직한 대중 백화점으로 착실히 성장했지만 서서히 본래의 경영 비전을 초월하여 진화하기 시작했다. 앞에서도 말했듯이 그룹의 모체인 한큐 전철 주변이 고급주택지로 변하면서 간사이 지역의 고소득자들은 한큐 전철 인근에 자신의 주택을 가지고 싶어했다. 당연히 고급 레스토랑과 호텔, 유명 브랜드 점포도 늘어나기 시작했고 '한큐족'이라는 유한마담 그룹도 탄생했다.

대중 백화점의 기치를 올린 고바야시로서는 의도하지 않은 결과였을 것이다. 하지만 한큐는 이후에도 고객과 함께 성장, 진화하여 지금은 일본의 고급 백화점이라고 하면 동東의 이세탄, 서西의 한큐라고 불릴 정도로 한큐 백화점은 일본을 대표하는 고급 백화점이 됐다. 이는 고바야시에 의한 마케팅 투시력에서 기인되었다는 것은 의심의 여지가 없다.

고바야시는 한큐 백화점의 성공을 통해 간사이 지역뿐만 아니라 일본을 대표하는 경영자로서의 지위도 굳혀갔다. 한큐 백화점의 성공을 계기로 고바야시의 활동 무대는 도쿄로 옮겨졌고 한큐 그룹뿐 아니라 일본 재계의 핵심적인 존재가 되었다. 이는 한큐 백화점 이후의 고바야시의 행적을 돌아보면 납득할 수 있을 것이다.

고바야시는 1932년에 다카라즈카가 도쿄에서 공연할 수 있도록 도쿄 다카라즈카 극장을 설립하여 사장에 취임했다. 1933년에는 한큐 그룹과는 무관한 도쿄전등(현 도쿄전기) 사장으로 발탁되었다. 1937년에는 지금도 일본의 명문 영화사인 도호영화를 설립하여 상담역에 취임했다. 급기야 그의 명성은 정계에도 알려져 1940년에는 상공 대신으로 입각하기도 했다. 하지만 일본 제국주의 시대가 종언을 맞으면서

1946년에는 연합군사령부GHQ에 의한 정계 및 재계의 공직자 추방 조치로 인해 재야에 묻혔다. 그러다가 1951년에 추방 해제된 후 다카라즈카 음악학교 교장과 도호 사장에 취임하면서 일본 재계의 멘토가 되었고 1957년 자택에서 숨을 거두었다. 향년 84세였다.

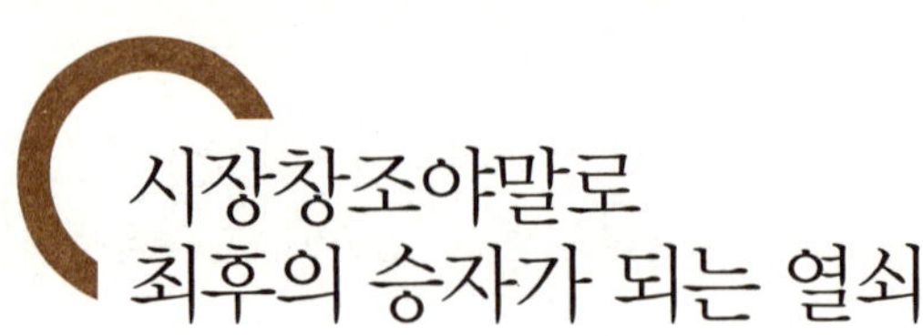

시장창조야말로
최후의 승자가 되는 열쇠

백화점 업계의 축소 균형과 이합집산

최근 한큐 백화점을 둘러싼 흐름이 급박하다. 앞에서 살펴본 것처럼 한신 전철은 선두주자였음에도 불구하고 한큐 전철에게 완패했는데, 사정은 백화점에서도 마찬가지였다. 한신 그룹은 한큐 백화점에 자극을 받아 터미널 백화점 사업에 진출, 한큐 백화점의 한 블록 앞에 한신 백화점을 만들었지만 한큐 백화점의 상대가 되지 않았다. 특히 투기 그룹의 주식 매입 공세로 인해 경영 위기에 처하게 되자 한신 그룹(한신 백화점과 한신 전철 등으로 구성)은 2006년 10월에 결국 머리를 숙이고 한큐 그룹에 편입되고 만다. 한큐한신도호 그룹으로 한신의 명칭은 남아 있으나 한큐 그룹의 완벽한 승리였다. 2007년 10월, 한신 백화점은 한큐 백화점이 주도하는 '에이치투오$_{H2O}$ 리테일링' 의 산하 기업이 되었다.

하지만 현재 백화점 업계를 둘러싼 환경은 악화 일로에 있어 승자 그룹에 속한다는 한큐 백화점도 안심할 수 없는 입장이다. 단적으로 2008년의 백화점 업계 전체의 매상고는 겨우 7조 7,000억 엔으로, 12년 연속 전년 대비 감소했다. 이는 버블 절정기인 1991년에 비해 2조 엔 이상 축소된 것으로, 1974년에 첫 점포를 낸 상대적으로 신흥 소매업 태인 편의점에조차 뒤진 셈이다. 이러한 경향은 최근 들어 더욱 가속화되어 2009년의 매상고는 6조 6,000억 엔으로, 전년 대비 10%나 떨어진 것으로 밝혀졌다.

이러한 냉혹한 축소 균형 시대를 맞이하여 백화점 업계는 살아남기 위해 필사적인 이합집산을 계속하고 있다. 그 때문에 웬만한 백화점 전문가가 아니면 최근에는 유명 백화점이 어느 그룹에 속해 있는지도 알기 어렵다. 최근 몇 년 사이 백화점 업계의 개편이 극심하게 이루어진 탓이다. 참고로 말하면, 밀레니엄 리테일링은 2003년 6월에 소고와 세이부 백화점이 경영 통합된 것이고, 미쓰코시 이세탄 홀딩스는 2008년 4월 미쓰코시와 이세탄이, J.프론트 리테일링은 2007년 9월에 다이마루와 마쓰자카야가 경영 통합된 것이다.

사족이지만 이러한 격렬한 재편극에 자극을 받아 백화점 업계 3위의 다카시마야와 5위의 한큐 및 한신 백화점을 산하에 거느리고 있는 에이치투오 H_2O 리테일링도 2008년 10월에 2011년까지 경영을 통합하기로 했다고 발표했다. 오랫동안 백화점 업계 최고의 매상고를 자랑하던 다카시마야는 독립 경영을 고수했지만, 다른 백화점들의 통합으로 인해 매상고 3위로 전락했고, 2008년 미국발 세계 금융 위기 이후 매상고 감소와 대폭적인 주가 하락이라는 사태를 맞이하자 독자노선을 포기하기에 이른 것이다. 그러나 2010년 3월 말, 양사의 경영자들은 통합 무산을 발표했다. 1년 반이나 걸린 교섭 과정에서 양사의 경영방침이 너무 달라 결국 통합을 무산시키지 않을 수 없게 된 것이다. 만약 양사가 통합에 성공했다면 백화점 업계 톱인 미쓰코시 이세탄 홀딩스의 매상고를 능가하는 약 1조 5,000억 엔 규모의 새로운 백화점 그룹이 탄생됐겠지만 아쉽게도 무산되었다.

2011년 우메다 문제와 최후의 백화점 전쟁

일본의 백화점은 1904년에 미쓰코시가 소위 '백화점 선언'을 한 이후 근대적 소매업태로 출발하여 약 100년의 역사를 가지고 있다. 고도성장기에 '1억 총중산층'이라는 구호 아래 일본인 전체의 소비 욕구를 실현하는 화려한 무대장치의 기능을 담당하면서 성장해온 소매업태가 바로 백화점이었다.

그러나 버블 경제의 파탄 이후 일본의 백화점은 그 착지점이 보이지 않을 정도로 매년 매상고가 감소했다. 이런 상황에서 업습한 2008년의 세계 금융 위기와 지금의 디플레 경제의 지속은 백화점이라는 소매업태의 존립조차 위험할 정도로 치명상을 주었다. 어쩌다가 일본의 백화점이 이런 지경이 되었을까?

물론 업태 창조기, 전후의 불황기, 그리고 버블 경제 후기 등 전환기에 상당수의 백화점은 머천다이징 및 입지 전략 등에서 그때 그때 경영 쇄신에 착수했다. 그러나 결과적으로 백화점 업계는 근본적인 대응 전략을 강구하지 못한 채 임기응변적인 대응으로 일관했다. 100년이라는 세월 동안 경제 상황은 극적으로 변했고, 다양한 업태에서 경쟁 상대가 늘어났으며, 무엇보다도 소비자의 니즈가 다양화되고 성숙했음에도 불구하고 백화점은 그 환경 변화의 속도와 강도를 따라가지 못하고 문자 그대로 백년하청의 경영 자세를 버리지 않았다. 결과적으로 일본 백화점의 참상은 냉혹한 환경 요인과 개혁을 게을리한 내부 요인이 겹쳐져 나타난 필연적인 산물이다. 2008년 말, 일본에는 91개 법인 280개의 백화점이 있다. 그중 95%가 전년대비 매상고 감소를 경험하고 있는데, 당분간 소비자들의 백화점 이반현상은 계속될 것이 분명하다.

이런 냉엄한 상황에 처해 있는 백화점 업계지만, 반어적이게도 현재의 최대 이슈는 오사카 지역에서의 출점 공세를 강화하려는 소위 '2011년 우메다 문제'이다. 한큐의 본거지인 우메다에 일본의 주요 백화점들이 신규 점포 출점 및 확장을 단행하여 2011년까지 이 지역의 백화점 매장 면적이 현재의 1.5배가 된다는 것이다. 위기의 시대에 백화점 시장의 전체 파이가 감소하는 것은 피할 수 없음에도 불구하고 어느 한쪽도 양보하지 않고 극단으로 치닫는 '치킨 게임game of chicken'에 돌입한 것이다.

구체적으로 살펴보면, 2011년에 미쓰코시 이세탄 홀딩스가 우메다에 영업 면적 5만m²의 신관을 세우고, 2010년에 다카시마야가 우메다역에서 10분밖에 걸리지 않는 난바의 오사카점(영업 면적 5만 6,000㎡)에 신관을 세워 7만 8,000㎡로 영업 면적을 확대하게 된다. 우메다 지역의 맹주를 자처하는 한큐 백화점도 2012년에는 현재의 1.4배인 10만m²로 확대할 예정이다. 또 다이마루 우메다점도 2011년 봄에는 영업 면적을 현재의 1.6배인 6만 4,000㎡로 확대할 예정이다. 우메다 지역 백화점의 전체 영업 면적이 현재의 17만 2,000㎡의 1.5배인 26만 3,000㎡가 되어 누가 보더라도 상식을 넘어선 과당 경쟁이 이루어지게 되는 것이다. 결과적으로 일본의 유명 백화점 5군데가 총동원된 도쿄 신주쿠의 23만 7,000㎡을 넘을 것이 확실시되어 우메다 지역에서 백화점들의 최후의 전쟁이 벌어지게 된다고 언론들은 법석을 떨고 있다.

이 전쟁에서 한큐 백화점은 압도적으로 1등점이 될 것이라고 선언하고 전략을 강구하고 있다. 2008년 2월 1일, 한큐 백화점은 우메다 본점 근처 빌딩의 지하 1층부터 5층까지 전층을 남성 관련 상품으로 구성한 '나이스 가이 메이킹Nice Guy Making'이라는 콘셉트의 한큐 백화점 멘즈MEN'S관을 오픈했다. 개점 당일 점포 앞에 약 1,000명이 장사진을 이루었다. 간사이 지방 최초의 백화점 멘즈관으로 매장 면적이 이세탄 신주쿠 본점의 멘즈관을 60% 정도 웃도는 1만 6,000㎡나 되었다. 간사이에 이 정도 규모의 점포를 만들 만큼의 수요가 있을까라고 반신반의한 평론가들도 많았지만, 1년 후의 연간 매상고는 265억 엔으로 나타나 원래 목표했던 것보다 15억 엔이나 넘는 성과를 이루었다. 이는 오사카 지역 전체의 신사복 및 관련 상품 전체 매상고의 약 40%에 이르는 수치이다. 그동안 백화점 시장에 불어닥친 역풍을 고려한다면 경이적인 숫자라고 할 수 있다.

하지만 한큐 백화점이 아무리 자신의 앞마당이라고 우쭐해도 패션에 강한 이세탄의 노하우를 전수받은 미쓰코시(정식 점포명은 JR 오사카 미쓰코시 이세탄)의 출점과 간사이 지역의 노포인 다이마루의 영업 면적

확대는 커다란 위협이 된다. 현재 한큐 백화점의 경영진이 카리스마 경영자 고바야시의 상인정신을 얼마나 전수받았는지, 그리고 시장 창조 능력을 계속 발휘할 수 있는가가 최후의 전쟁에서 최후의 승자가 되기 위한 관건이 될 것이다.

4장

과감한 결단력과
카리스마 경영, 다이에

첫 해외 진출의 실패

1974년 6월, 일본의 종합양판점 기업 다이에의 사장 나카우치 이사오는 서울 시내에서 일본의 유명한 제과업체인 롯데의 사장 시게미쓰 다케오(한국명 신격호)를 만나 서울에 대형 소매점을 만드는 데 합의했다.

이미 1972년에 일본 최대의 소매기업에 오른 다이에는 욱일승천의 기세를 자랑했지만, 점포 확대에 애를 먹고 있었다. 1973년에 시행된 대규모소매점포법, 통칭 대점법大店法이 대형점 출점을 규제하는 조항을 많이 포함하고 있었기 때문에 상황이 여의치 않았다. 그래서 나카우치는 새로운 비즈니스 모델을 모색했고, 아시아 지역으로 눈을 돌리게 되었다. 이때 롯데도 창업자의 모국인 한국에 소매 사업을 진출시키려고 모색하고 있었다. 그들은 일본 신흥 기업의 수장으로 안면이 있었기에 자연스럽게 서울에서 제휴를 맺을 수 있었다. 나카우치는 당연히 시게미쓰가 종합양판점 업태의 한국 출점에 대한 협조를 요청할 것이라고 생각했다. 하지만 한국 정부로부터 외국 관광객 유치를 위한 국제적인 호텔의 건설을 요구받고 이미 호텔을 짓고 있던 롯데는 호텔과 함께 매출 상승효과가 큰 백화점 건설을 고려하고 있었다. 시게미쓰는 한국 최고의 백화점을 만들기 위해 나카우치에게 이왕이면 백화점 사업에 협조해달라고 요청했다.

그러나 나카우치는 그 요청을 받아들일 수 없었다. 남대문 시장과 동대문 시장을 돌아다니며 서울 시민들의 쇼핑 습관과 구매력, 사입 기지의 현황 등을 고려한 결과 본격적인 대형 백화점은 아직 시기상조이고 종합양판점이 더 적합하다고 판단했다. 이 때문에 백화점 사업에 진출하는 것은 생각할 수 없었다. 그리하여 1976년 4월, 다이에는 롯데와의 계약을 파기하고 한국에서 철수하고 말았다. 이후 롯데는 일본 최대의 백화점인 미쓰코시 등의 협력으로 롯데백화점 설립을 단행했다.

이렇게 최초의 해외 진출이 무산된 후 나카우치는 해외 출점 대신 일본 내에서의 확대 경영에만 매진하게 되었다.

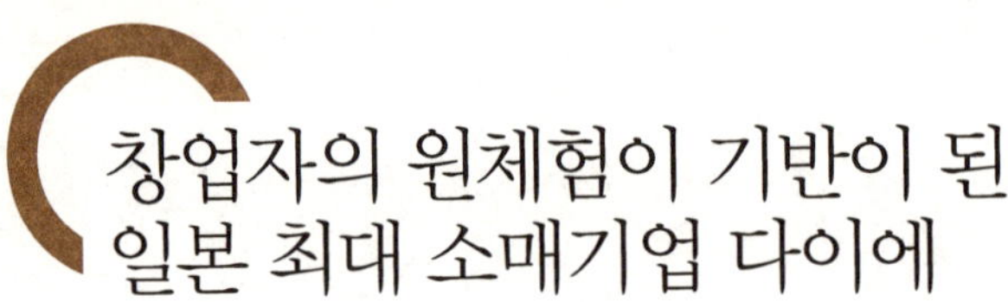

창업자의 원체험이 기반이 된
일본 최대 소매기업 다이에

소매기업 경영자의 독특한 리더십

필자는 일본 유력 소매기업의 창업자들, 일반적인 표현을 빌리면 경영자들의 카리스마 리더십에 대해 깊은 관심을 가졌다.

일반적으로 기업 경영자의 리더십에 대해서는 경영학에서 주로 다룬다. 경영학에서의 고전적 리더십은 경영자의 개성이나 능력이라고 하는 경영 자질에 의해 발휘되거나 기업이 처한 상황에 따라 그때 그때 적응하는 경영자가 나타나 리더십을 발휘한다는 2가지 설이 일반적이다. 전자가 어떤 상황에도 변하지 않는 경영자로서 필요한 자질을 강조하는 반면, 후자는 환경의 변화에 따라 리더십의 종류도 다양해질 수 있다는 상대적인 리더십을 강조한다.

여기에서 더 나아가 자질론과 환경결정론이 절충된 이론도 등장했는데, 경영자에게 주어진 환경 즉, 난세인가 평시인가에 따라 그에 부합하는 자질을 갖춘 경영자가 훌륭한 경영자가 될 수 있다는 상황 의존적인 리더십 이론이 그것이다. 그러나 이러한 리더십 이론이 과연 소매기업 경영자, 특히 일본의 카리스마적 소매경영자에게 적합한가는 의문이다. 유력한 소매기업의 창업자들은 경영학적인 리더십 이론이 무의미할 정도로 경영학 텍스트를 초월하는 독특한 리더십을 발휘하고 있기 때문이다.

식물성 소매업과 동물성 제조업

필자가 학생들에게 소매 이론을 가르칠 때 가장 먼저 "소매업은 식물적이고 제조업은 동물적이다"라고 말하면서 제조업 이론을 중심으로 하는 경영학과는 다른 발상이 소매 이론에는 필요하다고 강조한다. 이유는 간단하다. 소매업은 유통 채널의 말단에서 점포를 가지고 고객과 접하는 사업으로, 한정된 상권에서 고객 만족을 위해 좋은 상품과 유통 서비스를 제공하는 환경적응업이기 때문이다.

한 지역에서 뿌리를 내리고 장기적으로, 경우에 따라서는 몇 백년 동안 몇 대에 걸쳐, 고객의 사랑과 관심을 양분으로 섭취해온 노포 점포는 식물적 경영에 익숙하겠지만 변하는 환경에 적응하기 위한 동물적 경영을 펼칠 필요가 있다. 다점포 출점 즉, 체인형 점포 전략을 펼치는 소매기업의 경우 지금까지의 식물적 경영을 지양하고 야수가 먹이를 찾아 배회하듯 동물적 경영을 하지 않을 수 없게 되었다. 소매기업은 식물적 경영에서 동물적 경영을 지향하게 된 비등점critical point을 정확하게 파악해야 한다. 이 비등점에서 동물처럼 공격적인 경영을 실시하는 경영자가 리더십을 발휘하게 된 계기는 과연 무엇일까? 이 점에 대해서 필자는 대학의 동료들과 가끔씩 논쟁을 벌이곤 한다.

일본의 성공한 소매 경영자 중에는 선대의 투철한 상인정신의 DNA를 물려받아 어렸을 때부터 사업 확대를 당연시하는 후계자 수업을 받은 사람들이 많다. 따라서 그러한 차세대 경영자들이 동물적인 대비약 즉, 성공적인 체인 경영이 가능할 것이라는 설은 상당히 설득력이 있다. 이러한 소매 경영자는 유전적으로 아주 뛰어난 상재商才를 갖추었고, 또 선대가 구축한 상인 네트워크를 이용한 경영자 간 교류를 통해 여러 가지 상황에 대응하는 방법을 듣고 배워 실전 능력이 대단히 뛰어나다. 앞에서 말한 기업 경영자의 리더십 이론에 그대로 부합하는 경우라고 할 수 있다. 실제로 이토요카도의 창업자인 이토 마사토시 세븐&아이 홀딩즈 명예회장이나 자스코의 창업자인 오카다 타쿠야 이온 명예회장 겸 상담역이 이에 해당한다.

소매기업 경영자의 원체험

필자는 이러한 종래의 소매경영자의 리더십에 대한 결론에서 무엇인가 빠진 부분이 있다고 생각한다. 소매기업 경영자가 식물적 경영에서 동물적 경영으로 비약한 요인이 어딘가 따로 있을 것이라고 생각하여 내린 결론은 이렇다. 소매기업 경영자 중 뛰어난 창업 경영자, 특히 나중에 카리스마 경영자로 추앙받는 사람은 청년기에 엄청난 원체험原體驗을 경험했다는 것이다. 이미 앞에서 살펴본 것처럼, 다이소의 창업자 야노 히로타케, 세븐일레븐의 창업자 스즈키 도시후미가 전형적인 예라고 할 수 있다.

그 밖에도 유니클로로 잘 알려진 패스트리테일링의 야나이 다다시, 일본 최대의 가전양판점인 야마다전기의 야마다 노보루, 신사복 카테고리 킬러 업태의 선구자인 아오야마 상사의 창시자 고故 아오야마 고로 등의 전기를 읽어보면, 필자가 제기한 원체험 가설이 설득력이 있다는 것을 알 수 있다. 월마트 스토어스의 창업자 샘 월튼이나 테스코의 창업자 존 코헨의 전기를 봐도 상상을 초월한 원체험을 경험한 것을 알 수 있다. 이들이 겪은 원체험은 보통의 경영자들은 말할 것도 없고, 전문 경영자나 2세 혹은 3세 경영자들은 상상도 할 수 없을 만큼 특별하다.

세이유 스토어의 부사장이면서 유통산업연구소 소장을 역임한 고故 우에노 고헤이는 전후 일본의 유통혁명에 대한 이론적 토대를 만든 이론가로 알려졌다. 그는 일본의 전후 유통혁명의 선구자들의 공통된 성격으로, ① 강렬한 자기실현 욕망, ② 보통사람보다 몇 배나 강한 경쟁심, ③ 보통사람의 영역을 초월한 노력, ④ 타인의 경험이나 책, 실천으로 배우고자 하는 향학심, ⑤ 자기 주장이 강한 자신감, ⑥ 조그만 성공은 말할 필요도 없고 어떤 통속적인 성공에도 만족하지 않는 끝없는 혁신, ⑦ 인원의 배치나 평가에 대한 깊은 관심과 관여, ⑧ 형식적 고용 관계를 초월한 철저한 사원 교육, ⑨ 상인으로서의 미의식에 반하는 것에 대한 격렬한 노여움 등으로 요약했다. 이를 요약하면, 일본 유통 혁명기의 소매기업 창업 경영자들은 공통으로 공격적이고, 혁신적이고, 카리스마적이지만 동시에 독재적이기도 하다는 것을 주장한 것이 아닐까 싶다.

우에노가 자신의 소매경영자 리더십 이론에 가장 전형적인 인물로 꼽은 이가 바로 다이에의 창업자이자 오랫동안 카리스마 경영자의 대표적 존재로 추앙되었으나 독재자로 전락하여 말년에는 경영 일선에서 퇴진한 나카우치이다. 하지만 우에노도 나카우치를 비롯한 카리스마적 소매 경영자가 특별한 성격을 가지게 된 배경으로서 필자가 주장하는 원체험에 대해서는 언급하지 않았다.

나카우치와의 인터뷰와 원체험 가설

필자는 2000년대에 들어와 일본 소매기업의 국제화에 대한 연구를 시작하여 나카우치의 서울에서의 원체험이 이후 다이에의 국제화 전략에 어떤 영향을 미쳤는지에 대해 깊은 관심을 가지게 되었다.

2003년 가을, 필자는 나카우치에게 인터뷰를 요청했다. 나카우치는 2000년 10월에 경영 부진의 책임을 지고 다이에 그룹의 CEO 겸 회장직을 사임하고 최고 고문의 직위를 가지고 있었다. 하지만 2001년 1월에 열린 다이에 임시 주주총회에서 최고 고문의 직위조차 반납하고 자신이 창립한 다이에와 완전히 인연을 끊었다. 이후 개인 재산을 털어 1988년에 개교한 유통과학대학의 이사장으로 거의 매일 대학에 출근하고 있었기 때문에 인터뷰는 어렵지 않게 이루어졌다.

필자는 약 30년 전 서울에서 롯데와의 제휴가 실패한 것에 대해 말문을 열었다. 나카우치는 "당시 롯데의 백화점 진출 결정은 정답이었다고 생각한다. 이후 롯데가 한국 유통 근대화의 선구자 역할을 담당한 것이 그 증거다. 다이에와 롯데의 관계는 이후에도 나쁘지 않았다"

고 답했다. 실제로 다이에가 그 이후에도 롯데백화점과 관계를 유지한 흔적은 적지 않게 남아 있다. 롯데백화점의 머천다이징 정책과 다점포 출점 전략은 다이에가 이끈 일본의 종합양판점의 비즈니스 모델과 겹치는 부분이 적지 않다.

필자는 조금 망설인 끝에 "한국 철수 후에 한국에 재진출할 생각은 없었는가?" 하고 물어보았다. 나카우치는 엷은 미소를 띠며 "유통업은 현지인과 현지 기업이 담당하는 것이 가장 좋은 것이라는 교훈을 롯데에게 배웠다. 그것은 나에게 아주 좋은 원체험이 되었다"고 담담하게 말했다. 나카우치의 이 대답은 진심인 것 같았다. 다이에는 30년 동안 일본 최대의 소매기업으로 군림했고, 그동안 매수합병과 경영 다각화를 거듭하면서 확대 경영의 길을 걸었지만 해외 출점은 거의 하지 않았다. 예외적으로 중국의 톈진과 하와이에 각각 12개와 4개의 점포를 냈지만 이는 다이에가 의도한 것이라기보다 현지의 요구에 마지못해 응한 것에 불과하다. 나카우치는 서울에서의 원체험을 통해 다이에의 국제화에 대해 소극적인 자세가 되었고, 소매업은 현지 기업이 담당하는 것이 좋다는 신념을 가지게 된 것이 분명했다.

이후 필자는 희대의 경영자 나카우치가 겪은 원체험에 대해 아주 많은 관심을 가지게 되었다. 나카우치의 원체험이 다이에의 경영에 큰 영향을 미친 게 아닌가 하는 가설을 세우고 여러 차례 나카우치에게 추가 인터뷰를 요청했고, 또 관련된 여러 가지 자료를 수집했다. 그 결과 그가 서울에서의 체험은 비교도 안 될 정도의 원체험을 경험했고, 그것이 다이에 경영에 엄청난 영향을 끼쳤다는 사실을 알게 되었다.

지금부터 상상을 초월하는 원체험을 겪었기 때문에 일본에는 존재
하지 않았던 종합양판점인 다이에를 창업할 수 있었고, 그토록 빠른
기간에 일본 최대 소매기업으로 성장하면서 일본의 유통혁명을 성취
했으며, 경영 실패로 인해 경영 일선에서 물러난 후 2005년 9월 파란
만장했던 생을 마감한 나카우치를 다시 등장시키고자 한다. 카리스마
경영자로 불리는 한편 광기 어린 독재자로도 평가되었던 나카우치의
경영 방식에서 많은 부분이 원체험과 관계되었다는 것을 알게 될 것
이다.

더 이상의 '극한'은 없다!
태평양전쟁에서의 원체험

징집과 분대장으로서의 참전

1942년, 만 20살이 된 나카우치는 징병검사를 받았다. 나카우치는 다정다감했던 고베고등상업학교 재학 당시 마르크스에 심취했고, 부기보다 역사와 고고학에 관심을 가졌다. 그는 군국주의를 내세우며 의미 없는 전쟁을 벌이는 섬나라 일본을 벗어나 가능하면 졸업 후 외국에 가서 일하고 싶다고 생각했다. 그리하여 원하는 대로 유명 무역회사인 일본면화(전 니치멘, 현 소지쓰)에 취직했는데, 여기에는 외국에 가게 되면 징병도 피할 수 있을 것이라는 계산도 깔려 있었다.

하지만 그런 속셈을 비웃기라도 하듯 나카우치에게도 소집 영장이 날라왔다. 일본군이 진주만 공격을 감행하여 벌어진 태평양전쟁의 전황이 점점 격렬해지자 국민 총동원령이 내려졌기 때문이다. 징병검사 결과, 나카우치는 병적兵適의 평가를 받았다. 보통 대학 출신은 장교 판정을 받고 운이 나빠도 하사관 판정을 받는데, 나카우치는 일반 병사의 판정을 받은 것이다. 나카우치는 그 이유를 짐작할 수 있었다. 군국주의에 의한 침략 전쟁을 극도로 혐오했던 나카우치는 재학 중 교련시간에 일부러 게다를 신고 나타나 담당 교관에게 구타를 당했고 요주의 인물로 낙인 찍혔었다. 그의 군사훈련 성적은 그대로 배속 부대에 보내져 동기들 중 유일하게 일반병으로 떨어진 것이다.

1943년 1월, 나카우치는 가족들의 배웅을 받으며 출정하여 우는 아이도 울음을 멈추게 한다는 관동군 만주소련 국경수비대에 이등병으로 배속되었다. 동절기에는 영하 40도까지 떨어지는 혹한의 만주소련 국경지역에서 근무하던 나카우치는 1944년에 태양이 작열하는 남방의 필리핀 전선으로 전직 명령을 받게 된다. 그는 그간 현지에서의 하사관 시험에 합격하여 중사로 진급했고, 약 20명의 부하를 거느린 분대장의 지위까지 올라 있었다.

필리핀에서 배속된 곳은 루손 섬의 링가옌Lingayen 만에 있던 혼성 제58여단으로, 말레이시아의 호랑이로 유명한 야마시다 야스부미 대장이 사령관으로 있던 제14군의 예하 부대였다. 1945년 1월, 약 5개월동안 참호를 파는 단순작업을 계속하던 나카우치의 눈에 링가옌 만을 가득 메운 850척의 미군 함대가 들어왔다. 이윽고 시작된 전투에서 산을 무너뜨릴 정도의 압도적인 화포를 가지고 있는 미군에 대해 38식 소총으로 무장한 일본군이 대항해봤자 상대가 될 리 없었다.

나카우치의 분대원들은 하나둘씩 쓰러졌다. 이미 식량은 고갈되었고, 병사들 모두 전의를 상실하고 있었다. 드디어 아사 직전까지 도달했을 때 총반격 명령이 내려졌다. 참호에서 기어나와 전열을 다듬은 후 소총을 들고 일렬로 서 있는 나카우치와 부하들에게 미군의 전차부대로 돌진하라는 명령이 떨어졌다. 완전한 옥쇄玉碎 명령이었다. 담배와 술, 그리고 특공대들에게만 지급되던 필로폰이 든 과자도 지급되었다. 이때 명령대로 나카우치가 미군의 전차부대를 반격했더라면 일본 최대의 유통그룹 다이에는 존재하지 못했을 것이고, 또 일본의 유통혁명도 상당히 늦어졌을 것이다. 생존 확률은 제로였기 때문이다. 하지만 출동하기 직전에 돌연 야마시타 사령관으로부터 옥쇄 전술은 그만두고 미군들이 마닐라로 입성하는 것을 조금이라도 늦추기 위해서 산악 게릴라전을 실시하라는 퇴각 명령이 내려졌다.

간신히 목숨을 부지했지만 전쟁의 부질없음과 기아의 무서움을 뼈에 사무치도록 느끼게 한, 차라리 죽는 것이 좋았다는 생각이 들 정도로 끔찍한 산악 게릴라 생활이 기다리고 있었다.

지옥의 필리핀 전선

필리핀의 산속으로 도망친 나카우치의 분대는 문자 그대로 지옥을 경험하게 된다. 남방의 루손 섬은 평지에서는 낮에 30도까지 올라가지만 해발 2,000미터의 산악지대에서는 밤이 되면 7, 8도까지 떨어졌다. 산 아래서 올라오는 차가운 농무가 더해지면 거의 누더기가 된 군복을 걸치고 있는 패잔병들은 사시나무 떨듯이 덜덜 떨며 밤을 보낼 수밖에 없었다. 식량은 벌써 동이 났고, 말라리아에 걸린 병사들도 속출했다. 링가엔 만의 제공권은 완전히 미군에 의해 장악되었고 상공에는 늘상 미군기가 배회하고 있었기 때문에 참호 속에서 불도 피우지 못했다.

살기 위해 살아 움직이는 것은 다 잡아 먹었다. 이름도 모르는 들풀도 뜯어 먹고, 구더기가 들끓는 죽은 물소도 먹었다.

나카우치는 젊었을 때부터 틀니를 하고 있었는데, 그 이유를 묻자 그는 겸연쩍게 전쟁에서 죽은 병사들의 군화를 많이 씹어 먹어서 그렇게 됐다고 했다. 실제로 나카우치는 전장에서 죽은 일본군을 발견하면 우선 군화를 벗겨 낡아빠진 자신의 군화와 바꾸어 신었다. 그런 다음 바꾼 군화를 씻어 잘게 썰어 반합에 넣고 끓이거나 반합이 없으면 물에 적셔서 부드럽게 만들어 껌처럼 씹어 먹었다. 나카우치뿐만 아니라 다른 병사들도 그런 식으로 잠시라도 굶주림에서 벗어나려고 했다.

나카우치와 부하들은 밤에도 잠을 잘 수 없었다. 추위와 배고픔 때문이기도 했지만 사실은 다른 이유가 있었다. 이미 지휘체계는 문란해졌고 병사들의 눈에는 귀기가 넘쳐 흘렀다. 혹시라도 잠이 들면 동료들이 자신을 죽이고 살집을 뜯어 먹지 않을까 하고 서로를 두려워했기 때문이다. 아침이 되면 살아남았다는 안도감에 한숨을 쉬지만 또 다시 공포의 밤은 돌아왔다. 지옥과 같은 나날들이었다.

죽음에서 구해준 스키야키 꿈

나카우치의 분대는 이러한 극한상황에서도 미군의 마닐라 입성을 조금이라도 늦춰야 했다. 그래서 미군의 섬광탄이 작열하는 야밤에 출동하여 적진을 공격했다. 중사인 나카우치는 군도와 수류탄을, 부하들은 죽창과 수류탄을 들고서 박격포와 기관총, 자동소총으로 무장한 미군과 생사를 건 싸움을 해야 했다. 압도적인 화력의 차이 때문에 승산이

없다는 것은 미군 함대를 본 그날 이미 알고 있었다. 하지만 화력보다
더 차이 나는 것이 있었으니, 바로 미군들의 엄청난 병참 즉, 로지스틱
스logistics였다.

일본병은 가솔린 한 방울을 피 한 방울로 알고 아끼라고 교육받았
다. 나카우치가 식량을 조달하기 위해 죽을힘을 다해 적진에 들어가보
니 미군들은 가솔린 발동기로 아이스크림을 만들고 있었다. 나카우치
는 그것을 보고 미군은 어차피 이기지 못할 상대라는 것을 새삼 인식
하게 되었다.

1945년 5월의 어느 날 밤, 나카우치는 최후의 기습을 감행하게 되었
다. 상대는 미군과 함께 들어온 호주군이었다. 20명 정도의 부하들을
이끌고 호주군 주둔지를 공격했다. 하지만 운이 나쁘게도 호주군은 일
본 게릴라들의 기습작전을 이미 알고 있었다. 나카우치 분대의 야습을
확인한 호주군이 나카우치의 눈앞에 수류탄을 던졌고, 순간 나카우치
는 살을 에는 듯한 심한 고통을 느꼈다. 대퇴부와 어깨에서 피가 쏟아
졌다.

의식이 몽롱해지는 상태에서 나카우치는 고향 고베의 사카에 약국
에서 가족들이 오랜만에 스키야키를 먹기 위해 쇠고기와 계란이 놓인
식탁에 둘러 앉아 저녁을 기다리는 꿈을 꾸었다. 보급 물자가 절대적
으로 부족한 극한상황에 처해 있던 나카우치는 당장 죽더라도 스키야
키나 한번 배부르게 먹어봤으면 좋겠다고 늘 생각했기에 그런 꿈을 꾼
것이다. 어디선가 맛있는 스키야키 냄새가 코를 찔렀고, 다 되었다며
자신의 이름을 부르는 어머니의 목소리가 들려왔다. 그대로 눈을 감으
면 불귀의 객이 되었을 것이지만 나카우치는 스키야키 냄새가 느껴지

는 이승의 세계로 돌아오려고 발버둥친 탓에 겨우 눈을 뜰 수 있었다. 마침 위생병이 옆에서 의식이 남아 있던 나카우치에게 지혈을 해주었고, 만신창이가 다 된 몸에 요오드딩크를 쏟아부었다. 나카우치는 대퇴부와 어깨에 파편이 남아 있었지만 원래 체력이 강했기 때문에 빠르게 회복할 수 있었다. 훗날 나카우치는 스키야키 덕분에 거의 저승의 문턱까지 갔다가 이승으로 돌아올 수 있었다고 여러 번 강조했다.

이윽고 8월 15일, 일본군은 패전을 맞았다. 며칠 후 나카우치는 미군에게 투항했고 포로 수용소에 수감되었다. 나카우치가 고향을 떠난 지 3년 8개월이 지나고 있었다.

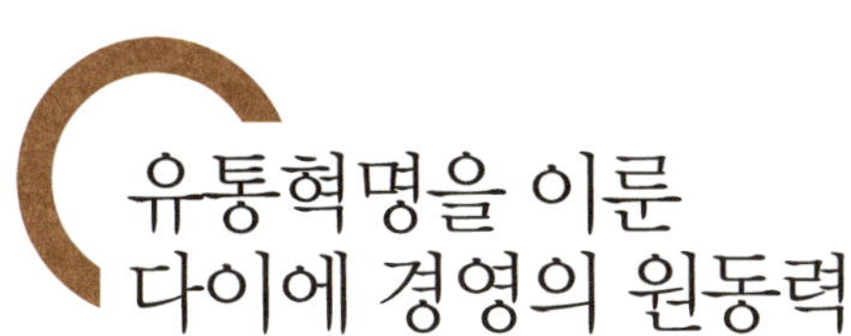

유통혁명을 이룬
다이에 경영의 원동력

전쟁에서의 귀환

나카우치의 부대원은 약 600여 명이었는데, 살아남은 자는 나카우치를 포함해서 겨우 20명뿐이었다. 그는 포로 수용소에서도 현지인의 밀고로 처형될 뻔했으나 겨우 살아남았다. 1945년 11월, 나카우치는 마닐라 항에서 귀항선을 타고 규슈 가코시마현의 항구에 내렸다. 여기에서 나카우치는 100엔의 복귀 수당과 전국 어디라도 갈 수 있는 무임승차권을 받았다. 나카우치는 무임승차권으로 기차를 타고 고베로 가다가 규슈의 끝인 몬지에 내리게 되었다. 식당을 찾을 수 없어서 할 수 없이 두부를 파는 난전에 들어갔다. 두부 한 모의 가격은 5엔이었다. 복귀 수당 100엔으로 겨우 두부 20모를 살 수 있었던 것이다.

나카우치는 목숨을 건 전쟁에 끌려다닌 대가가 겨우 두부 20모라는 생각이 들자 승산도 명분도 없는 전쟁을 일으킨 군국주의 일본이라는 국가 권력에 대해 분노가 치밀어 올랐다. 나카우치는 복무일이 조금 부족하여 군인 연금을 받을 수 없었지만 상이군인 대상자였기에 수속만 밟으면 수당을 받을 수 있었다. 하지만 그는 일부러 수속을 밟지 않았다. 무고한 젊은이들을 전쟁에 내몬 국가 권력에 대한 분노와 함께 산악 게릴라전에서 먼저 죽은 부하들을 생각하면 차마 수당을 받을 수 없었기 때문이다.

나카우치는 몇 번이나 열차를 갈아 탄 끝에 겨우 고베에 도착했다. 일본에서 미군의 공중 폭격 피해가 가장 심했다는 고베였으나 가족들은 무사했고 사카에 약국도 기적적으로 원형을 유지하고 있었다.

장남인 나카우치는 바로 가업인 약국을 도왔고, 얼마 후에는 고베의 중심지인 산노미야의 암시장에서 약품을 사입하는 일을 맡게 되었다. 당시 고베에는 일본 최대의 암시장이 형성되어 있었다. 나카우치는 약품뿐만 아니라 돈만 되면 무슨 제품이라도 사입하여 되파는 도매업에 종사했다. 여자와 마약 이외에는 다 다루었을 정도다. 그렇게 일본 최초의 종합양판점인 다이에를 열기 위한 자금이 조금씩 모아졌다. 1957년 9월 23일, 드디어 다이에 1호점이 오사카에서 개점되었다. 나카우치는 자신이 경험한 강렬한 원체험을 다이에 경영에서 엄청난 에너지로 발현했다. 나카우치가 겪은 원체험이 15년 후에 일본 최대의 소매기업을 탄생시킨 원동력이 된 것이다.

전쟁의 원체험과 다이에 경영의 상관관계

전쟁터에서 여러 차례 사선을 넘나들면서 뼈에 사무칠 정도로 느낀 전쟁의 부조리, 군국주의자와 국가 권력에 대한 분노, 동료와 부하조차 신뢰할 수 없을 정도의 극한상황에서 느낀 공포, 고향과 가족에 대한 그리움, 미군의 엄청난 병참 능력에 대한 두려움과 부러움 등 나카우치가 겪은 원체험이 훗날 다이에 경영에 어떤 영향을 미쳤을까? 이에 대해 필자는 다섯 가지로 정리해보았다. 이를 통해 '소매 창업 경영자 원체험설原體驗說', 소매업에서 창업 경영자, 특히 나중에 카리스마 경영자로 추앙받는 사람은 다정다감한 청년기에 상상을 초월하는 엄청난 원체험을 경험했기에 고속 성장이 가능했다는 가설을 설명하고자 한다.

첫째, 이길 수 없는 전쟁을 일으킨 군국주의의 절대 권력자에 대한 나카우치의 강렬한 반발심이 다이에를 창업한 후 유통경로의 절대 권력자로 부상한 과점 제조기업과의 투쟁에서 유감없이 발휘되었다는 점이다. 나카우치는 많은 부하들이 죽었지만 자신은 살아남았다는 죄책감과 군구주의에 대한 반감 때문에 일본 병사가 죽어서 신이 된다고 하여 위패와 유골을 모아 놓은 야스쿠니 신사에 한 번도 참배를 하러 간 적이 없다. 조국을 위해 태평양에서 산화한 뒤 야스쿠니에서 만나자라는 선전선동에 속아 용감한 병사일수록 빨리 죽고 비겁한 병사가 최후에 살아남았으며, 자신은 스스로 비겁했기 때문에 살아남았다고 자책했다.

일본병이 죽기 직전에 '천황폐하 만세'를 부르는 장면은 영화나 소설 속에서 자주 등장한다. 하지만 나카우치는 자신의 경험상 미군의 포탄에 맞아 정말 최후를 맞이하는 병사는 본능적으로 살려달라거나 그마저 불가능할 때는 어머니를 부른다고 했다. 만세를 부르는 경우는 그다지 상처가 깊지 않아서 죽지 않을 것을 알기에 훈장이나 승진을 노리고 하는 정치적 제스처라고 했다. 죽어가면서 '천황폐하 만세'를 외치는 병사는 전쟁을 미화하려는 군국주의자들이 만들어낸 이야기에 불과하다는 것이다.

이러한 나카우치의 군국주의에 대한 증오는 일본 유통경로의 절대적 권력자로 등장한 당시의 과점 제조기업들의 행동에 의해 다시 불붙었다. 다이에가 끊임없이 과점 제조기업과 대립과 갈등을 거듭한 근본 원인이 여기에 있는 것이다.

다이에가 사세를 확대하는 과정에서 절대과제는 소비자가 가장 필요로 하는 상품을 확보하는 것이었다. 하지만 다이에 초창기 때, 일본의 소비재 유통경로에서 정가보다 20% 정도 싸게 파는 다이에에 대해 불합리하게 상품 공급을 중단한 과점 제조기업이 비난을 받는 경우는 거의 없었다. 사농공상의 사회적 위계질서 속에서 과점 제조기업은 오히려 그 위력을 더해가는 절대 권력자였던 것이다. 전쟁을 일으킨 국가 권력에 대한 증오심은 전후 마케팅 전략의 일환으로 유통경로를 지배하고자 했던 과점 제조기업에 대한 거부감으로 변했고, 마침내 투쟁심을 불태우며 타도해야 할 대상으로 연결되었다. 다이에의 역사에서 가전 최대 제조기업인 마쓰시타전기(현 파나소닉), 일용잡화 최대 제조기업인 가오, 화장품 최대 제조기업인 시세이도, 음료 최대 제조기업인 산토리 등에게서 당한 출하 금지 조치와 소송 대결이 중요한 비중을 차지하는 이유가 여기에 있었다.

둘째, 전쟁에서 나카우치의 머리에 깊이 박힌 미군 병참(로지스틱스)에 대한 과도한 집착이 다이에 경영에 큰 영향을 미친 점이다. 필리핀에서의 게릴라 활동 중에 미군이 가지고 있던 엄청난 병참 능력에 충격을 받았기 때문에 다이에 경영에서 무엇보다 로지스틱스를 중요시했다. 그 결과 다이에는 일본의 종합양판점 업계에서 최초로 거대한 물류센터를 갖게 되었다. 1963년에 다이에는 고베와 오사카의 가운데에 위치하는 니시노미야에 본사 사옥을 짓고 여기에 식육가공센터와 배송센터를 두었다. 이 배송센터의 규모도 적지 않았지만 얼마 후 나카우치는 고베항의 매립지에 2만 9,200㎡의 고베 유통센터를 짓게 하였다.

당시 겨우 7개의 점포만 가지고 있던 다이에가 이런 거대한 규모의 물류센터를 가지게 된 것은 나카우치가 간사이 지방뿐만 아니라 일본 전역을 대상으로 한 내셔널 체인national chain을 목표로 했기 때문이다. 전쟁 당시 가솔린 한 방울이 피 한 방울보다 중요하다고 교육받은 나카우치는 전쟁터에서 아이스크림을 만들어 먹을 정도로 엄청난 병참 능력을 갖춘 미군에게 압도당해 절대로 미군에게 이길 수 없다는 것을 통감했다. 이 때문에 나카우치는 곧 시작될 일본의 유통전쟁에서 최후의 승자가 되기 위해서는 전선에 충분한 물자를 보급할 수 있는 대규모 물류센터를 확보하는 것이 중요하다고 인식한 것이다.

나카우치가 로지스틱스를 중시한 에피소드는 많지만, 1995년 1월에 고베 대지진이 발생했을 때의 대응은 압권이다. 당시 일본의 무라야마 내각이 사태조차 제대로 파악하지 못했을 때 나카우치는 다이에를 발상한 땅이며 동시에 많은 점포를 가지고 있던 고베의 상황을 바로 보고받을 수 있었다. 사태의 심각성을 인식한 나카우치는 전국의 다이에 점포에 대해 지진재해 시 필요한 각종 구호물자를 고속도로와 철도가 파괴되어 절해고도가 된 고베로 보낼 것을 지시함과 동시에 지진이 발생한 당일, 다이에 본사가 있는 도쿄 하마마치초에서 물자 보급 및 로지스틱스 관련 주요 간부사원들을 현지로 파견했다. 일본선주협회를 움직여 페리를 통해 해상 루트를 확보하는 한편, 자위대의 헬리콥터를 동원하여 지진 발생 시 가장 필요한 음료수와 식료품, 그리고 겨울 옷과 담요도 운송했다. 나카우치도 3일 후에 고베에 도착하여 무너진 각 점포를 돌면서 점원들의 사기를 진작시켰고 고베 시민들을 위해 무조건 점포를 열 것을 지시했다. 전쟁터에서 병참의 중요성을 누구보다 잘 아는 나카우치의 신속한 대응 조치로 인해 일본 정부보다 다이에가 고베 대지진에 대한 위기대응을 더 잘했다고 평가받을 정도였다. 이후 다이에는 고베 대지진으로 인한 점포 손상과 무모한 점포 재개로 인한 부작용 때문에 500억 엔의 순 손실을 입었고, 이는 다이에 퇴조의 큰 요인이 되었다.

셋째, 나카우치를 죽음의 문턱에서 돌아오게 해준 스키야키에 대한 특별함이 일본형 종합양판점의 성공을 불러온 점이다. 나카우치는 1959년에 고베 산노미야에 다이에 2호점을 열고 쇠고기를 팔기 시작했다. 당시 간사이 지방에서는 쇠고기가 비쌌기 때문에 닭고기나 돼지고기가 일반적이었다. 쇠고기는 그 당시에 가격이 싼 정육점도 100그램에 70엔, 비싼 정육점은 100엔 정도 했다. 나카우치는 산노미야점에서 쇠고기 100그램을 39엔이라는 파격적인 가격에 팔기 시작했다. 정육점 주인들이 도매상에 출하 금지를 요청하자 나카우치는 쇠고기를 한 마리씩 구입해서 직접 해체해서 팔았고, 나중에는 송아지를 구입해서 오키나와와 규슈의 목장에서 사육하기도 했다. '쇠고기를 공장에서 만드는 구상'을 실현한 것이다. 나중에 국내 송아지 가격이 급등하자 호주와 뉴질랜드를 돌아다니며 송아지를 싸게 구입하여 시드니 항에 집하시킨 후 전용선을 이용해 오키나와로 들어왔다. 오키나와에서 송아지를 사육하여 몸무게를 불린 후에는 도살하여 일본 본토로 운송했다.

나카우치가 쇠고기 판매에 그토록 정열을 쏟은 것은 물론 죽음에서 돌아오게 해준 스키야키에 대한 특별한 감정 때문이다. 결과적으로 이 쇠고기 판매로 인해 다이에의 매상고는 급격히 늘어났고, 이것이 다이에 급성장의 결정적인 계기가 되었다는 것은 일본에서는 잘 알려진 이야기이다.

여담이지만 일본에서는 원래 쇠고기를 먹는 것이 일반적이지 않았다. 다이에가 쇠고기의 대량 생산체제를 갖추면서 시작된 공격적인 출점 전략으로 인해 쇠고기를 먹는 것이 일반화되었다는 설이 제기될 정도이다. 다이에가 1년에 20개 정도의 점포를 출점하던 1970년대, 나카우치가 신규 점포를 불시에 방문할 때 가장 신경을 쓴 곳은 쇠고기 판매 코너였다. 특히 스키야키 시즌인 가을에 쇠고기와 두부, 대파와 간장이 별개 코너에서 팔리고 있으면 점장을 불러 열화와 같이 화를 내면서 특설 코너를 만들어 주부들이 구입하기 쉽게 하라고 지시했다는 에피소드는 지금도 소매기업의 제안판매기법으로 인용될 정도로 유명하다.

넷째, 나카우치가 과점 제조기업과의 전쟁에서 승리하는 것을 유통혁명으로 정의하고 소비자와 유통업자, 그리고 중소 제조기업으로 구성된 혁명동맹군의 결성을 서두른 점도 지적하지 않을 수 없다. 이 혁명동맹군 결성에 대해서는 나카우치가 1969년에 집필하여 19판까지 찍을 정도의 베스트셀러가 된 《나의 저가판매 철학》에 자세히 나와 있다. 이 책에 따르면 나카우치의 혁명사상은 모택동의 '항일 민족통일 전선 이론'에서 비롯되었다. 하지만 현실적인 원인은 일본 유통경로의 절대 권력자로, 다이에 같은 소매기업 위에 군림한 과점 제조기업에 대한 투쟁심에서 기인되었다는 것이 행간에서 느껴진다. 앞에서 언급한 부조리한 침략전쟁을 일으킨 군국주의의 절대 권력에 대한 증오의 대상이 전후 고도성장기의 유통 시스템에서 절대 권력자로 군림한 과점 제조기업으로 바뀐 것이다.

과점 제조기업을 타도해야 할 적으로 설정한 나카우치는 다이에와 동종의 종합양판점 업자들을 유통혁명의 주체로 인식했다. 또 중소 제조기업은 다이에의 초창기부터 강력히 실시했던 유통 자체 브랜드_{PB, Private Brand} 정책의 파트너로 설정했다. 최종적으로 소비자 주권의 소비 민주주의를 향유할 소비자는 유통혁명을 완수하기 위한 동지로 인식했다.

흥미로운 것은 소비자 동지라는 생각 때문인지 나카우치는 평생 소비자를 '고객'이라고 한 적이 없었다는 점이다. 동지인 소비자를 고객이라고 부르면 상하관계에 얽매이기 때문에 그런 영합적인 호칭을 가급적 쓰지 않았다. 때로는 나카우치의 유통혁명을 이해하지 못하고 과점 제조기업의 가격 정책을 비판하지 않는 소비자를 원망하기도 했다. 1964년 창간된 지 얼마되지 않은 유명한 유통 관련 잡지인 《판매 혁신》에 게재된 글에 나카우치의 그러한 인식이 묻어 있다.

나는 십자가를 지고 있다. 소비자의 풍요로움을 원하고 소비자를 기쁘게 하는 것만을 생각하면서 그것을 실천하기 위해 노력하고 있지만, 소비자는 가끔 우리를 외면한다. 소비자를 위해서라고 생각한 일들을 지지해주지 않고 등을 돌린다. 그때는 하늘을 우러러 "오, 신이여!"라며 탄식할 뿐이다.

나카우치는 자신이 주동하는 유통혁명을 방해하는 과점 제조기업 세력뿐만 아니라 과점 제조기업과 일종의 묵계를 맺고 얌전한 소매업에 안주하고 있던 동종 기업에 대해서도 섬뜩할 정도의 적개심을 드러냈다.

1969년, 이토요카도와 세이유의 본거지인 도쿄를 공략하기 위해 도쿄 주변을 무지개 형태로 무차별 출점하는 '수도권 레인보우 작전'을 진두지휘하던 나카우치는 마치 전장의 최전선에 선 장수처럼 "적의 점포를 한 곳도 남기지 말고 다 때려 부수라"고 부하직원들을 질타했다. 나카우치는 '컷 스로트 컴피티션Cut throat competition' 이라는 표현을 자주 사용하면서 경쟁 점포를 고사시킬 것을 명령했다. 이것은 '극렬한 경쟁'이라고 번역되지만, 적의 목을 자를 때까지 절대로 공격을 멈추지 않는다는 섬뜩한 내용을 내포하고 있다.

엄청난 자금이 들어간 도쿄 입성은 훗날 다이에의 확대 경영과 차입금 경영의 출발점이 되었다고 평가된다. 당시 일본의 소매업이 지역 소비자들의 사랑과 관심을 영양분으로 흡수하면서 살아야 한다는 식물적 경영을 대전제로 하고 있었던 것에 반해 다이에는 체인형 경영을 중심으로 공격적이고 도발적인 동물적 경영으로 기어를 바꾸어 일본 소매 경영의 패러다임을 바꾸었다는 평가를 받았다. 소비자들은 이렇게 호전적인 나카우치의 의지가 반영된 다이에 점포를 처음에는 지지했지만 나중에는 황량함을 느끼며 멀리하게 된다.

다섯째, 나카우치는 전쟁터에서 겪은 처절한 경험 때문에 사람을 믿지 못하게 되었고, 그로 인해 후계자 선정에서 결정적인 실책을 범하게 되었다는 점도 거론해야 할 것이다. 나카우치의 전후 출발의 원점은 잠들면 부하에게 당할지도 모른다는 극도의 인간 불신에서 시작되었다. 죽은 동료의 군화를 빗물에 불려서 씹어 먹고 독초일지도 모르는 풀을 뜯어 먹을 정도였던 아사 직전의 게릴라 시절, 나카우치는 매일 밤 잠이 들면 극도의 굶주림 때문에 동료들에게 죽임을 당해 자신의 살점이 뜯어 먹히지 않을까 두려워했다.

이것이 나카우치가 사람을 믿지 못하게 된 트라우마가 되었다. 다이에 전성기 때는 좋은 대우와 유망성 때문에 일류대학의 졸업생들이 쇄도하여 뛰어난 인재들이 넘쳤다. 하지만 인간 불신에 빠져 있던 나카우치는 유능한 부하들 중에서 자신의 후계자를 키우지 않았다. 게릴라전에서 부하들을 두려워했듯이 결국 자신이 세운 다이에에서조차도 부하들을 믿지 못해 자신의 장남을 후계자로 택하려 했다. 결국 다이에에서 나카우치라는 위대한 경영자에게 전문 경영기법을 배우고 승승장구하던 간부사원들이 어느 날 갑자기 한직이나 방계회사로 추방되는 사례가 비일비재하였다. 자의나 타의로 다이에를 벗어난 뛰어난 부하들은 나카우치에게 배운 소매기업의 노하우를 살려 다른 종합양판점 기업이나 슈퍼마켓의 최고경영자가 되어 일본 전역에서 다이에와 경쟁하게 되었다. 이렇듯 나카우치의 인간 불신과 후계자 선정의 실패는 다이에 제국이 몰락하는 데 가장 큰 원인이 되었다.

카리스마 경영자를
독재적 경영자로 변모시킨 트라우마

다이에 몰락 원인이 된 원체험

나카우치가 창업한 다이에는 1972년에 일본 최대의 소매기업이 되었고 전성기인 1990년대 중반에는 다이에 단독 재무제표로 2조 5,000억 엔의 매상고, 연결 재무제표로 5조 엔의 매상고를 달성했다. 이러한 다이에 대약진의 원인을 나카우치가 겪은 태평양전쟁이라는 원체험에 환원시켜 필자 나름대로 그 인과관계를 설명했다.

이와 동시에 다이에 실패의 원인도 다름 아닌 나카우치의 원체험에 기인한다는 사실을 독자들도 느꼈을 것이다. 7번 다시 태어나도 유통혁명을 성취하겠다고 역설하면서 건실한 기업 경영보다 유통혁명론을 전면에 내세웠던 나카우치는 천문학적인 부채와 경영 악화의 책임을 지고 2001년 1월 다이에의 모든 직책에서 물러났다. 다이에도 2004년 말 경영 파탄 직전에 산업재생기구의 지원으로 겨우 연명할 수 있었다. 나카우치는 원체험에 의해 다이에를 일본 최대의 소매기업으로 만들었으나 원체험의 딜레마로 인해 다이에를 실질적인 파탄의 길로 이끌고 만 것이다.

다이에를 떠나고 모든 사회적 지위를 벗어던짐으로써 자유로워진 나카우치는 사재를 털어서 세운 유통과학대학에 매일 모습을 나타냈다. 유통과학대학의 이사장인 동시에 비상근 강사로 가끔씩 교단에 서던 나카우치의 얼굴에서 비로소 소년 같은 표정을 볼 수 있었다. 일본의 물가를 절반으로 만들겠다고 사자후를 토하던 나카우치의 입에서는 더 이상 유통혁명과 절대 권력과의 투쟁에 대한 말이 나오지 않았다.

2005년 9월, 나카우치는 숨을 거두었다. 나카우치의 치열한 전쟁은 드디어 끝났지만 과점 제조기업의 유통 지배의 의도는 여전하고, 또

일본 유통과학대학을 거닐던 나카우치

소비자 물가도 여전히 높은 일본의 현실을 고려하면 나카우치는 저승에서도 아직 일본의 유통혁명은 끝나지 않았다고 말하고 있을지 모르겠다. 지금은 절반의 성공으로 끝난 유통혁명의 완성을 위해 나카우치에게 직간접으로 많은 것을 배운 나카우치의 후예들이 일본의 유통현장을 동분서주하고 있다.

카리스마 경영의 방법론

마지막으로 카리스마 경영자가 독재자가 아닌 성공한 경영자가 될 수 있는 방법론에 대해 간단히 언급하면서 이번 장을 마치기로 하겠다.

카리스마 경영자와 독재적 경영자는 종이 한 장의 차이로 그 구별이 쉽지 않다. 지금까지 보아왔듯이 소매경영자의 강렬한 원체험은 카리스마 경영자의 전제조건인 것이 분명하다. 그러나 이 원체험이 트라우마로 변하면 카리스마 경영자는 독재적 경영자로 전락해버린다. 물론 원체험을 승화할 수 있는 방법에 대해서 학식이 얕은 필자로서는 정답을 내놓지 못한다. 다만, 일본 소매기업의 창업자들을 분석한 일반 논리로 심복의 부재, 은퇴시기의 지연, 후계자 선정의 실패를 지적할 수 있겠다. 따라서 카리스마 경영자를 견제할 수 있는 유능한 간부와 스텝들을 주위에 중용하고, 은퇴시기를 주지시켜 차세대 경영자를 복수 부상시키며, 그중에서 모두가 인정하는 유능하고 신뢰받는 이를 후계자로 지정하는 것이 카리스마 경영자를 연착륙시키는 방안이 아닐까 한다. 너무나 일반적인 결론이지만 단순명쾌함이 최상의 방책이 되기도 하는 것이다.

잃어버린 10년,
살아남기 위한
새로운 경영 모델

불황을 타개할 수 있는 힘, 상생 경영

일본 경영의 신들의 만남

1975년 어느 날, 마쓰시타전기(2008년 10월 파나소닉으로 변경)의 영빈관으로 이용되던 교토 히가시야마의 산기슭에 있는 5,000㎡의 광대한 신신암. 마쓰시타전기의 창업자이자 당시 일본 경영의 살아 있는 신으로 추앙받던 마쓰시타 고노스케는 신신암의 정원에서 하얀 자갈길과 짙은 초록의 이끼밭에 정성스럽게 우치미즈를 하고 있었다. '우치미즈'란 더운 날 방문하는 손님이 시원하도록 집 앞의 길이나 정원에 물을 뿌리는 일본의 전통인데, 일본 최대 가전기업의 총수인 마쓰시타가 손수 우치미즈를 하는 것은 아주 특별한 손님을 초대했기 때문이다. 마쓰시타가 초대한 손님은 3년 전인 1972년 당시 최대 소매기업이던 백화점 업계의 미쓰코시를 누르고 일본 소매업계 최대 기업으로 등극한 종합양판점의 선구자 다이에의 사장 나카우치 이사오였다. 마쓰시타는 나카우치를 신신암의 차실로 안내해 손수 차를 만들어주며 경영과는 상관없는 세상 이야기를 나누었다. 밖에는 조용히 비가 내리고 있었다. 이윽고 나카우치가 집으로 돌아가려 서두르자, 마쓰시타는 우산을 펴고 신신암의 입구까지 바래다주었다. 그리고 조용히 이렇게 말했다.

"이제 회사가 이렇게까지 크게 됐으니 댁도 이제부터 패도覇道가 아니라 왕도王道를 걷는 것이 어떻겠소?"

본래 무뚝뚝한 나카우치는 고개만 끄덕였을 뿐 아무런 대꾸도 하지 않고 신신암을 뒤로 했다. 비 내리는 신신암을 배경으로 한 한 폭의 수묵화 같은 풍경이었지만, 헤어진 두 사람의 마음속에는 오히려 화염과 같은 것이 뜨겁게 타오르고 있었다. 두 사람이 다시 만난 것은 그로부터 십수 년이 지나 1989년, 마쓰시타가 94세의 나이로 타계하여 나카우치가 문상차 찾아갔을 때였다. 일본 경영의 신화적인 존재로 두고두고 인구에 회자되었던 두 사람은 간사이 지방의 중심도시인 오사카와 고베라는 아주 가까운 거리에서 각각 일본 최대의 가전기업과 소매기업을 이끌면서도 살아서 딱 한 번, 그리고 마쓰시타가 타계한 후 다시 한 번 만나는 데 그쳤다.

마쓰시타전기에 도전장을 내민
다이에의 가격파괴 전략

왕도와 패도

마쓰시타가 나카우치에게 설파한 왕도와 패도는 중국 춘추전국시대에 맹자가 주창한 것으로 알려져 있다. 패도란 권력자가 자신의 목적을 달성하기 위해 무력을 사용하는 것이고, 왕도는 권력자가 백성들이 원하는 것을 직시하고 실현하기 위해서는 무력보다 인애仁愛를 중시해야 한다는 것이다. 중국 고대의 성군들은 왕도를 추구했지만 나중에 불행한 최후를 맞은 제후들은 패도를 추구했다. 일본의 역대 경영자 중 가장 박식하다는 평가를 받았고 공자부터 모택동까지 중국사에 정통한 나카우치가 패도를 지양하고 왕도를 추구하라는 마쓰시타의 속뜻을 모를 리 없었을 것이다.

마쓰시타와 나카우치, 두 사람의 생애 단 한 번의 만남을 이해하기 위해서는 도쿄 올림픽이 열렸던 1964년으로 시계바늘을 돌려야 한다.

당시 일본은 1962년에 실시한 금융긴축정책의 영향 등으로 인해 올림픽 반동 불황을 겪고 있었다. 이 시기에 마쓰시타전기와 다이에 모두 사운을 걸고 움직였다. 당시의 상황을 사사社史, 기업소설, 신문 등 여러 가지 자료를 통해 재현해보자.

아타미 회담 개최와 마쓰시타의 경영 복귀

1960년대 들어와 급작스럽게 찾아온 올림픽 반동 불황의 여파로 가전 유통업계는 엄청난 혼란에 빠졌다. 유통 채널 전체에 재고가 넘치면서 업체 간에 사활을 건 가격 경쟁cut-throat price competition이 횡행했다. 철의 결속을 뽐내던 마쓰시타전기의 유통 계열 내의 도매와 소매단계도 소모적인 가격 인하 경쟁에 말려들어갔다.

마쓰시타전기의 사사에도 이때가 창사 이래 최대의 위기상황이었다고 적혀 있는데, 1959년에 회장이 되어 실질적으로 은퇴 상태에 있던 창업자 마쓰시타는 사태의 심각성을 감지했다. 그는 오랫만에 마쓰시타전기에 출근하여 상황을 파악한 후 1964년 7월, 전국의 판매회사와 대리점의 사장 170명을 온천지로 유명한 아타미의 여관으로 초대하여 간담회를 개최하기에 이르렀다. 훗날 일본의 경영사에서 마쓰시타전기가 최대의 경영 위기를 극복했을 뿐 아니라 세계적인 회사로 웅비할 준비를 하는 계기가 된 '아타미 회담'이 개최된 것이다.

마쓰시타는 사원들과 여관 직원들에게 전국에서 온 170명의 거래처 사장들의 얼굴이 잘 보이도록 의자 배치까지 일일이 지시했다. 하지만 간담회는 거의 싸움판이나 다름 없을 정도로 험악한 분위기가 되었다.

그럴 수밖에 없는 것이, 170개 중 그런 대로 이익을 내고 있는 도매상
은 20개 정도에 불과했기 때문이다. 계열 도매상들은 마쓰시타전기의
무책임한 과잉 생산을 도마에 올렸고, 마쓰시타전기 측은 계열 도매상
의 판매 자세가 문제라고 응수했다. 본래 간담회는 이틀 동안 진행될
예정이었다. 하지만 이틀째 아침 9시에 시작된 간담회는 오후 4시가
되어도 결론이 나기는커녕 한층 논쟁이 격렬해져 하루를 더 연장하게
되었다. 사흘째 정오쯤, 여전히 험악한 논쟁이 계속되고 있던 중에 마
쓰시타가 분연히 일어났다. 그리고 머리를 숙이고 깊이 사죄했다.

이틀 동안 여러분의 불만을 모두 잘 들었습니다. 저나 임직원들이 여러
가지 문제를 여러분 탓으로 지적하기도 했습니다만, 결론적으로 모든
것이 저희들의 잘못입니다. 창업 초기 무명이었던 폐사가 처음으로 전
구를 만들어 정가대로 팔아주십사 하고 부탁드렸을 때, 여러분이 열심
히 팔아준 덕에 내셔널이라는 브랜드가 전국적으로 알려지면서 폐사가
성장의 계기를 마련할 수 있었습니다. 오늘의 마쓰시타전기가 있게 된
것은 여러분 덕택입니다. 더 이상 변명하지 않고 심기일전하여 여러분
이 안정된 경영을 하실 수 있는 방안을 강구토록 최선을 다하겠습니다.

간담회의 사회자를 자청한 탓에 70세의 노구임에도 불구하고 이틀
동안 연속 13시간이나 서 있으면서도 조금도 자세를 흐트러뜨리지 않
았던 마쓰시타였다. 하지만 사죄의 변을 토로하는 그의 목은 어느새
잠기고 눈에는 눈물이 고였다. 장내가 일순 정적에 잠겼고, 한 사람 두
사람 손수건을 꺼내 눈물을 훔치기 시작했다. 그토록 서로를 매도하며

상대방의 책임을 묻던 간담회의 분위기가 일시에 바뀌었다. 나중에는 모든 참가자가 서로 부둥켜 안고 눈물을 흘리면서 모두가 마쓰시타전 기의 가족으로서 앞으로 잘해보자고 다짐했다.

마쓰시타는 아타미에서 오사카로 돌아온 한 달 후 영업본부장 대행 에 취임했고, 각 언론들은 일제히 이를 보도했다. 마쓰시타는 간담회에 서 약속한 대로 제조기업으로서의 마쓰시타전기와 계열 도매상과 소매 상이 공존공영을 도모할 수 있도록 한다는 취지의 '신판매제도'를 제시 했다. 이 신판매제도의 주요한 내용에는 자사의 계열 내에서는 결코 가 격 인하 경쟁이 재발하지 않도록 하는 항목들이 많이 포함되어 있었다.

결과적으로 계열 도매상과 소매상들은 가족처럼 신뢰하는 관계가 되었고, 마쓰시타전기의 상품을 정가로 팔게 되면서 제조기업과 계열 도매상과 소매상이 함께 적정 이윤을 얻을 수 있게 되어 공존공영이 가능하다는 마쓰시타전기의 경영 이념을 공유하게 되었다.

평화를 깨뜨린 다이에의 내셔널 TV 판매

마쓰시타전기의 상품이 유통 단계에서 정가대로 판매되는 것을 보면 서 마쓰시타는 겨우 안도의 한숨을 쉴 수 있었다. 하지만 천신만고 끝 에 겨우 찾은 마쓰시타전기와 계열 도매상과 소매상 간의 공존공영 관 계를 뿌리째 뒤흔드는 사건이 발생했다. 고베를 본거지로 하는 신흥 종합양판점 다이에가 마쓰시타전기의 14인치 내셔널 컬러 TV를 파격 적인 가격으로 판매한 것이다.

마쓰시타전기는 1959년 당시의 황태자(현재의 천황)의 결혼식에 맞추

어 자사의 모든 기술적 역량을 결집해 만든 14인치 컬러 TV를 시장에
내놓았다. 마쓰시타가 설정한 정가는 10만 엔이었다. 당시 대졸 사원
의 월급이 1만 2,000엔 정도였던 것을 감안하면 상당한 고가 상품이었
지만 가전 소매점에서는 품절될 정도로 상품이 잘 팔렸다. 불황으로
다른 가전상품이 저가 판매될 때도 이 혁신적인 신상품은 그다지 영향
을 받지 않았다. 내셔널 컬러 TV는 마쓰시타전기로서도, 계열 도매상
과 소매상 모두 이익을 얻을 수 있는 너무나 중요한 전략 상품이었다.
그런데 이 컬러 TV를 다이에가 정가인 10만 엔보다 2만 엔이나 싸게
팔기 시작했던 것이다.

이 소식을 들은 마쓰시타는 격분했다. 다이에가 2만 엔이나 싸게 팔
게 되면 우선은 마쓰시타전기 상품만을 주로 파는 계열 소매상들이 상
품을 판매하는 것이 힘들어지게 되는 것은 불을 보듯 뻔했다. 그렇게
되면 소매상들은 도매상들에게 내셔널 컬러 TV의 사입 가격을 인하해
달라고 요구하게 될 것이다. 더 나아가 다이에의 저가 공세에 살아남
기 위해 소매상이 가격을 인하하는 경우도 나타나고, 도매 단계에서도
이에 부응하여 출하 가격을 인하하려 할 것이다. 경영이 힘들어지게
되면 계열 소매상과 도매상은 마쓰시타전기 측에 상품의 정가가 적정
한가에 대한 책임을 물을 것이다. 마쓰시타가 걱정한 이 악몽 같은 시
나리오는 아타미 회담 이후 겨우 찾아온 평화가 다시 무너지는 것을
의미했다. 결국 그러한 조짐이 나타나기 시작했다. 마쓰시타로서는 어
떤 수단을 동원하더라도 다이에의 저가 판매를 저지해야 했다.

한편 다이에의 나카우치에게 내셔널 컬러 TV의 저가 판매는 천재
일우의 비즈니스 찬스였다. 본래 약품과 화장품을 파는 약국에서 시작

된 다이에는 바나나, 사과, 쇠고기 등 당시 소비자들이 가정에서 가장 필요로 하는 식품을 다루면서 급속하게 상품 구색을 넓혀갔다. 특히 1963년, 나카우치의 고향인 고베의 중심지 산노미야에 출점한 점포를 주목해야 한다. 이 점포는 일본 최초의 SSDDS Self Service Discount Department Store로 불린다. 직역하면 '셀프 서비스의 저가 백화점'이 되는데, 일본 최초로 슈퍼마켓과 전문점을 합친 업태로, 현재의 도심형 쇼핑센터에 가깝다. 이 점포는 지상 6층, 지하 1층에 총 면적 8,600㎡(매장 면적 약 5,700㎡)로 당시에는 엄청난 규모였다. 지하 1층은 신선식품, 1층은 식료품, 2층은 의류상품, 3층은 보석, 레코드, 카메라 등의 전문품, 4층에 문구완구 상품, 5층은 부인복 등의 상품을 팔았다. 하지만 나카우치는 상품 구색에서 무엇인가 부족하다고 생각했다.

그때 나카우치의 눈에 들어온 것이 마쓰시타전기가 심혈을 기울여 시장에 내놓은 내셔널 컬러 TV였다. 나카우치는 이 혁신적인 상품을 새로운 점포에서 저가로 판매하면 자사의 스토어 브랜드를 확실하게 전국에 알릴 수 있게 될 것이라고 판단했다. 마침 다이에는 1964년 1월에 도쿄에서 4개 점포를 운영하고 있는 잇토쿠라는 슈퍼마켓 기업을 매수한 상태였다. 적자가 나더리도 내셔널 컬러 TV를 저가로 판매하여 다이에를 전국구 소매기업으로 발돋움시키고 전국을 제패하겠다는 나카우치의 야망이 시작되었다.

마쓰시타전기와
다이에의 30년 전쟁

마쓰시타전기와 다이에의 전면전

물론 마쓰시타는 이 사태를 방관할 수 없었다. 다이에의 본거지인 고베는 마쓰시타전기의 계열 도매상과 소매상이 많은 곳이기도 했다. 오사카와 고베는 전철로 1시간도 떨어져 있지 않은 곳이기에 고베는 마쓰시타전기의 앞마당이나 다름없었다. 당시 이미 일본 최대의 가전기업이 된 마쓰시타전기로서는 계열 내외의 도매상들에게 앞으로 다이에에 대해 모든 내셔널 상품을 출하하지 말라고 전달하는 것만으로도 충분히 사태를 수습할 수 있다고 생각했다. 1964년 말 당시 다이에는 점포 20개에 매상고는 266억 엔에 불과한 신흥 기업에 불과했기 때문이다. 실제로 도매상들은 일본 소비자들의 지지도가 높은 마쓰시타전기로부터 상품 사입이 막히는 것이 두려워 다이에에 상품을 출하하지 않을 수밖에 없었다.

그러나 잠자코 있을 나카우치가 아니었다. 오사카와 고베의 가전 도매상들이 줄줄이 출하를 거부하는 상황에 분노한 나카우치는 이후 유명해진 암행暗行을 시작했다. 나카우치는 다이에의 영업시간이 끝나면 바로 야간열차를 타고 마쓰시타전기의 감시가 소홀한 규슈와 도호쿠 지방까지 가서 현지의 도매상들에게 현금을 주고 마쓰시타전기의 상품을 발주했다. 그리하여 마쓰시타전기의 방해공작에도 불구하고 다이에 점포에는 내셔널 컬러 TV를 비롯한 마쓰시타전기의 상품들이 진열될 수 있었다.

그러자 마쓰시타전기는 더욱 더 교묘한 방법으로 다이에를 견제하기 시작했다. 마쓰시타전기의 사원들이 다이에에 가서 내셔널 컬러 TV를 송두리째 구입하기도 했고, 나중에는 내셔널 컬러 TV의 이면에 육안으로 판별할 수 없는 블랙넘버를 새겨 넣어 어느 지역의 어떤 도매상이 다이에에 납품했는지를 감시하기도 했다. 이에 격분한 나카우치는 1967년에 아타미 회담 이후 마쓰시타전기의 일련의 행위들을 ‘독금법의 재판매가격유지’ 행위로 공정거래위원회에 고발했다. 마쓰시타전기는 공정위로부터 폐지 권고를 받았지만 유통 질서의 유지를 명분으로 즉각 거부했다.

한편 고베를 중심으로 하는 소비자단체도 다이에를 지지하면서 마쓰시타전기에 대한 불매운동이 벌어졌고, 마침내 1970년 10월에 공정위는 마쓰시타전기에 대해 배제 명령을 내렸다. 다이에가 전면 승소한 것이다. 천하의 마쓰시타전기를 한판승으로 이긴 다이에의 이름은 전국에 알려졌고, 이후 다이에의 쾌속 진격이 시작되었다.

30년간 지속된 전쟁

하지만 상대는 역시 천하의 마쓰시타전기였다. 재판에 지긴 했지만 계속해서 다이에에 상품을 출하하는 것을 교묘하게 방해했다. 이에 격분한 나카우치는 1971년 9월에 중견 가전 제조기업인 크라운에게 PB 컬러 TV인 '부부'를 만들게 하여 이를 저가에 판매했다. 이때 다이에는 크라운에 대해 자본 제휴를 제안했고, 1972년에는 완전히 다이에 계열에 편입시켰다. 두말할 나위도 없이 나카우치는 다이에 점포의 가전 코너에서 마쓰시타전기의 상품을 더 이상 판매하지 않았다. 다이에의 명성은 널리 알려져 마침내 1972년에 일본 최대의 소매기업이 되었다.

이런 과정을 거쳐 다이에 점포에서는 마쓰시타전기의 상품을 판매하지 않게 되었다. 이런 나카우치의 행동에 대해 마쓰시타도 참지 않았다. 1981년에 마쓰시타전기의 상품을 팔고 있던 유니드와 규슈 다이에가 합병해 유니드 다이에가 됐는데, 마쓰시타전기는 다음 해 1월에 이 회사에 대해서도 상품 공급을 정지했다.

한편 다이에의 PB 컬러 TV 제품인 '부부'는 마쓰시타전기 같은 전업 가전기업이 만드는 NB_{National Brand} 제품의 성능에 미치지 못해 결국 소비자의 외면을 받게 되었다. 불량 재고가 늘어나면서 다이에의 재무 상황을 압박하자 다이에는 1983년에 '부부'를 생산해온 크라운에서 철수하고, 보유하고 있던 크라운 주식마저 매각하고 말았다.

1989년, 94세의 나이로 마쓰시타 고노스케가 세상을 떠나자 양사 간에 화해의 분위기가 만들어졌다. 1994년에 욱일승천하던 다이에가 주지쓰야, 유니도 다이에, 다이하나를 흡수 합병함으로써 마쓰시타전기와 주지쓰야의 가전상품 거래도 계승하게 되었다. 양사는 물론 마쓰시타전기와 거래하고 있었고, 마쓰시타전기는 더 이상 다이에에 대한 출하를 금지하지 않았다.

마침내 1995년 12월, 다이에 사장인 나카우치와 마쓰시타전기의 회장인 마쓰시타 마사하루가 영수회담을 열었다. 마쓰시타 고노스케의 데릴사위였던 마사하루는 더 이상 장인의 눈치를 볼 필요가 없어지자 나카우치와의 회담에 앞장섰다. 양사가 전면 화해하게 되었다는 뉴스는 언론에 크게 보도되었다. 양사는 1996년 4월부터 정식 거래를 시작하여 구舊 주지쓰야의 34개 점포에 한정되어 있던 마쓰시타전기의 상품 판매를 다이에의 245개 전 점포로 확대한다고 발표했다. 과점 제조기업과 대형 소매기업 간의 수직적인 갈등 관계를 가장 극명하게 노출하면서 무려 30년 동안이나 정식 거래를 회피하며 대치한 소위 '30년 전쟁'은 이렇게 막을 내렸다.

세계적인 가전 제조기업인 마쓰시타전기와 유통혁명의 기수였던 다이에를 중심으로 정부 측의 공정거래위원회, 물가 상승을 우려하여 다이에를 지지한 소비자단체, 제조기업 측의 유통 계열화에 편입된 유통기업, 유통기업 측의 PB 상품 생산을 맡게 된 하청 제조기업 등 제판製販 관계의 모든 당사자가 총출동한 30년 전쟁은 일본 유통 채널의 역사에서 오랫동안 인구에 회자되어왔고, 앞으로도 그럴 것이다.

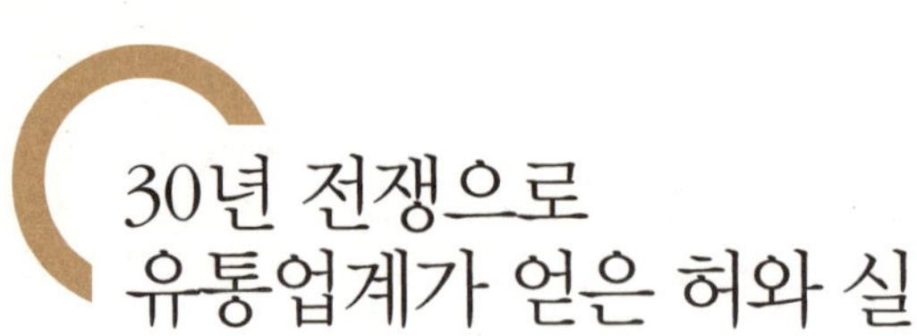

30년 전쟁으로
유통업계가 얻은 허와 실

제조기업과 소매기업의 협력과 대립

지금까지 이번 장의 처음에 등장한, 두 걸출한 경영자가 비 오는 교토의 신신암에서 만났던 비화의 배경에 대해 상세하게 설명했다. 당시 양사는 오사카와 고베라는 간사이의 중심도시를 발상지로 하여 각각 일본 최대 가전 제조기업과 대형 소매기업으로 급속하게 사세를 확장하고 있었다. 두 사람이 제조기업과 소매기업 간의 수직적 분업을 전제로 하는 마케팅을 교과서적으로 판단했다면 양사는 더할 나위 없는 협력관계를 쌓을 수 있었을 것이다.

실제로 마쓰시타가 한창 젊은 나카우치를 일부러 초대한 것은 간사이 출신의 양사가 협력관계를 쌓을 계기를 만들기 위해서였다. 그 때문에 언제까지나 적을 찾아 전쟁터를 배회하는 패도가 아니라, 최고의 제조기업과 소매기업으로서 힘을 합쳐 거래처와 소비자에게 안심을 주는 왕도를 걷지 않겠는가 하고 제안했던 것이다. 마쓰시타는 나카우치가 자사 상품을 저가 판매하는 수법이 패도 경영의 일환에 불과하다고 인식했기 때문에 은연중에 나카우치의 경영 자세를 질타했다. 정가 판매를 통해 계열의 도매상과 소매상이 적정 이윤을 얻는 공존공영 정신을 중시하는 마쓰시타로서는 비상식적인 저가 판매로 마쓰시타전기와 계열 간의 결속을 방해하는 나카우치가 패도를 걷는 경영자로 보였던 것이다.

하지만 나카우치는 마쓰시타의 질타에 대해 고개만 끄덕였을 뿐 아무런 대답도 하지 않았다. 이후 나카우치는 대선배로서 마쓰시타에 대한 존경심은 변치 않았지만 왕도를 걸을 생각은 전혀 없다고 천명했다. 일본의 유통혁명을 이루기 위해서는 설령 패도를 걸었다는 평가를 받더라도 할 수 없다고 생각했다.

나카우치는 과점 제조기업이 막강한 파워, 특히 가격결정권을 마음대로 행사하는 유통 지배의 구조에서 소비자가 주인이 되는 소비자 주권 사회를 위해 소비자의 구매 대리인인 대형 소매기업이 가격결정권을 갖는 것을 유통혁명으로 정의했다. 나카우치는 마쓰시타가 주장하는 공존공영은 소비자가 주인이 되는 유통혁명이 완성된 후 찾아오는 것이 아니냐고 반문하고 싶었을 것이다. 그는 대형 소매기업이 설령 무력을 사용한다고 비판받더라도 소비자를 위해 과점 제조기업에 대해 바잉 파워buying power를 발휘할 수밖에 없다고 생각했다. 이후 마쓰시타전기와 다이에 양사는 30년에 걸쳐 한 치의 양보도 없는 대립관계를 견지하게 된다.

30년 전쟁의 교훈과 제판동맹

양사의 30년 전쟁이 끝난 것을 단지 마쓰시타가 사망한 후 시간이 흘렀다는 이유만으로 설명하는 것은 지나치게 단순하다. 무엇보다도 1990년대에 들어와 가전상품은 불황에 허덕였는데, 이를 위한 타개책으로 가전 제조기업들은 유통 계열화를 전면적으로 조정할 필요가 있었다는 점을 주목해야 한다. 마쓰시타전기는 가전업계뿐만 아니라 일본 산업 전체의 유통 계열화의 선구자로 일컬어졌고 여전히 가장 심도 깊은 유통 계열화 정책을 견지했다고 평가받았다. 하지만 중소 도매상과 소매상으로 구성된 자사의 유통 계열화를 전면적으로 개편하여 점진적이긴 하나 계열 소매점의 축소를 단행했다. 적대적 관계였던 다이에는 1990년대 중반에 가전상품의 연간 매출액이 2,000억 엔이나 되는 일본 최대의 가전상품 판매처였기에 마쓰시타전기로서는 더 이상의 거래 중지를 방관할 수 없었다. 마찬가지로 다이에도 최대의 가전 제조기업과의 거래 정상화를 서두르지 않을 수 없었다. 30년 전쟁은 이러한 배경을 업고 끝나게 된 것이다.

한편 2000년대에 들어와 디지털 가전붐으로 인해 가전상품의 호황을 맞이하기 전까지 계속된 대불황의 여파로 다른 가전 제조기업들도 마쓰시타전기 이상으로 서둘러서 유통 계열화의 축소를 실행하였다. 가전 제조기업들은 종합양판점뿐만 아니라 종래 애서 무시했던 대형 가전 소매기업 및 가전 디스카운트 스토어와의 거래도 강화하기 시작했다. 덧붙여 가전업계뿐만 아니라 다른 업계도 기본적으로 동일한 구도를 보이고 있었다. 1990년대에 들어와서 일본의 유통 채널에서는 대형 제조기업과 소매기업 간의 대립관계를 내포할 수밖에 없는 유통 계열화보다 대형 제조기업과 소매기업의 파트너십을 강조하는 제판동맹 製販同盟을 강조하는 경향이 현저해졌다. 본격적인 제판동맹의 시대가 열린 것이다.

결과적으로 일본 최대의 소매기업과 가전 제조기업 간에 벌어진 30년 전쟁 즉, 소모적인 제판대립 製販對立의 후유증은 너무나 컸다. 실제로 다이에는 일본 최대의 가전상품 판매처라고는 하나 소비자 선호도가 가장 높은 마쓰시타전기의 상품을 30년 동안이나 팔지 못함으로써 매장의 매력을 상당 부분 떨어뜨렸다. 다이에는 화장품 최대 제조기업인 시세이도, 일용잡화 최대 제조기업인 가오, 음료 최대 제조기업인 산토리 등 그 밖의 소비재 분야의 최대 제조기업과도 비슷한 제판대립에 말려들었다. 이러한 제판대립과 그 밖의 여러 가지 경영 실패로 인해 다이에는 1990년대 중반 이후 경영이 악화되었고, 2001년 1월에는 창업자인 나카우치가 경영 부진의 책임을 지고 퇴진하기에 이르렀다. 2003년 6월에 다이에는 경영 부진을 타개하기 위해 가전 부문을 포기하고 가전 판매에서 철수하였고, 2004년 10월 마침내 산업재생기구에 지원을 요청하게 되었다. 2006년 10월에는 이온이 다이에의 주식을 가지게 되면서 굴욕적인 제휴관계에 돌입하게 되었다.

한편 마쓰시타전기도 일본 최대의 소매기업에 상품을 출하하지 못하면서 기업의 내부가 약화되었다. 늦게나마 다이에와의 정상 거래에 돌입했지만 변덕스러운 소비자들은 이미 다른 제조기업의 상품을 더 많이 지지하게 된 상태였다. 또 모든 카테고리의 상품을 다루는 다이에 같은 종합양판점보다 모든 가전상품을 싸게 판매하는 가전 전문 양판점의 시대가 열리고 있었다.

마쓰시타전기도 부득이하게 다른 가전 제조기업과 마찬가지로 제판 동맹의 대상을 야마다전기 및 요도바시 카메라 등의 초대형 가전양판 점이나 가전 디스카운트 스토어로 바꾸고 있다. 그러나 다이에와의 소모적인 30년 전쟁의 여파로 채널 전략에 중대한 실책을 범한 후유증에 시달려야 했고, 2000년대에 들어와서는 일시적으로 가전 제조기업 1위의 자리를 소니에게 넘겨주는 치욕을 맛보게 되었다.

다이에와 마쓰시타전기 사이에 벌어진 30년 전쟁은 양사 간의 역사적 시행착오를 통해 대형 소매기업과 제조기업에게 교훈을 말해주고 있다. 소모적인 제판대립은 너무나 큰 희생이 따르게 되니 피하라는 것이다.

소모적인 가격 경쟁을 피하는 유통 계열화

시마 고사쿠 사장의 취임

2008년 4월, 일본에서 가장 유명한 샐러리맨인 시마 고사쿠가 일본 최대의 가전 기업인 하쓰시바전기산업(이하 하쓰시바)에 입사한 지 25년 만에 사장으로 취임했다고 일본의 주요 신문들이 일제히 보도했다. 1970년에 입사해 30대 중반인 1983년에 과장이 되었고, 1992년에 부장, 2002년에 이사, 2005년에 상무, 이듬해 전무를 거쳐 2년 만에 고요덴키를 흡수합병하여 탄생한 하쓰시바 고요 홀딩스HG Holdings의 초대 사장이 된 것이다.

물론 시마 고사쿠는 실제 인물이 아니다. 한국에서도 번역 출간되었고 드라마로도 소개되어 아는 사람이 많겠지만, 시마는 만화에 나오는 인물이다. 1983년부터 1992년까지 고단샤의 《모닝》이라는 주간 만화잡지에 연재된 '과장 시마 고사쿠' 속 신출내기 과장 시마는 세월이 흐름에 따라 서서히 일본 샐러리맨의 우상이 되었다.

시마가 과장에서 부장으로 승진하면서 이 만화는 시리즈가 되어 '과장 시마 고사쿠', '부장 시마 고사쿠', '이사 시마 고사쿠' 등으로 제목이 바뀌었지만, 역시 압권은 '과장 시마 고사쿠'이다. 전후 베이비붐 세대를 일컫는 단카이 세대인 시마가 과장으로 재직하던 시기는 일본 경제의 황금기와 엔고 불황기, 그리고 버블 붕괴 이후라고 하는, 일본 경제에 있어서 격동의 10년과 중복된다. 일본 경제의 부침浮沈의 증인으로서 가장 많은 인구를 가지고 있고 최근 들어 정년퇴직을 맞은 단카이 세대는 자신의 회사원으로서의 애환이 시마를 통해서 해소되었기에 시마의 좌절에 가슴 아파하고 시마의 성공에 기뻐했다.

시마는 뛰어난 처세술이 있는 것도 아니면서 권모술수가 난무하는 사내 파벌 경쟁에 휩싸여도 항상 행운이 따랐다. 결국은 시마가 응원하는 사람이 승자가 되고 때로는 사장이 되기도 한다. 그럼에도 불구하고 겸손하며, 인정 많고, 이혼한 몸이라 자유분방한 생활도 즐기는 시마를 통해 격무에 시달리는 일본의 샐러리맨들은 대리만족을 느끼며 시마를 열렬하게 응원했다.

내셔널숍과의
관계가 최우선

실제 상황이 된 만화 속 이야기

일본의 기업 문화를 알기 위해서나 일본 비즈니스를 배워야 할 외국인에게는 필독서인 《시마 고사쿠》 시리즈를 통해 필자도 많은 것을 배울 수 있었다. 시마를 탄생시킨 걸출한 만화가인 히라카네 겐시는 자신과 같은 나이인 시마를 주인공으로 삼아 만화라는 '가상 세계'를 통해 일본 가전업계의 '현실 세계'를 극명하게 묘사하여 찬사를 받았다. 실제로 만화 속의 하쓰시바전기의 모델이 마쓰시타전기라는 것은 일본에서는 잘 알려진 사실이다.

히라카네의 만화가 찬사받는 이유는 때로는 현실 세계의 일을 예언하기도 하고 나아가 결과적으로 실현시키기도 하기 때문이다. 2008년 초의 시마 고사쿠 시리즈에서는 하쓰시바전기가 가전 제조기업인 고요전기를 둘러싸고 한국 최대의 가전 제조기업인 '솜상'(삼성전자가 모

일본 기업 문화를 배우기 위한 필독서인 《과장 시마 고사쿠》와 《사장 시마 고사쿠》

델)과 TOB(주식공개매수) 경쟁을 벌였는데, 결국 하쓰시바에 의해 고요와의 경영통합이 이루어졌다. 만화에서 전지電池에 강한 고요전기는 실제로 전지에 강한 산요전기가 모델이었다. 놀랍게도 2008년 11월에 마쓰시타전기는 산요를 매수하여 자회사로 만들었다. 산요 매수를 둘러싸고 마쓰시타전기와 마지막까지 매수 경쟁을 벌인 기업은 앞으로 석유의 시장 확대가 힘들다고 판단하여 사운을 걸고 대체 에너지원을 모색하던 신일본석유로 밝혀졌다. 만화 속의 시마 고사쿠 전무는 이 통합을 이끈 공로를 인정받아 사장으로 승진하게 되었다.

히라카네는 나중에 잡지 인터뷰에서 마쓰시타전기와 산요전기 모두 간사이 지역에 본사를 두고 있고, 역사적으로도 창업자끼리 인척관계였다는 점을 고려한 한편, 삼성전자와의 국제 경쟁에서 고전하고 있는 마쓰시타전기로서는 차세대 가전업계의 중심으로 떠오르고 있는 산요전기를 절대로 다른 기업에 빼앗기고 싶지 않아 빠른 시일 내에 통합했을 것이라고 대답했다. 실제로 '2채널' 등의 인터넷 커뮤니티 사이트에서는 마쓰시타전기의 산요 매수가 시마 고사쿠 시리즈로 인해 촉발되었다고 화제가 될 정도였다. 히라카네의 만화 속 상황이 실제 상황이 된 것이다.

마쓰시타전기와 내셔널숍

지금부터 이번 장의 주제인 마쓰시타전기와 자사 제품의 전용 판매점으로 내셔널숍(마쓰시타전기가 파나소닉으로 사명을 변경한 후에는 파나소닉숍이 됨)이라고 불리는 계열 소매점에 대한 이야기를 하겠다.

아무리 일본 샐러리맨들의 우상이라고 해도 일개 만화 시리즈에 불과한 시마 고사쿠의 이야기를 길게 한 것은 이번 장의 주제와 관련하여 많은 시사점을 주기 때문이다. 만화 속의 하쓰시바전기가 실제로는 마쓰시타전기라는 것은 이미 앞에서도 이야기했다. 사실 시마를 그린 히라카네는 만화가가 되기 전에 마쓰시타전기에서 근무한 적이 있다. 그래서 마쓰시타전기에 대한 리얼리티가 살아 있는 것이다. 또 히라카네는 시마 고사쿠 시리즈를 그린 25년 동안 마쓰시타전기의 사내외 정보 제공자의 협조로 회사를 집요하게 밀착 취재하여, 고도성장기와 불황기를 거치면서 시행착오를 거듭해온 마쓰시타전기를 논한 어떤 책이나 학술논문보다 훨씬 설득력 있는 내용을 담을 수 있었다.

이 때문에 일본에서는 시마 고사쿠 시리즈를 경영학적으로나 사회학적으로 분석한 책이 셀 수 없을 정도로 많고, 그중에는 베스트셀러가 된 것도 있다. 공통적인 내용은 왜 시마가 출세하게 되었는가에 대한 것이다. 처세술이 뛰어나다, 여성에게 인기가 있기 때문이다, 어떤 사내 파벌에도 속하지 않은 무파벌주의 탓이다 등 여러 가지 분석이 나오고 있다. 필자가 생각하는 시마의 출세 원인은, 그가 사회적 약자에 대한 따뜻한 배려심이 있기 때문이다. 시마 고사쿠 시리즈에서는 회사에 적응하지 못하는 신입사원, 불만을 호소할 방법이 없는 비정규직 사원, 사내 경쟁에서 탈락한 경영자, 차별 대상인 아시아계 외국인, 성희롱을 당한 여사원, 술집의 호스티스나 요정의 게이샤 등 여러 계층의 사회적 약자가 등장하는데, 시마는 이들에게 가능한 한 온정을 베푼다. 이들은 나중에 시마가 곤란한 상황에 빠졌을 때 모든 방법을 동원하여 도와준다. 결국 시마는 위기에서 탈출하고 사내외의 모든 게임에서 승자가 될 수 있었다.

특히 필자가 주목하고 싶은 것은, 만화 속에서 하쓰시바라는 일본 최대 가전기업의 상품을 파는 2만 5,000개의 영세한 하쓰시바숍 즉, 계열 소매점이라고 하는 절대적 약자에 대한 시마의 지극히 따뜻한 시선이다. 과장 시절부터 사장이 된 지금까지도 시마는 쇠퇴해가는 지역 상점가에서 오랜 세월 동안 오직 하쓰시바 상품만을 취급해온 하쓰시바숍의 점주店主에 대해 한결 같은 자세다. 하쓰시바숍은 물론 실제의 내셔널숍에 해당하고, 세계 최대의 마쓰시타전기의 성공은 창업 이래 지금까지 역대 경영자들이 경영과제 중 '내셔널숍과의 관계를 최우선'으로 했기 때문에 가능했다는 것이 일본의 유통 및 마케팅 학자들의 공통된 견해이다.

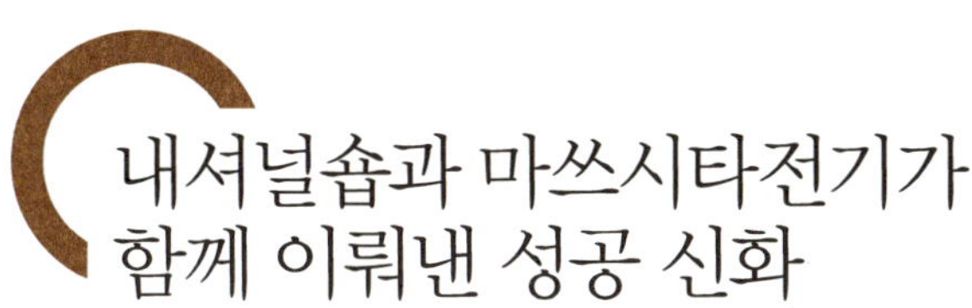

내셔널숍과 마쓰시타전기가
함께 이뤄낸 성공 신화

마쓰시타전기의 유통 계열화 전략

마쓰시타전기와 내셔널숍의 관계를 알기 위해서는 창업 이래 이 회사의 유통 채널 전략, 특히 마쓰시타전기 상품만을 배타적으로 취급하는 계열 소매점을 핵심 판매 루트로 하는 유통 계열화 전략에 대해 알아볼 필요가 있다.

마쓰시타전기는 1918년에 지금도 일본 최고의 경영자로 추앙받는 마쓰시타 고노스케가 세웠다. 당시의 가전상품 유통 시스템을 보면, 유통의 지배권은 도매상이 쥐고 있고, 영세한 규모의 제조기업은 전구, 라디오, 배선기구 등의 범용 상품을 생산하는 데 그쳤다. 무엇보다도 소매 단계에서 자주 난매亂賣 경쟁이 벌어지고 있었다. 이러한 상황을 타파하기 위해 마쓰시타전기는 일찍이 도매상을 대리점으로 선정하고 소매 단계도 연맹점聯盟店 제도를 만들어 가격 경쟁을 막기 위해 노력했다.

한편 패전 이후 물자 부족과 한국전쟁의 특수에 힘입어 일본의 가전 제조기업은 호황을 맞이했다. 당시의 가전 제조기업들은 1950년대 중반까지는 저가 양산체제를 확립하는 차원에서 경쟁을 벌였으나 점차 판매 경쟁으로 바뀌었다. 그러나 대량 생산체제를 갖춘 가전 제조기업과 왕성한 소비욕을 가진 소비자를 연결해야 할 유통업자는 안일하게 가격 경쟁에 매달리는 습성에서 벗어나지 못했다. 미국의 선진 기업들이 실시하고 있던 마케팅 정책에서 특히 비가격경쟁과 브랜드 로열티 확보가 중요하다는 것을 배우게 된 가전 제조기업에 있어서 '유통 계열화' 구축은 필연적이었고, 그 선두에 마쓰시타전기가 있었다.

마쓰시타전기는 우선 도매 단계에서의 유통 계열화에 착수하여 전쟁 이전에 이미 만들어두었던 대리점을 자사 상품만을 파는 판매회사로 만들어갔다. 동시에 소매 단계의 유통 계열화도 적극적으로 행했다. 전쟁 이전의 계열 소매점인 연맹점 제도를 부활시켜 우수한 소매점을 선별하여 내셔널숍으로 지정하는 내셔널숍 제도를 실시했다. 내셔널숍은 대체로 마쓰시타전기의 상품만을 다루는 전매점專賣店일 것과 정가 판매를 원칙으로 하는 대신 여러 가지 원조(예컨대 리베이트와 장려금의 지급, 점포 개장 및 차량 구입의 지원, 종업원 교육 등)를 받았다.

이러한 마쓰시타전기의 유통 계열화가 소모적인 난매 경쟁을 지양하고 소비자의 브랜드 충성도를 높이게 되자 히타치나 도시바 같은 걸리버 기업들도 비슷한 형태의 유통 계열화를 적극적으로 실시하게 되었다. 하지만 창업자인 마쓰시타 고노스케는 계열 소매점의 전국적인 확대에 사운을 걸 정도였으므로 다들 마쓰시타전기만큼의 성과를 거두지 못했다. 마쓰시타전기의 내셔널숍은 고도성장기에는 2만 5,000개나 되기도 했다.

마쓰시타전기의 상품만 파는 내셔널숍이지만 기본적으로 마쓰시타전기의 자본이나 사원은 필요 없었다. 그 덕분에 마쓰시타전기는 한정된 경영 자원을 오로지 생산에만 투자할 수 있었다. 게다가 내셔널숍이 정가 판매를 지켜주었기에 상품의 브랜드 가치는 지속적으로 상승하였다. 전국에 2만 5,000개나 되는 내셔널숍은 고도성장기를 거치며 개별적으로도 성장하였는데, 이것은 마쓰시타전기 상품의 시장점유율을 확대시켜주었다. 이 때문에 후발의 중소 제조기업에 지나지 않던 마쓰시타전기는 일본 가전업계의 톱이 될 수 있었다.

유통 계열화 전략의 수정

지금까지 마쓰시타전기의 계열 소매점인 내셔널숍에 대해 긍정적인 점을 강조했지만 1990년대 초반 이후 커다란 문제점이 드러나기 시작했다. 1970년대에 들어와 저가를 무기로 하는 가전양판점이 생기기 시작했다. 가전 제조기업 입장에서는 유통 계열화 시스템 속의 소매점의 생존을 위협할 뿐 아니라 저가 판매로 인해 브랜드 가치 등 자사의 마케팅 전략에 차질이 생길 우려가 있어서 그 상황을 곱게 볼 수가 없었다. 실제로 고의적으로 제품 출하를 방해하거나 정지하여 공정거래위원회로부터 배제 명령을 받기도 했다.

하지만 저가 상품을 선호하는 소비자들이 적지 않았기에 반反유통 계열화의 기치를 내건 가전양판점은 조금씩 시장점유율을 확대해 갈 수 있었다. 한편 1985년에 5개 선진국의 재무장관과 중앙은행 총재가 뉴욕의 플라자 호텔에 모여서 국제 환율 안정화를 위해 발표한 플라자협정 이후 급격한 엔고 현상 때문에 마쓰시타전기를 비롯한 가전 제조기업들은 수출보다 내수內需를 중시하는 전략 시프트를 행하지 않을 수 없었고, 결과적으로 대량 생산된 상품을 판매하기 위해서는 계열 소매점의 판매력이 문제가 되었다. 가전 제조기업이 제공하는 각종 원조에 익숙해진 탓에 지역의 고객을 개발하고 적확한 유통 서비스를 제공하는 당연한 노력들을 게을리한 계열 소매점의 행태는 불가피하게 유통 계열화의 기반을 흔들었다. 그 결과, 가전 제조기업들은 유통 계열화 일변도에서 탈피하여 비계열의 가전양판점과의 거래를 본격화하게 되었다.

특히 1990년대에 들어와서 계속된 대불황의 여파는 가전업계를 직격했다. 일본 산업 전체에서 유통 계열화의 선구자로 일컬어졌고 여전히 가장 농밀한 유통 계열화 정책을 견지하고 있던 마쓰시타전기도 예외가 아니었다. 마쓰시타전기는 끝이 보이지 않는 불황을 타개하기 위해 유통 계열화를 전면적으로 개편하여 점진적이긴 하나 계열 소매점의 축소를 단행할 수밖에 없었다. 마쓰시타전기 이외의 가전 제조기업들은 급격한 계열 축소 전략을 단행했다.

하지만 마쓰시타전기는 옛날과 같은 유통 계열화 일변도의 채널 전략은 수정했지만 가전양판점 위주의 채널 전략에는 강한 거부감을 나타냈다. 어디까지나 환경의 변화에 따른 복합 채널dual channel 정책을 펼 뿐 계열 소매점이야말로 보물섬 같은 존재라고 표명하는 등 유통 계열화 정책의 지속을 강조했다. 마쓰시타전기는 비계열 가전양판점에서의 판매를 강화하고, 2001년부터 22개 체계의 판매회사를 1개 사로 통합하는 한편 인터넷 판매도 시작하면서 대담한 유통 계열화 정책의 개혁을 실시했다. 하지만 그러면서도 약 1만 7,000개의 내셔널숍 체제는 계속 유지하고 있다. 나아가 2003년에는 나카무라 구니오 사장의 유통 채널 개혁 방침에 따라 전체 계열 소매점의 약 3분이 1에 해당하는 5,200개의 내셔널숍을 '슈퍼프로숍'(2008년부터는 '슈퍼 파나소닉숍')으로 발족시켰다. 이 계열 소매점들은 마쓰시타전기 상품의 판매 욕구가 왕성한 곳으로, 마쓰시타전기가 중점적으로 육성 지원할 것임을 표방했다.

마쓰시타전기와 내셔널숍의 공존공영

2005년 1월, 일산화탄소 중독으로 초등학생이 사망하는 사고가 났고 이후에도 비슷한 사고가 몇 건 더 일어났다. 사고 원인은 바로 내셔널 브랜드의 석유 온풍기와 석유 히터에 있다는 것이 밝혀졌다. 마쓰시타전기는 바로 상품 광고를 중지하고 텔레비전과 신문을 통해, 그리고 전국의 5,000만 세대에 엽서를 보내 '1985년부터 1992년까지 만들었던 내셔널 FF식 석유 난방기를 찾고 있습니다. 내셔널 석유 온풍기와 석유 히터는 사고가 날 위험성이 있습니다. 미점검 상태에서 계속 사용하면 일산화탄소를 포함한 배기가스가 실내에 퍼져 사망사고에 달할 위험성이 있습니다. 대상 상품을 가까운 내셔널숍으로 가져오시면 수리를 해드리고, 반품을 원하시면 한 대에 5만 엔을 지불하겠습니다'라고 알렸다. 2005년도(2006년 3월기)에 이 사고로 인한 광고 및 회수 비용은 240억 엔에 달했다. 보통 이런 사고가 나면 해당 기업은 치명적인 이미지의 손상을 입는데 계열 소매점을 총동원하여 20년도 더 된 상품

마쓰시타전기의 계열 소매점인 내셔널숍

의 전량 수거를 위해 동분서주하는 모습은 오히려 마쓰시타전기의 기업 이미지를 제고시켰다. 이것은 내셔널숍이 없었다면 할 수 없는 일이었다.

두 번째 에피소드. 내셔널숍을 이용한 마케팅 전략으로 빠른 시간 안에 PDP 텔레비전 시장의 톱에 등극한 사실이다. 2004년 아테네 올림픽을 맞이하여 마쓰시타전기는 6월 1일에 자사의 '비에라' 브랜드로 13가지의 신상품 출시를 알리는 광고를 하려고 했다. 그 전날 밤에 마쓰시타전기는 전국 8,000개의 소매점에 일제히 비에라 상품을 진열했다. 여기에는 가전양판점도 포함되었지만 주역은 전국의 상점가에 산재해 있는 내셔널숍 중에서도 어느 정도 진열 공간을 확보할 수 있는 내셔널숍(특히 슈퍼프로숍)이었다. 마쓰시타전기는 이것을 '일야성—夜城 작전' 이라고 부르며 극비리에 진행했다.

일야성 작전이란 전국시대에 도요토미 히데요시가 농성籠城하고 있는

파나소닉(전 마쓰시타전기)의 계열 소매점인 파나소닉숍

적을 치기 위해, 하룻밤만에 적의 성 맞은편에 성을 지었다는 유명한 작전이다. 지금도 기후현에 있는 스노마타 성이 바로 그것인데, 많은 관광객들이 몰리는 명소이다. 이 일야성 작전을 통해 마쓰시타전기는 당시까지 PDP 텔레비전 시장의 선구자이자 톱 제조기업이던 파이오니어를 누르고 1위 기업에 등극하게 된다. 이 에피소드도 내셔널숍이 전략적으로 얼마나 중요한가를 말해주고 있다. 한편 2011년에 아날로그 방송이 중지되고 지상 디지털 방송으로 바뀌면 모든 가정에 디지딜 가전상품이 보급되게 된다. 그렇게 되면 디지털 가전상품의 접속과 A/S 등에 있어서 주도면밀한 유통 서비스를 제공할 수 있는 지역의 계열 소매점이 새롭게 평가받을 것이다. 항간에는 마쓰시타전기가 궁극적이고 최상의 서비스를 제공하는 도요타 자동차의 '렉서스' 점을 본떠 슈퍼프로숍을 육성, 강화하려는 게 아닌가 하는 소문도 있다. 아무튼 창사 이래 계속된 마쓰시타전기와 계열 소매점과의 공존공영 관계는 향후에도 계속될 듯하다.

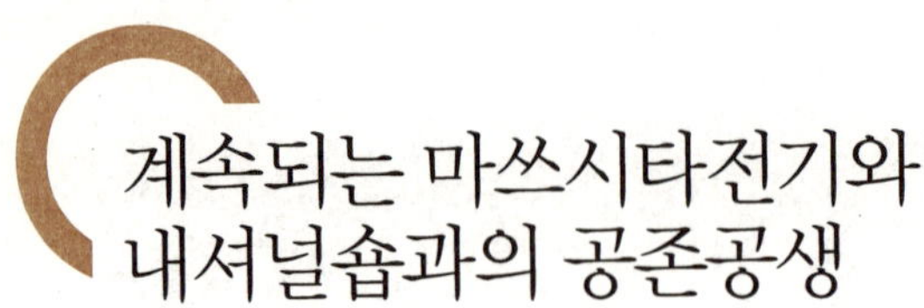

계속되는 마쓰시타전기와
내셔널숍과의 공존공생

다시 시마의 이야기로 돌아가보자. 고단샤 단행본 《과장 시마 고사쿠》 1990년판 9권 80회에는 과장으로서 공사다망한 시마가 가장 존경하는, 나중에 말석末席이사에서 하쓰시바전기의 사장으로 발탁되는 나카자와 기이치에게 계열점인 하쓰시바숍 점주와의 관계에 대해 대화하는 장면이 나온다.

시마는 하쓰시바의 회사용 달력을 담당하는 판매조성부 쇼룸과의 과장이다. 어느 해의 연말에 새해 달력에 문제가 생겨 연내에 배부하는 것이 어렵게 됐다. 분노한 하쓰시바숍의 사장들은 새해 첫날, 오사카의 신년회 회식장소로 본사 책임자를 불렀다. 도쿄에서 오사카로 급히 달려온 책임자는 바로 담당 부장인 나카자와였다. 실질적인 책임을 져야 할 시마도 나카자와와 함께 회식장소로 가게 되었다. 왜 천하의 하쓰시바의 부장이 술에 취한 점주들에게 사과해야 하는지 이해를 못하는 시마에게 나카자와는 20년 전에 달력 발송 업무를 맡았던 자신의 경험담을 들려준다.

나카자와와 홋카이도 영업소의 젊은 사원은 조랑말이 끄는 썰매로 달력을 발송하고 있었다. 폭설 때문에 달력 발송이 불가능하여 본사에서 직접 판매점으로 배달하게 된 것이다. 우토미라는 시골 마을의 계열점에 배부해야 할 달력은 겨우 2부였다. 눈길 속에서 썰매가 뒤집어져 달력은 썰매에 깔렸고, 여유분으로 가지고 간 것도 젖어서 꾸깃꾸깃해졌다. 엄청난 눈이 쏟아지는 상황에서 두 사람은 망연자실했지만 그렇다고 다시 돌아갈 수는 없었다. 일단 젖은 달력을 배달하고, 내년 초에 새 달력을 보낼 수밖에 없다고 생각한 나카자와는 계열 소매점의 문을 열었다. 무릎을 꿇고 사정을 설명하는 두 사람에게 점주는 웃으면서 "괜찮습니다. 걱정하지 않아도 됩니다. 이 눈길을 뚫고 달력을 배달하러 와준 두 사람의 마음만으로 충분합니다"라며 "테이프로 붙이면 충분히 쓸 수 있을 것입니다"라고 위로했다. 점주의 부인도 눈길을 마다하고 일부러 와준 두 사람에게 설날에 먹는 일본식 떡국인 조니를 내왔다. 나카자와는 그때 먹었던 조니의 맛은 지금도 잊을 수 없다며, 성심을 다하면 어떤 일도 호전될 수 있다는 것을 체득했다고 시마에게 말했다.

"좋은 이야기군요"라고 말하는 시마에게 나카자와는 후일담도 이야기해주었다. 그로부터 1년 후, 우토미의 계열 소매점에서 나카자와에게 소포를 보냈다. 바로 테이프로 붙인 작년의 달력이었다. 그 소매점에는 물론 나중에 새 달력을 보냈지만 점주는 지난 1년 동안 새로 보낸 달력 대신 테이프로 붙인 그 달력을 사용한 것이다. 나카자와는 눈물이 날 정도로 기뻤고, "지금도 그 달력을 소중하게 보관하고 있으며, 나의 보물이다"라고 시마에게 말했다.

20년 전의 감동적인 이야기를 듣고 시마는 나카자와와 함께 오사카의 계열 소매점 점주들에게 무릎을 꿇고 사죄했다. 어느 짓궂은 점주가 시마에게 하다카 오도리(일본 기업의 여흥행사에서 술에 취하면 벌거벗은 채 국부만을 가리고 춤을 추는 것을 말함)를 추라고 강요했다. 나카자와는 당황하는 시마의 자존심을 고려하여 스스로 벌거숭이가 되어 춤을 추었다. 이 일을 계기로 시마는 무파벌주의 원칙을 깨고 처음으로 나카자와만을 위해 1인 파벌이 되기로 결심한다. 나중에 나카자와가 사장이 될 때 시마의 종횡무진한 활약이 주효했다. 시마가 사장이 된 후에도 계열 소매점과의 관계를 돈독히 하고 있는 것은 나카자와의 가르침 때문일 것이다.

여담이지만 실제로 말석이사에서 마쓰시타전기의 3대 사장이 된 야마시타 도시히코가 나카자와의 모델이다. 마쓰시타전기의 기업문화를 일신시켰다는 야마시타가 내셔널숍 점주들과의 관계를 최우선시했다는 것은 잘 알려져 있는 사실이다.

제조기업과 소매기업 간의 상생 전략

일경유통신문의 히트 상품 반즈케

일본경제신문 그룹의 유통 전문 신문인 《일경유통신문》(주 3회 발행)은 매년 12월이 되면 그 해의 히트 상품 순위를 발표한다. 일본 국기國技인 스모의 최고 무대인 오즈모에 참가하는 선수인 리키시의 서열을 나타내는 반즈케의 발표와 같은 형식이다.

예의와 형식을 중시하면서도 아주 격렬한 격투기로 알려진 오즈모의 최고 강자는 요코즈나인데, 통상 동요코즈나와 서요코즈나가 반즈케의 처음에 등장한다. 참고로 말하면, 스모 시합은 본래 전통적 종교인 신도神道 의식 중의 하나로 신사 경내에서 개최되었다. 리키시들은 경내의 한가운데에 마련된 도효라는 씨름판을 사이에 두고 두 진영으로 나누어져 대전했다. 신사의 본전本殿은 반드시 북쪽에 위치하기 때문에 본전을 기준으로 양 진영은 동과 서로 나누어졌다. 그래서 양 진영의 최강자를 동요코즈나와 서요코즈나라고 했고, 그 전통은 지금도 오즈모에 이어지고 있다.

《일경유통신문》의 히트 상품 반즈케는 기본적으로 그 해에 소비자에게 지지 받은 상품 및 서비스의 주역을 서열화한 것으로, 특히 최고의 히트 상품을 말하는 동요코즈나와 서요코즈나의 면면을 보면 대충 경제 및 경영의 세태를 짐작할 수 있다.

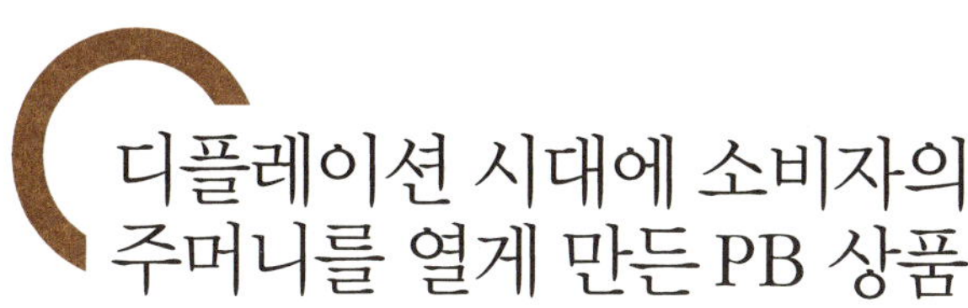

디플레이션 시대에 소비자의 주머니를 열게 만든 PB 상품

최고 히트 상품으로 등극한 PB 청바지

흥미로운 것은 2008년 발표된 《일경유통신문》의 히트 상품 반즈케에서 동요코즈나가 국내외의 대표적 패스트패션 의류 브랜드인 유니클로와 H&M인데 반해, 서요코즈나는 유통 기업의 자체 브랜드인 세븐 프리미엄과 톱밸류가 공동으로 올랐다는 사실이다. 동서 요코즈나 모두 일본의 심각한 디플레 경제를 반영한 초저가의 브랜드 상품인데, 특히 서요코즈나가 일본을 대표하는 2대 유통 그룹 즉, 세븐&아이 홀딩즈 그룹과 이온 그룹의 PB 상품인 것은 주목할 만하다. 지금까지 일본의 유통 시스템에서 PB 상품이 주역의 지위를 차지한 적은 거의 없었기 때문이다.

한편 2008년 9월 미국의 대형 증권회사 리먼 브라더스의 파탄 등으로 인해 발생한 세계 금융 위기가 급작스런 엔고円高 현상을 불러와 수

입품의 가격이 떨어지게 되었다. 이에 따라 2009년에 들어와서 PB 붐은 더욱 가속화되어 부정할 수 없는 사회현상이 되었다. 실제로 2009년 12월, 《일경유통신문》의 히트 상품 반즈케는 동요코즈나가 에코카Eco-Car인데 반해 서요코즈나는 주요 소매기업이 출시한 1,000엔 이하의 초저가 PB 청바지였다.

1,000엔 이하의 PB 청바지는 2009년 내내 출시되었는데, 이 충격적인 가격은 유니클로 브랜드를 가지고 있는 일본 소매업계의 지존적 기업인 패스트리테일링에 의해 시작되었다. 패스트리테일링은 저가 브랜드인 유니클로보다 더 싼 지유g.u. 브랜드를 가지고 있는데, 2009년 3월에 지유 브랜드로 990엔의 청바지를 판매하게 된 것이다. 이 청바지의 판매 목표는 처음에는 50만 벌이었으나 소비자들의 폭발적인 지지로 원래 목표의 2배인 100만 벌로 상향 조정하게 되었다.

이에 자극받은 대형 소매기업들은 초저가 청바지의 판매 경쟁에 돌입하게 되었다. 같은 해 5월에 세븐&아이 그룹 산하의 디스카운트 스토어인 더 프라이스가 980엔의 PB 청바지를 출시하자, 8월에 이온과 다이에가 그룹 내 종합양판점에서 880엔의 PB 청바지를 판매하기 시작했다. 한편 세계 최강의 디스카운트 스토어인 미국 월마트 산하로 들어간 종합양판점 세이유도 종전에 1,470엔에 팔던 PB 청바지의 가격을 낮추어 850엔에 팔게 되었다. 여기에 디스카운트 스토어의 신흥 세력인 돈키호테가 10월에 저가 PB 시리즈의 미끼 상품Loss Leader으로 690엔짜리를 출시하게 되었다. 세계에서 가장 물가가 비싸다는 일본에서 벌어진 PB 청바지 상품의 경쟁이 점입가경이다.

2008년과 2009년에 벌어진 이 상황은 일본의 소매업계에도 본격적인 PB 상품의 시대가 왔다는 것을 알리는 것일까? 적게는 20%, 많게는 50% 가까운 비율의 PB 상품을 가지고 있는 서구의 대형 소매기업과 달리, 아직도 대형 소매기업의 경우에도 평균 10%에도 미치지 못하는 일본 소매업계의 귀추가 주목된다.

본격적인 PB 상품의 판매는 거스를 수 없는 대세일까, 아니면 옛날처럼 일시적인 현상에 불과할까? 이 물음은 비단 일본 소매기업의 경영자뿐만 아니라 유통 연구자들에게도 대단히 중요하다. 이 물음에 답하기 위해 최근 들어 PB 상품이 주목받게 된 과정을 돌아보고, 과거의 PB 상품 붐과 현재의 상황을 주력 기업의 사례를 통해 비교해보자.

대형 소매기업의 PB 상품 강화

2007년에 들어와 국제 원유 가격의 가파른 상승, 중국 및 인도 등 신흥 공업국의 수요 증가로 인한 수급 밸런스의 붕괴, 나아가 국제적 투기 펀드의 유입 등을 배경으로 국제 곡물 가격의 상승이 잇달아 발표되었다. 대두와 소맥의 가격은 5년 전에 비해 2배에서 3배 정도 올랐다. 이에 대한 자구책으로 일본의 식품 제조기업들은 2007년 중순부터 일제히 자사 상품의 가격을 인상하기 시작했다.

앞서 2006년에도 한천, 와인, 커피원두, 치즈 등 일부 수입식품의 가격이 환율 시세의 변동에 따라 가격이 오른 적이 있었다. 하지만 2007년 중순부터 시작된 가격 인상 러시는 그간 소비자와 소매기업의 견제로 채산성을 희생해왔던 제조기업이 더 이상 내부적인 노력으로는 견디기 힘들 정도로 비용 상승 요인이 누적되었다는 것을 의미한다.

　가격 인상 러시는 2007년 5월에 과즙 제조기업인 기린이 100% 과즙 음료(종이팩 제품)의 가격을 약 10~20% 인상하면서 물꼬가 터지기 시작했다. 이어서 6월에 마요네즈 제조기업인 큐피가 17년 만에 가격 인상을 발표했고, 이후 유제품 제조기업인 메이지유업, 모리나가, 유키지루시 등과 햄소시지 제조기업인 니폰햄, 소맥상품 제조기업인 닛신 후즈, 주류 제조기업인 기린 맥주 등 일본을 대표하는 식품 관련 대형 제조기업들이 앞다투어서 가격 인상을 단행했다. 또 실제로 가격 인상은 하지 않더라도 도·소매기업에 대한 리베이트 축소, 또는 용량 감소 등의 조치를 취하여 실질적인 가격 인상을 도모하는 제조기업도 적지 않았다.

　일본 경제는 2000년대에 들어와 겨우 '잃어버린 10년'의 터널에서 탈출하여 장기 디플레에서 회복될 기미를 보이고 있었다. 하지만 장기적인 인구 감소와 실질적인 개인 소득 감소가 계속되고 있는 국내 시장은 가격 인상으로 인해 소비심리가 위축될 수밖에 없는 상황이었다. 이를 우려하는 대형 소매기업들은 소비자가격의 인상으로 이어질 수밖에 없는 식품 제조기업의 가격 인상 조치에 대해 크게 반발했다. 재정이 탄탄한 소매기업은 소매가격에 전가하는 것을 회피하는 한편, 저가격과 고품질 제공이라는 슬로건으로 소비자의 구매욕을 자극할 수 있다고 판단하여 본격적으로 PB 상품 생산에 돌입하였다.

　실제로 세븐&아이 홀딩즈와 함께 일본 유통그룹의 쌍두 체제를 유지하면서 종합양판점을 중심 업태로 가지고 있는 이온 그룹의 경우, 2007년 8월 7일에 잘 알려진 유력 제조기업의 NB National Brand 상품

114개 품목에 대해 '가격 동결 선언'을 강행했다. 나아가 같은 해 11월 30일부터는 대표적인 PB 상품인 '톱밸류'의 상품 카테고리 중에서 요구르트, 식빵, 쇼유, 녹차, 세제 등 24개 품목의 가격을 인하했고, 이후 본격적으로 PB 상품 강화책을 취했다. 이에 질세라 세븐&아이 홀딩즈도 PB 상품 강화방침을 밝혔다.

한편 2008년 가을에 돌연히 발생한 세계 금융 위기가 야기한 엔고 현상이 수입 비용을 낮추어 제조기업의 가격 인상 요인이 줄어들었다. 그러나 디플레 경제의 지속으로 인한 소비자의 구매 자제 경향은 계속되고 있어 대형 소매기업들은 부득이하게 PB 상품 개발에 적극적인 자세를 보이고 있다.

일본 PB 상품의
변천사

다이에로부터 시작된 PB 상품

소매기업이 기획했다는 의미에서 일본 최초의 PB 상품은 1959년에 다이마루 백화점이 선보인 신사 기성복인 '토로쟌'으로, 가격은 1만 3,000엔이었다. 당시 대졸 사원의 월급이 1만 2,000엔이라는 것을 감안하면 상당히 비싼 가격이었다는 것을 알 수 있다. 그래서 NB 상품에 비해 저가 상품을 전제로 하는 일반적인 PB와는 괴리감이 느껴진다. 이 때문에 일본에서는 역시 종합양판점의 선구자 다이에가 실질적인 의미에서 PB 상품의 원형을 만들었다고 평가한다.

여기에서 일본에서의 PB에 대한 정의에 대해 간단하게 짚어보고 넘어가자. 일반적으로 PB는 협의의 PB와 광의의 PB로 구분된다. 협의의 PB란 소매기업이 독자적인 사양으로 제조기업에 생산을 의뢰한 것으로, 소매기업의 독창성이 전제가 된다. 광의의 PB란 제조기업에게 만들게 한 상품에 소매기업 독자의 브랜드나 로고를 붙이지 않고 아주 단순하게 포장하여 일반 명사를 그대로 사용하는 제네릭 브랜드Generic Brand, 소매기업이 주도하긴 하지만 제조기업명도 함께 표시하는 더블 찹Double Chop까지 포함하는 개념이다. 대형 소매기업에 따라서는 타사의 PB 상품과의 전략적 차별화를 위해 '스토어 브랜드Store Brand'나 '오리지널 브랜드Original Brand'라고 부르기도 한다.

이 정의에 따르면 다이에가 창업한 지 3년밖에 되지 않은 1960년에 귤을 '다이에 미칸'으로 판 것이 저가 상품으로서 PB 상품의 효시라고 할 수 있다. 하지만 농산품인 데다가 독자적인 이름이나 마크를 붙이지 않은 점에서 제네릭 브랜드에 불과했다. 현대적인 의미에서 최초의 PB 상품은 다이에가 1962년에 도요보와 협력하여 만든 와이셔츠 'TOYOBO 블루마운틴 갓타 셔츠'였다. 다이에의 사내 자료를 통해 와이셔츠의 탄생과정을 살펴보자.

다이에는 당시 섬유 관련 상품에서 톱 레벨의 제조기업이며 소비자의 절대적 지지를 얻고 있던 도요보의 NB 상품을 저가에 판매했다. 당시 백화점에서는 2,000엔에 팔리던 것을 다이에는 1,280엔 또는 1,480엔에 판매했던 것이다. 이에 대해 자사 상품의 브랜드 이미지를 해칠 것을 우려한 도요보는 다이에와의 정식 거래를 거부했고, 나아가 도요보 사원들은 일반 소비자가 구입하지 못하도록 다이에 점포에서 도요보의 와이셔츠를 모두 사들이기도 했다. 하지만 급성장하기 시작한 종합양판점 채널의 판매력과 소비자들의 지지를 고려하지 않을 수 없었던 도요보는 태도를 바꾸었다. 본래 다이에는 도요보에 대해 다이에만의 스토어 브랜드(협의의 PB)를 생산할 것을 제안했으나 도요보는 이를 받아들이지 않았다. 결국 TOYOBO 블루마운틴 갓타 셔츠라는, 도요보의 이름과 다이에가 고안한 이름이 함께 들어간 더블 찹으로 PB 상품을 생산하기로 합의했다.

특기할 것은 본래는 대형 소매기업인 다이에가 바잉 파워를 발휘하여 저가 판매를 시작함으로써 도요보와 제판 갈등의 소지를 만들었으나, 결과적으로는 상생의 원리에 따라 도요보와 공동 브랜드로 더블 찹을 만들었다는 사실이다. 즉, 일본에서의 최초의 PB 상품은 상생을 위한 제판동맹 브랜드였던 것이다. 다이에는 이후에도 군제(1964), 니치보(1965), 가네보(1966) 등의 유력 섬유상품 제조기업과 속옷을 중심으로 한 더블 찹의 PB 상품을 생산했다.

다이에는 이후 양판점의 주력 상품인 가공식품의 PB 상품을 적극적으로 기획했다. 다이에는 1962년에 중소 제조기업과 협력하여 다이에 분말주스, 다이에 마가린, 다이에 라면 등의 PB 상품을 판매했다. 1963년에는 레귤러 커피, 1964년에는 세이론 티와 네덜란드 코코아, 1966년에는 홍차를 UCC커피와 공동개발하여 잇달아 출시했다. 흔히 다이에의 역사를 일본 PB 상품의 역사라고 말하는 이면에는 창업 초기부터 적극적으로 PB 상품 출시 전략을 편 배경 때문이다.

제1기 PB 붐 : 다이에의 노브랜드 PB 상품에서부터 세이유의 무인양품까지

현재 일본에서는 식품 관련 제조기업의 가격 인상 등에 대항하여 이온과 세븐&아이 등이 주도하는 PB 상품 강화책으로 인해 새로운 PB 붐이 일어나고 있다. 하지만 PB 붐은 과거에도 일어난 적이 있었다. 이번의 PB 붐이 과거처럼 일시적인 현상일지, 아니면 구미 선진국처럼 본격적인 PB 시대를 여는 것인지를 살펴보는 것은 꽤나 흥미롭다. 이번 것을 포함하여 일본의 PB 붐은 3기로 나눌 수 있다. 우선 과거 두 차례의 PB 붐의 주체와 배경, 결말에 대해 간단히 살펴본 후 이번의 PB 붐에 대해 상세하게 분석해보자.

제1기 PB 붐은 1970년대에 일어났다. 이미 살펴본 것처럼 1960년대 창업기에 PB에 의욕을 보였던 다이에가 1970년대 두 차례의 오일쇼크로 인한 광란의 물가에 대응하여 앞장서서 주도했다. 다이에는 창업 초기에 더블 찹 및 제네릭 브랜드를 중심으로 하는 PB 전략을 폈다. 그러나 앞에서 살펴본 마쓰시타전기와의 30년 전쟁 과정에서 다이에는 1976년 7월에 상당한 손실을 입고 컬러 TV '부부'의 생산을 포기했다. 고장이 많고 화질도 떨어져 소비자의 이반현상이 일어났기 때문이다. 이것이 말해주듯 다이에의 PB 상품은 결과적으로 NB 상품과의 대결에서 소비자의 지지를 얻지 못했다. 하지만 다이에는 PB 상품에 대한 집념을 포기하지 않았다. 다시 찾아온 오일쇼크는 다이에에게 다시 한 번 PB 전략에 도전할 기회를 주었다고 할 수 있다. 1960년대 아카데미즘에서 거론된 유통혁명의 기치가 최대의 종합양판점인 다이에에 의해 이 시기에 올랐다고 할 수 있다.

다이에는 프랑스의 까르푸를 벤치마킹하여 1978년에 일본 최초의 노브랜드 PB 상품을 개발했다. 브랜드를 일체 표시하지 않는 즉, 소매기업의 독자적인 이름을 붙이는 것조차도 거부하는 광의의 PB인 노브랜드 상품은 단지 이름을 생략하는 것뿐만 아니라 원재료, 패키지, 선전 등에도 일체 비용이 들지 않도록 한 철저한 저비용 저가격 상품이었다. 다이에의 노브랜드 상품은 발매 당시에는 쇼유, 사라다유 등 식품에 한정된 30개 품목이었으나 이후 비누, 세제 등의 일용품으로 확대하여 최대 37개 품목에 달하게 되었다.

한편 후발의 노브랜드이면서 가장 큰 영향력을 가지고 있고, 또 현재도 꾸준히 매상고를 늘리고 있는 것이 도쿄의 종합양판점인 세이유가 개발한 무인양품無印良品이다. 1978년 제2차 오일쇼크가 일어났을 때 '이유 있어 싸다', '사랑은 꾸미지 않는다' 라는 유명한 캐치프레이즈를 걸었는데, 발매 당시의 40개 품목은 NB 상품에 비해 30~40% 정도 싼 가격대였다. 실제로도 자연소재를 활용한 동시에 저가 달성을 위해 적극적으로 해외에서 원자재를 조달하여 대성공을 거두었다. 다이에의 선구적인 PB 상품의 생산과 무인양품의 성공에 자극받은 자스코(현 이온), 니치이(현 마이칼), 유니 등도 PB 상품 생산에 참여하지만 그다지 성공을 거두지 못했다.

다이에의 PB인 노브랜드 상품도 세이유의 무인양품에 밀려 1980년경부터 매상고가 현저하게 떨어지게 되었다. 다른 기업들도 앞다투어 PB 상품을 만들어 상당히 경쟁이 치열해졌다. 이러한 상황에도 불구하고 제2차 오일쇼크로 인해 일본 전체가 자원을 절약하고 구매를 자제하는 분위기가 조성되자 다이에는 오히려 이를 기회로 삼아 그해에 절약을 의미하는 '세이빙' 이라는 새로운 PB 상품을 출시했다. 세이빙은 노브랜드 상품보다 불필요한 기능을 더욱 줄여 소비자에게 필요한 기능만 남긴다는 철저한 실용성을 강조했다. 그러나 1982~1983년을 거치면서 세이빙의 매상고도 줄어들기 시작했다. 그 이유는 1980년대에 들어오면서 일본 경제가 안정되자 풍요로운 생활을 누리고 싶어하는 소비자들이 절약하는 생활에서 벗어나 급격하게 NB 상품으로 회귀하기 시작했기 때문이다.

제2기 PB 붐 : 엔고 현상에 대비한 PB 상품의 전성기

제2기 PB 붐은 1980년대의 준비기를 거쳐 1990년대 초중반의 초엔고 시대가 오면서 시작되었다. 이 시기의 주역도 역시 다이에였다.

소비자에게 있어 노브랜드 상품과 세이빙은 명확한 콘셉트의 차이가 없다는 것, 그리고 특별한 의미를 가지지 않는 값싼 상품의 카테고리로 인식되고 있다는 것을 소비자 조사를 통해 알게 된 다이에는 1984년에 두 개의 PB 상품을 통합한 '뉴세이빙'을 선보이게 된다. 저가 판매를 신조로 하는 종합양판점의 선구자인 다이에는 새로운 PB 상품에 대해서도 불필요한 기능을 배제하고 실용성을 추구하여 저렴한 가격을 지향한다는 방침을 바꾸지 않았다. 다만 종래의 무미건조한 노브랜드 상품과 세이빙과는 달리 패키지 디자인 등에 있어 소비자의 구매욕구를 고려하였다. 종래 세이빙의 패키지는 검은색과 노란색이었는데, 뉴세이빙은 파스텔 색조로 바뀌었다.

하지만 이것만으로는 상품 구매에서 풍요로움을 누리고 싶어하는 소비자의 니즈를 만족시킬 수 없었다. 그래서 같은 해에 '데일리 유스 애착사양'이라는 새로운 PB를 투입하게 된다. 이 새로운 PB는 이름 그대로 소비자의 애착, 애용에 대응한 상품이라는 의미에서 천연소재를 내세웠다. 앞에서 말한 세이유의 무인양품의 성공에서 자극받은 것이라 할 수 있다. 1980년대 중반에 다이에는 복안적인 PB 전략을 통해 어느 정도의 성공을 거두고 있었다.

마침 1985년에 플라자협정이 체결되면서 엔고 현상이 일어났고 결과적으로 엔고 불황이 시작되어 다이에의 PB 전략과 부합되었다. 다른 소매기업들도 다이에를 모방하여 적극적인 PB 전략을 실시하여 쟈스코의 '화이트 브랜드', 이토요카도의 '컷 프라이스' 등의 PB 상품이 등장했다.

다이에는 이 시기에 PB 상품의 생산을 강화하는 것은 물론 디스카운트 스토어 업태에 진출하여 한층 더 강렬한 저가 노선으로 매진했다. 1990년대 중반에는 1달러가 80엔 이하까지 떨어지는 초엔고 시대가 도래하여 해외에서 저가로 수입하는 것이 가능해졌다. 다이에는 절호의 찬스가 왔다고 판단하여 천연과즙, 콜라, 맥주, 필름 등 폭넓은 카테고리에 걸쳐 해외에서 수입한 상품에 세이빙의 이름을 붙여 판매했다. 소비자들은 세계에서 가장 물가가 비싼 나라인 일본에서 파격적인 가격의 상품이 팔리는 것에 놀라면서 다이에의 점포를 찾았다. 당시 다이에의 나카우치 사장은 일본의 물가를 반으로 낮추겠다고 선언하면서 이번에는 유통가격혁명의 시기가 도래했다고 천명하기도 했다. 실제로 NB 상품보다 가격이 절반 이하인 상품도 등장하여 제조기업들은 전전긍긍했다. 특히 벨기에산 캔맥주인 350그램짜리 '바겐브로'가 시중 가격의 절반 이하에 팔리는 것은 당시에도 충격적인 일로 언론을 들끓게 했다.

소비자를 놀라게 하고 제조기업을 고통스럽게 했던 이 시기의 PB 붐

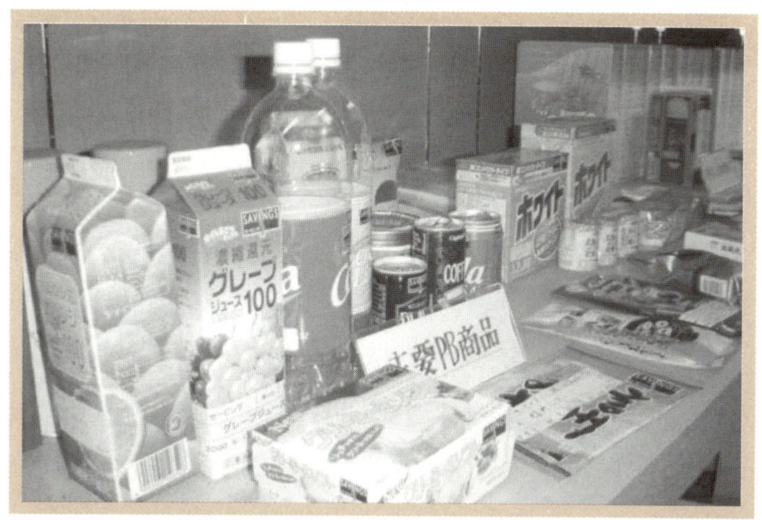
다이에의 PB 상품인 세이빙

은 그렇게 오래가지 못했다. PB 붐의 종언을 상징하는 사건으로 앞에서 말한 바겐브로의 결말은 지금도 인구에 회자되고 있다. 수요 예측의 오판뿐 아니라 물류 및 재고 관리능력에 문제가 생겨 다이에는 바겐브로의 과잉 재고를 떠안게 되었고, 발매 1년 3개월 만인 1995년 2월에 신문에 '부탁합니다. 사주십시오' 라는 전면광고를 내게 되기에 이르렀다. PB 전략을 펼칠 때 미숙한 수요 예측은 위험하고 물류, 재고 관리능력은 불가결하다는 점을 간과한 다이에로서는 너무나 큰 희생을 치른 것이다.

이 시기의 PB 상품은 현저한 엔고 현상을 배경으로 오로지 싼 가격만을 중시했다. 소비자들도 처음에는 놀라워하며 상품을 구매하지만, 시간이 지나면 싼 가격에 익숙해져 무뎌지는 것이 당연했다. NB 제조기업들도 상품의 리뉴얼과 신상품 투입, 가격 조정(가격 인하와 오픈프라이스 제도의 도입 등)을 통해 반격에 나섰다. 일본의 NB 제조기업들은 마케팅 전략의 일환으로 상품 리뉴얼과 빈번한 신상품 투입 등을 활발하게 펼쳐 결과적으로 PB 상품의 라이프 사이클을 단축시킨다는 사실을 PB 전략을 주도한 소매기업들은 도외시한 것이다.

다이에뿐 아니라 그를 추종하여 PB 상품 생산에 무리수를 둔 소매기업들도 결국에는 소비자들의 외면을 받아 나중에는 과잉 재고를 안게 되었다. 결과적으로 PB 상품에 대한 소비자의 선호도 내리막길을 걷게 되었다. 또 환율이 다시 엔저로 회귀되면서 종래와 같은 파격적인 저가 실현도 어렵게 됐다. 이렇게 해서 제2기 PB 붐도 막을 내리게 되었다.

제판동맹을 모색하는 소매기업의 PB 전략

새로운 PB 시대의 도래

재론의 여지도 없이 소매기업이 PB 상품의 생산을 선호하는 이유는 고객 증가와 더불어 수익성도 확보되는 점에 있다. NB 상품보다 20~30% 쌀 뿐만 아니라, 메이커도 판촉비가 들지 않고 반품 리스크가 없으며 사전에 판매수량도 정할 수 있으므로 납입가가 많이 낮아지기 때문이다. 기존의 소매기업이 PB 전략을 강화한 것은 이러한 이익 확보의 측면이 강했다. 하지만 이번의 PB 붐은 종래와는 다른 성격의 것이다. 제조기업의 가격 인상이 계속되는 가운데 PB 정책을 강화하면 NB 제조기업과 갈등의 골이 깊어질 것이 뻔하다. 그럼에도 불구하고 소매기업이 적극적으로 PB 상품을 생산하는 것은 PB 상품을 적극적으로 구입하는 소비자들이 늘고 있기 때문이다. 실제로 주요 소매기업 그룹의 PB 상품 판매액은 2007년 가을부터 급속하게 늘기 시작했다.

특히 이온의 경우, PB인 톱밸류 상품이 2007년 하반기에 비약적으로 팔려 2007년도 매상고가 전년도 대비 30% 증가한 2,800억 엔에 이르렀다. 이는 전번의 PB 붐의 시기에 다이에의 PB인 세이빙이 달성한 최고 기록인 연간 매상고 800억 엔의 4배나 되는 수치이다. 2008년도(2009년 2월기)에는 3,690억 엔에 달했고, 2009년에는 4,000억 엔이 넘은 것으로 알려졌다. 세븐&아이의 경우 PB인 세븐 프리미엄의 2007년도 매상고는 500억 엔으로 이온에는 훨씬 못 미치지만, 2007년 5월에 49개 품목을 출시하면서 PB 강화책을 표방하여 이후 급속히 확대되는 경향을 보이고 있다. 실제로 2008년도의 판매액은 2,000억 엔, 2009년도에는 3,200억 엔으로 늘어났다.

또 224개 사의 가맹점을 가진 일본 최대의 공동사입기구인 시지시 CGC 재팬이 PB인 'CGC'를 개발하여 2007년도에 2,200억 엔, 2008년도에 2,400억 엔을 판매한 것으로 알려졌다. 생협도 10개 사업연합의 공동 PB인 'COOP'을 2008년도에 약 4,000억 엔 판매한 것으로 밝혀졌다. 그리고 라이프, 이즈미, 오쿠와, 에코스 등 유력 소매기업의 공동사입기구인 일본유통사업(약칭 니치리우)이 2008년도에 출시한 '쿠라시모아'는 공급가 기준으로 560억 엔을 달성했다. 이런 상황에서 이온과 세븐&아이 등 일본 최대의 소매기업 그룹들이 PB 상품에 진력하고 있는 것은 당연하다 할 것이다. 본격적인 PB 시대의 도래라는 언론의 보도가 결코 과장된 것이 아니라는 것을 알 수 있다.

지금까지 살펴본 것에서 알 수 있듯이 과거에는 PB 붐의 주도자가 다이에였지만 이번에는 다이에를 제치고 새롭게 종합양판점의 정점에 오르게 된 이온과 세븐&아이이다. 실제로 다이에의 대표적 PB 상품인 세이빙은 2008년도 말에 폐기되었고 현재 다이에의 점포에는 이온의 톱밸류가 납품되고 있다.

이번의 PB 붐은 예전과 약 10년의 시간차가 있고, 주도자도 내용도 판이하게 다르다. 이온과 세븐&아이 양사는 그룹의 시너지 효과를 낸다는 명목으로 2007년 5월에 PB 개발의 강화, 확대책을 거의 동시에 발표했다. 2005년 9월에 이토요카도와 세븐일레븐 재팬 등 구 아이와이 그룹과 세이부 백화점, 소고 백화점으로 구성된 밀레니엄 리테일링 그룹이 합쳐져 지주회사인 세븐&아이가 만들어졌고, 2008년 8월에 다이에 등을 포함해 약 170개 사로 구성된 계열 소매기업의 상승효과를 최대화하기 위해 지주회사 체제로 이행한 것이 이온이었다. 이런 두 회사가 PB 전략에 대해 발표했기에 세간의 관심이 집중되는 것은 당연했다. 이온은 2010년도에는 PB 매상고 7,500억 엔을 달성하겠다고 선언했고, 세븐&아이도 2010년도에는 3,800억 엔의 목표를 내세웠다.

양사는 일본의 종합양판점과 슈퍼마켓 시장에서 경쟁 패턴의 유사화·동질화가 진행되고 있는 상황에서 차별화를 통해 고객을 매장으로 끌어들일 수 있는 핵심 상품이 있어야 한다고 인식하고 있다. 그리하여 자사의 독창적인 PB 상품과 여전히 일본 소비자들의 지지도가 높은 NB 상품의 브랜드믹스를 통한 고객의 라이프 스타일을 제안하는 것이야말로 차별화된 경쟁력이 된다고 믿고 있다. 과거와 같이 수익성을 전면에 내세워 NB 상품과 트레이드 오프_{Trade Off}를 연출함으로써 NB 제조기업과 낭비적인 제판대립을 야기하는 PB 개발 전략과는 취지가 다르다는 뜻이다.

이제부터 간단하게나마 양사의 제판동맹적 PB 전략에 대해 살펴보자.

세븐&아이의 제판동맹적 PB 개발

소매업에서 시작하여 신용카드, 은행업 등 금융 서비스로 경영 다각화를 도모해온 세븐&아이는 2007년 4월에 전자화폐사업에 진출하고, 5월에는 일본 최대의 완구 판매 기업인 아카창혼포를 매수하는 등 사업 영역을 확대해왔다. 한편, 이온도 이에 지지 않고 비슷한 행보를 걸어 2007년 4월에 전자화폐사업에 진출하고, 5월에 은행준비회사가 은행 면허를 신청하여 10월에 개업했다. 쇼핑센터 개발에서 경쟁자가 없을 정도로 압도적인 위치였던 이온은 이후 그룹 기업들의 재편통합을 강화했다. 최근에 와서는 규모 확대의 반동으로 이익률이 떨어지자 양사 모두 질적 성장을 도모하는 바, 앞으로 PB 전략의 중요성이 더욱 강조될 것 같다.

먼저, 세븐&아이의 PB인 '세븐 프리미엄'에 대해 살펴보자. 세븐 프리미엄은 2007년 5월에 탄생했다. 세븐&아이 그룹은 총력을 다해 안전과 안심, 맛있을 것, 지역성, 최고 기술, 유니버설 디자인, 건강 응원, 합리적 가격 등의 7가지 콘셉트를 강조했다. 최초로 생산한 PB는 가공식품 분야로, 데일리 상품 49개 품목을 출시했다. 첫해에는 300개 품목을 선보였고, 500억 엔의 매상고를 올렸다. 3년 동안 식품만으로 3,000~3,500억 엔의 매상고를 실현하겠다는 목표를 내세웠다.

하지만 세븐&아이의 주력 기업이었던 이토요카도는 본래 PB 개발에 취약하다는 것이 일반적인 정설이어서 계획대로 진전될 것인지에

세븐&아이의 PB 상품인
세븐 프리미엄

대해선 많은 사람들이 부정적으로 본다. 이에 대해 세븐&아이 측은 신규 PB인 세븐 프리미엄이 순조롭게 출발했고 가치와 가격이 균형을 이루었기 때문에 이후에도 문제는 없다고 자신한다. 실제로 세븐 프리미엄의 대전제는 NB와 비교해서 품질은 동급 이상, 가격은 70~80%, 이익률은 10~15% 이상을 목표로 하고 있다.

세븐 프리미엄의 개발 프로젝트에는 세븐일레븐과 이토요카도 그룹 5개 사의 바이어가 참가하여 22부회로 나누어졌고, 각각의 리더는 상품 개발에서 가장 실적이 뛰어나다는 회사가 맡았다. 예컨대, 조미료는 이토요카도, 음료와 컵면 그리고 과자는 세븐일레븐, 건어물과 반찬 종류는 요크베니마루 등이 맡았다. 상호 간에 정보를 공유하고 논의를 통해서 더 좋은 PB 상품을 만들자는 의욕이 엿보이는데, 일본의 언론들은 정가 판매를 전제로 하는 편의점 업계의 최대 기업인 세븐일레븐조차 세븐 프리미엄의 생산에 가담한 것에 대해 크게 보도했다.

무엇보다 주목할 것은 세븐 프리미엄이 유력 제조기업과 협업한다는 것을 강조하기 위해 제품 포장에 제조기업명을 표기하여 제조기업에게는 파트너 의식을 가지게 하고, 소비자는 안심할 수 있도록 했다는 점이다. 본래 세븐일레븐의 바이어와 대형 제조기업, 상사 등과 협업을 통해 머천다이징을 하는 세븐일레븐의 팀 머천다이징(팀MD)은 일본에서 유명하다. 이 팀MD를 세븐&아이 그룹 전체에 확대하자는 것이 세븐 프리미엄 프로젝트에 다름이 아닌 것이다. 실제로 세븐 프리미엄의 상품에는 소비자 문의처도 제조기업으로 되어 있다. 판매 책임과 동시에 소비자가 알고 싶어하는 제조 책임도 명확히 하기 위해서이다. 나아가 NB 제조기업과 공동 개발인 이상 최종 가격은 제조기업이 정하게 한 점도 강조해야 할 것이다. 이러한 점에서 세븐 프리미엄은 제조기업과 소매기업의 운명공동체적인 즉, 제판동맹적인 PB라고 할 수 있다.

이온의 제판동맹적 PB 개발

다음은 이온의 PB인 톱밸류에 대해 알아보자. 톱밸류는 세븐 프리미엄과는 완전히 다른 성격이다. 톱밸류는 기존의 NB 상품과 비슷하면서도 철저한 가격 대항을 추구하기 때문이다. 실제로 원재료의 조달부터 상품의 기획, 디자인, 가공까지 일원 관리하는 소위 수직통합 방식을 택하고 있다.

이 때문에 톱밸류의 가격 경쟁력은 정평이 나 있다. 실제로 2007년 11월에 실시한 24개 품목에 대한 톱밸류 상품의 가격 인하는 업계에

이온의 PB 상품인 톱밸류

상당한 충격을 주었다. 이온이 NB 상품 100개 품목의 가격을 동결한다고 두 차례에 걸쳐 발표한 후였기 때문이다. 제1차 가격 동결은 2007년 8월부터 12월까지, 제2차는 2007년 12월부터 2008년 2월까지였다. NB 가격 동결을 연달아 발표하고, 그 중간 시점에 PB 상품의 가격까지 인하한 것이다.

어떻게 해서 톱밸류의 가격 인하가 가능했을까? 바로 2007년 5월에 설립하고 8월부터 영업을 개시한 신기능회사 3사가 기능을 발휘했기 때문이다. 신기능회사 3사란 그룹 전체 PB인 톱밸류의 기획, 개발, 제조, 도매, 수출입을 맡은 '이온 톱밸류 주식회사', NB를 주역으로 하는 그룹 공통의 상품과 원재료 및 자재를 일괄 조달하는 '이온 상품 조달 주식회사', 그룹의 SCM 기능을 담당하는 '이온 글로벌 서플라이 매니지먼트 주식회사' 3사를 말한다. 3사 공히 그룹의 시너지 효과가 가장 기대되는 분야를 분사(分社)화한 것이다.

이온이 톱밸류 개발에 착수한 것은 1994년으로, 이후 일관성을 견지한 것은 발주량을 전량 매입하여 스스로 리스크를 안은 점과 좋은 상품을 생산하기 위해 물류센터의 설치와 IT의 정비라는 주변 환경의 정비에 애를 썼다는 점이다. 실제로 톱밸류 생산을 맡은 제조기업이 물류, 원재료 조달, 품질관리 기능이 없으면 이온이 대신 맡아 제조기업의 부담을 덜어주면서 비용 절감을 꾀할 수 있었다. 세븐 프리미엄의 경우와 달리 톱밸류를 생산하는 제조기업은 유력 NB 제조기업이 아니라 중견·중소 제조기업이다. 따라서 이온이 실질적으로 상품 전반에 대해 책임을 지기 때문에 이들 제조기업을 안심시키면서 장기적으로 신뢰관계를 형성할 수 있는 것이다. 신기능회사의 설립은 이러한 전통을 더욱 충실화하면서 동시에 그룹의 규모를 비용에 반영되도록 해주었다.

'이온 상품 조달'은 그룹 내 원재료의 공유를 도모하고 있다. 그룹 기업은 종합양판점, 식품 슈퍼마켓, 레스토랑, 편의점 등 다양한 업태를 안고 있는데, 각 업태마다 같은 원재료를 사용하여 상품을 가공하면 비용을 절약할 수 있다. '이온 글로벌 서플라이 매니지먼트'는 더 효율적인 서플라이 체인의 틀을 짜려고 하고 있다. 강화된 물류 조달 기능을 살펴보면, 제조기업의 상품을 받기 위해 이온의 배송차량이 직접 공장으로 가는데, 이것만으로도 제조기업의 부담은 경감된다. 나아가 점포에 납품을 끝낸 빈 차를 근방의 공장으로 향하게 하는 배송 루트를 설정하여 이중으로 효율을 증대시키고 있다.

신기능회사 3사에는 가스미, 다이에, 막스밸류 등 그룹 각 사에서 파견된 사원들이 모이고 있는데, 특히 이온 톱밸류에 우수한 사원들이 많이 포진되어 있다. 다른 기업문화를 가지고 있으면서도 공통의 가치관을 추출해서 팔리는 상품의 개발, 매장 연출, 판촉 활동에 진력하여 톱밸류의 급격한 매상고 증대에 크게 기여하고 있는 것이다. 그룹 기업에서도 톱밸류를 추가 입하해달라는 요청이 쇄도하고 있다.

현재 톱밸류는 7개 브랜드로 콘셉트를 확대하고 있다. 저가의 '톱밸류'를 중심으로 하면서 그 이하의 가격대를 노리는 '베스트 프라이스 바이 톱밸류'가 있고, 소재, 산지에 제법 신경을 쓴 고품질 브랜드인 '톱밸류 셀렉트'를 투입하여 저가부터 고품질까지를 망라하고 있다. 여기에 서브 카테고리로 안심안전 상품인 '그린 아이', 건강 지향 상품인 '헬시 아이', 친환경 상품인 '공환선언共環宣言', 간단히 조리할 수 있는 '레이디 밀' 등이 있다.

톱밸류는 이제 일본 최대의 소매기업 그룹인 이온의 NB 상품이 되었다고 말할 수 있을 정도로 급성장했다. 이온의 경우, 톱밸류의 거의 전 상품이 NB의 특매가격을 밑돌면서 확실하게 가격 리더십을 장악한 것으로 알려졌다. 하지만 톱밸류의 개발을 통해 알 수 있는 것은, 앞에서 본 세븐&아이의 세븐 프리미엄 개발의 철학과 접근방식은 다르더라도 제조기업과의 공존을 도모하고 있다는 점에서 공통점을 가지고 있다는 것이다. 톱밸류의 생산을 맡고 있는 중소·중견 제조기업들과 제판동맹의 자세를 견지하고 있는 것이 단적인 예이다.

제판동맹의 가능성을 높이는 본격적인 PB 시대

일본에서는 두부, 낫토(발효대두식품), 우유와 같이 특정 브랜드에 구애받지 않고, 그다지 대형 제조기업의 존재감이 크지 않으며, 맛이나 품질 면에서 차이가 나지 않는 상품 카테고리에서 PB 상품이 강점을 가진다는 것은 잘 알려져 있다. 카레, 맥주처럼 기호성이 강한 상품들은 과거에는 PB 상품화가 힘들었지만, 최근에는 대형 소매기업이 NB에 대해 도전장을 내면서 PB화를 추진하고 있다.

이 때문에 일본 소매업계의 PB 상품에 대한 기대는 이후에도 계속될 것 같다. 실제로 최근의 종합양판점을 비롯한 체인형 소매기업의 매상고가 전년 대비 1~2% 감소했음에도 불구하고 식료품 분야에서는 전년 대비하여 거의 비슷하게 유지한 것으로 밝혀졌다. 그 이유는 무엇보다 식품 PB가 건투했기 때문이라고 분석되고 있다.

하지만 현재 상황이 이렇다고 해서 앞으로도 소비자들이 계속해서 PB 식품을 지지하리라고 보기는 어렵다. 실제로 과도한 '선도신앙鮮度信仰'을 가지고 있어서 신선도가 그렇게 중요하지 않은 외국의 가공식품 상품조차 배제해온 일본의 소비자들이 소매기업의 PB 식품을 그렇게 쉽게 구조적으로, 그리고 계속해서 선호할 것이라고 단언하기는 쉽지 않다. 최근 중국산 만두에의 독극물 투입 사건의 교훈처럼 값싼 PB 상품의 원산지가 중시되거나 원료 사입, 가공, 보관, 배송의 전 과정에서 안전성까지 엄격하게 검사할 경우, PB를 이탈하여 NB로 복귀하는 현상이 나타날 가능성도 높다.

현재 PB 상품이 빠른 속도로 일본의 소비자들에게 침투되고 있는 것은 사실이다. 하지만 이런 현상은 어디까지나 전국적 규모의 점포를 가진 유력 소매기업이 선도하는 것에 불과하다. 따라서 일본의 일반적인 소비자 전체가 PB 상품을 선호하고 있다고 결론 내리기는 시기상조라고 할 수 있다. 저가 상품에 대한 기대는 높지만, 아직도 PB 상품에 대해서는 장기간에 걸친 유력 제조기업의 브랜드 정책과 마케팅 전략을 통해 소비자의 뇌리에 심어진 NB 상품에 대한 신뢰만큼은 얻지 못하고 있는 상황이다. 그래서 PB 전략을 한층 더 강화하고 싶은 종합양판점이라고 해도 PB 상품으로 대체할 수 있다고 판단하여 NB 상품의 판매 비중을 지나치게 줄이는 것은 현명하지 않다는 것을 알고 있다. NB 상품을 소홀히 할 경우 업태 내 경쟁을 넘어 이미 업태 간 경쟁에 돌입한 일본 소매업계의 신주역으로 등장하고 있는 카테고리 킬러에게 NB 상품의 매장을 빼앗길 우려가 있다는 것, 그리고 공정거래위원회의 독점금지법 위반에 대한 감시의 눈이 PB 강화를 도모하는 대형 소매기업으로 옮겨지고 있다는 점도 지적해야 할 것이다.

PB 상품과의 경쟁에서 그 입지를 좁혀온 NB 제조기업들은 소비자들의 뿌리 깊은 NB 선호와 제반의 환경 변화를 바탕으로 상생의 제판동맹의 원리에 따라, 소매기업에 대해 자신 있는 윈윈Win-Win 전략을 제안하고 적극적으로 구사하는 전략을 펼 것으로 보인다.

실제로 유수의 제조기업들은 PB와 NB의 특성을 잘 파악하여 소매기업에게 양자가 함께 공존할 수 있는 매장 만들기를 제안하고 있고, 저출산 및 고령화가 급속히 진전되는 상황을 고려하여 NB 상품의 사이즈를 줄이고 그만큼 가격을 낮춰 신규 수요를 늘리고 있다. 이익률이 떨어져 고민하는 소매기업은 항상 가격 경쟁을 의식해야 하는 PB 상품보다 이익을 낼 수 있는 NB 상품의 판매를 무시할 수 없다.

지금까지 살펴본 것처럼 일본에서는 대형 식품 제조기업들이 주도한 가격 인상에 대해 대형 소매기업들이 PB 상품의 강화를 중심으로 한 대항 전략을 펴서 소매기업과 제조기업 간에 새로운 갈등의 조짐이 나타나고 있다. 이런 부분에서는 일본의 유통 시스템이 소위 제판대립의 신시대를 맞이했다고 볼 수 있지만, 본격적인 PB 상품 생산으로의 전략 전환은 시각을 바꾸면 '공장을 가지지 않는 제조기업' 인 대형 소매기업이 더 절실하게 제조기업의 협력을 받을 수밖에 없 다는 점을 의미한다. 동시에 PB 상품의 이점은 NB 상품이 매장에 존 재함으로써 비로소 생기는 것이다. 그런 점에서 본격적인 PB 시대의 도래가 오히려 제판동맹의 가능성을 높이는 계기도 된다고 말할 수 있다.

시장 확대를 위한 통합 교섭

실패한 맥주 시장의 정권 교체

도쿄의 도의원 선거에서 자민당과 공명당의 연립 여당이 참패한 다음 날인 2009년 7월 13일, 《일본경제신문》의 톱기사는 여당 참패에 대한 내용이 아니었다. 그 대신 일본 식품업계 1위인 기린 홀딩스(이하 기린)와 2위인 산토리 홀딩스(이하 산토리)가 2008년부터 경영 통합을 전제로 물밑 교섭을 해왔다는 특종이 실렸다. 이후 실시될 중의원 선거에서 패전 후 64년 동안 이루어지지 않았던 선거혁명을 통한 최초의 정권 교체의 시금석이 될 도쿄의 도의원선거에 대한 보도가 왼쪽으로 밀려나서 조금 의아했지만, 톱기사가 일본 식품업계 1위인 기린과 2위인 산토리의 통합에 대한 것이었기에 바로 납득할 수 있었다.

도쿄와 오사카 등 일본 전역의 기온이 35도까지 오른 이 날, 성수기를 맞이한 비어가든에서 퇴근 후 맥주잔을 기울이며 자민당 정치의 종언과 이후 일본 사회의 향방을 논하던 일본의 샐러리맨들은 도심의 여름밤에 더욱 기염을 토하는 전자 입간판에서 기린과 산토리 통합에 대해 끊임없이 자막이 흐르는 것을 보면서, 언뜻 자신이 마시고 있던 맥주의 브랜드를 확인했을 것이다. 만약 그 맥주가 기린의 '이치반시보리'이거나 산토리의 '프리미엄 몰츠'였다면, 이후 양사가 통합되면 맥주가 어떤 브랜드로, 또 어떤 맛으로 변할까 하고 잠시 상상의 나래를 폈을지도 모른다.

처음에 기린과 산토리의 통합 가능성에 대한 보도가 나왔을 때만 하더라도 반세기 가까이 치열한 경쟁관계였고, 여러 가지 측면에서 너무나 다른 기업 문화를 가지고 있는 양사였기에 사람들은 반신반의했다. 하지만 빠르면 2009년 내의 통합 합의, 이후 16개월 이내에 중복사업의 정리 완료라고 하는 구체적인 로드맵이 알려지면서 양사의 통합은 기정사실화되었다. 당시에도 극히 일부이긴 하나 물밑에서 진전되고 있을 양사의 태스크포스에 의한 구체적인 통합 교섭 과정에서 통합의 백지화라는 불확실성도 존재한다는 신중론자도 있었다. 하지만 시간이 지나면서 언론이나 업계지에서는 양사 통합이 시너지 효과를 발휘할 것이기 때문에 절묘한 전략적 결정이라고 한목소리를 내기 시작했고, 나아가 거의 천편일률적으로 세기의 기업 간 결혼의 시기는 오히려 빨라질 수도 있다는 성급한 전망도 쏟아졌다.

기린과 산토리의 통합이 성사될 경우, 2009년 8월 31일의 중의원 선거에서 역사적 패배를 당한 자민당과 마찬가지로 일본 맥주 시장에서의 아사히맥주(이하 아사히)의 장기 집권도 종지부를 찍게 될 것이어서 더욱 세인의 관심이 모아졌다. 민주당 신정권이 여러 가지 면에서 자민당 장기 정권에 익숙한 일본 사회 전체에 깊은 영향을 미치게 되는데, 기린과 산토리의 통합이 성사될 경우에도 일본 맥주업계에서 단순한 정권 교체에 그치지 않는 엄청난 지각변동을 불러일으킬 계기가 될 것이 분명했다. 그 때문에 양사의 통합 논의에 대한 언론의 뜨거운 관심은 당연한 것이었다.

결론부터 말하면, 양사의 통합 논의는 예상과는 달리 백지화되었다. 2010년 2월 8일, 양사의 수뇌가 기자회견장에서 통합 논의가 결렬되었음을 공식적으로 밝힘으로써 막을 내리게 되었다.

이번 장에서는 기린과 산토리 양사가 통합 협상에 임하게 된 배경을 살펴보고, 그것이 성사되었을 경우 관련 업계와 유통 시스템에 미쳤을 파급 효과에 대해 살펴볼 것이다. 비록 양사의 통합 논의는 결렬되었지만 앞으로도 업계 재편을 위한 다른 형태의 통합 논의가 재현될 가능성이 있으므로 이 시점에서 양사 통합의 시행착오 과정을 냉정하게 돌아볼 필요가 있다. 양사 통합이 이루어질 경우에 탄생했을 거대한 식품 제조기업의 공격적 시장 전략과 졸지에 맥주업계 톱의 자리를 내주게 될 뻔했던 아사히의 대응 전략 여하에 따라서 일본 식품업계 전체의 재편, 나아가 아시아 지역 식품업계의 재편의 계기가 되었을 것이라는 점에서 비록 실패한 통합극이긴 하나 그 의의는 충분히 음미할 가치가 있다.

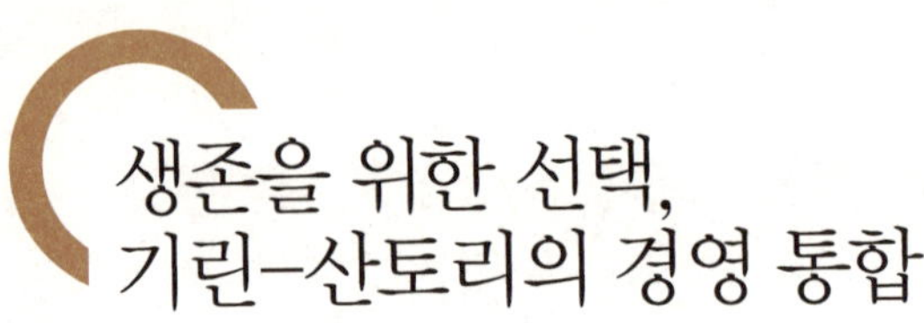

생존을 위한 선택,
기린-산토리의 경영 통합

물과 기름 같은 기업문화

기린의 2008년 12월기 연결 재무제표의 매상고는 2조 3,035억 엔으로 일본 식품업계 1위를, 산토리는 1조 5,129억 엔으로 2위를 차지했다. 그 결과 기린과 산토리 연합은 매상고에 있어서 네슬레(스위스), 유니리버(영국 및 네덜란드), 펩시코(미국), 크래프트푸즈(미국) 다음으로 세계 5위의 식품기업이 되면서 6위의 코카콜라(미국)를 따돌리게 된다. 세계적인 메이저 식품기업이 일본에서 탄생될 가능성이 보인 것이다. 양사가 통합된다면 일본 국내 시장에 한해서도 맥주류 시장 전체의 시장점유율에서 50%(2009년 상반기 점유율은 기린 37.5%, 산토리 12.7%로 양사 합계는 50.2%)를 넘어 아사히(36.9%)를 13% 포인트 차로 따돌리게 되고, 청량음료 시장에서도 오랫동안 걸리버 제조기업으로 군림한 코카콜라에 비견될 정도이다(2008년에 산토리 18.3%, 기린 11.1%로 양사 합계가 코카콜라의 29.4%와 동일).

양사 통합에 대한 여론의 평가는 긍정적이었다. 하지만 통합 교섭 사실이 보도된 후 통합이 순조롭게 이루어지지 않을 것이라는 애널리스트의 분석도 적지 않았다. 실제로 양사는 일본 식품업계 1위와 2위의 기업으로, 지금까지 맥주, 와인, 청량음료 등의 식품 분야에서 치열한 경쟁관계에 있었다. 시장 경쟁의 라이벌이 갑자기 파트너로 바뀌는 셈이 되므로 유통과 영업 현장의 당혹감은 충분히 예상할 수 있었다.

양사 통합을 회의적으로 보는 더 근본적인 원인은 양사가 너무도 다른 기업 풍토를 가지고 있기 때문에 규모의 경제를 달성하는 물리적인 결합은 가능하더라도 시너지 효과를 낼 수 있는 화학적인 결합은 어려울 것이라는 점에 있었다. 실제로 양사는 통치구조와 기업문화 면에서 너무나 큰 차이를 가지고 있다.

우선 기린은 명문 미쓰비시 그룹의 핵심 기업으로 상장회사인 반면, 산토리는 비상장기업으로 주식의 대다수를 친족이 가지고 있는 동족 회사이다. 양사의 본사가 도쿄와 오사카로 다른 것에서도 알 수 있듯이 양사는 각각 간토 지역과 간사이 지역을 대표하는 기업으로 기업문화도 다르다. 기린이 조직 플레이와 돌다리도 두드리고 건넌다는 합리적인 사풍을 가진 기업인 반면, 산토리는 '일단 해보라' 라는 도전자 정신을 사훈으로 할 만큼 자유분방한 사풍으로 유명한 기업이다.

몇 가지 예를 보면 양사의 기업문화의 차이를 알 수 있다. 기린은 일찌감치 '경제적 부가가치EVA' 제도를 도입해 부문별, 상품별로 엄밀하게 수익성 관리를 해왔다. 이에 반해 산토리는 1963년에 진입한 맥주 시장에서 45년간 적자가 나도 그것을 용인하다가 마침내 2008년에 흑자를 낸 것이 큰 뉴스가 될 정도로 통이 크다. 기린은 맥주업계에서 최초로 유통 리베이트를 폐지하여 도소매 거래처로부터 큰 원성을 샀으나, 기린보다 판매력이 떨어지는 산토리는 유통 거래처에 대해 아주 관대하다는 평가를 받고 있다. 최근 유행하고 있는 유통기업 브랜드에 있어서도 기린은 일체 인정하지 않는 반면, 산토리는 2009년 7월에 1위와 2위의 소매기업 그룹인 세븐&아이와 이온에 대해 맥아 사용량을 20% 이하 또는 맥아를 전혀 사용하지 않은 제3의 맥주('신장르' 맥주라고도 함)를 공급하기로 결정했다.

생존을 위한 톱 경영자들의 전략적 판단

이렇게 물과 기름처럼 전혀 섞일 수 없을 것 같은 양사가 어떻게 통합 교섭의 테이블에 앉을 수 있었을까? 이에 대한 해답은 양사의 톱 경영자의 전략적 판단에서 찾을 수 있다.

2008년 1월, 산토리 홀딩스의 사지 노부타다 사장은 기린 홀딩스의 가토 가즈야스 사장을 찾아가 통합을 제안했다. 말하자면, 산토리가 세기의 기업 간 결혼의 프러포즈를 한 셈이지만 기린도 망설임 없이 화답하며 산토리만의 짝사랑이 아니라 양쪽 다 서로에게 마음이 있었다는 것을 보여주었다. 가토와 사지는 1968년에 게이오 대학을 함께 졸업한 동문으로 서로 흉금을 털어놓을 수 있는 사이였다.

가토는 MIT 유학과 현지 법인의 사장 근무기간을 포함하면 미국에서 8년이나 머물러 서구식 합리주의가 몸에 배인, 말하자면 기린의 기업문화를 대변하는 사람이나 동시에 기린맨답지 않게 저돌적인 성격으로도 잘 알려져 있다. 예컨대, 2005년에 오랫동안 맥주업계의 관행이었던 리베이트 폐지를 단행한 것이 당시 상무였던 가토였다.

한편, 산토리 창업자인 토리이 신지로의 손자로 아버지 사지 게이조가 사장일 때 산토리에 입사한 사지는 자유분방한 산토리의 기업문화 DNA를 물려받은 인물이다. 그는 반세기 가깝게 적자를 냈기에 당연히 회사가 망할지도 모른다며 사내에서 분출하는 맥주 시장에서의 철수 요구를 봉쇄하면서까지 산토리의 기업문화인 도전자 정신을 관철하여 결국 흑자 전환으로 돌릴 때까지 한 번도 맥주 시장 철수를 고려한 적이 없다고 말했다. 그러면서도 일본을 대표하는 패밀리 기업인 산토리를 기린과 통합한다는 파격적인 구상에 대해 당연히 반대하는 가족 주주들을 한 사람씩 방문하여 논리적으로 설득하여 결국 전원에게 사전 통합 승낙을 받아낼 정도로 철두철미하기도 하다.

너무도 다른 배경에서 사장이 된 두 사람이지만 합리적이면서 저돌적이라는 공통점을 가지고 있고, 같은 대학의 동문으로 흉금을 털어놓을 수 있었다는 것이 양사 통합의 도화선이 되었다고 할 수 있다. 물론 양사의 톱 경영자가 여러 가지 점에서 서로 마음이 맞는다고 해서 간단하게 식품업계 1위와 2위 기업 간의 결혼이 성사될 리는 없다. 앞으로 살펴보겠지만, 일본 식품업계를 둘러싼 냉엄한 환경 변화에 대한 위기의식과 앞으로의 생존을 위해서는 불가피하게 업계를 재편해야 한다는 구상을 일본을 대표하는 톱 경영자인 두 사람이 공유하여 세상을 놀라게 한 양사 통합 논의에 임하게 되었다고 말할 수 있다.

식품업계의 냉엄한 환경 변화

원래 일본의 식품 제조기업은 업계 재편에 그다지 적극적이지 않았다. 한국이나 중국 등 아시아 세력이 대두되면서 위기의식을 느끼는 일본의 가전 및 자동차 제조기업이 적극적으로 업계 재편을 모색해온 것과는 대조적이다.

일본의 식품 제조기업이 업계 재편으로 덩치를 키우는 전략에 소극적이었던 이유는 가전이나 자동차 같은 장치 산업과 달리 대규모 투자도 그다지 필요하지 않고, 경기 변동이 업적에 바로 영향을 미치지 않기 때문이다. 게다가 창업의 역사가 긴 소위 노포 기업이 많고, 부동산 등 드러나지 않는 자산을 보유한 기업이 많아 자사의 사명社名이 소멸 또는 변경될 가능성이 있는 통합에 거부 반응을 나타냈기 때문이다. 물론 잃어버린 10년을 거치면서 체력이 떨어진 중견·중소 제조기업을 구제하기 위해 대형 제조기업이 움직인 사례는 적지 않지만 업계 재편의 물꼬를 틀 만한 대형 제조기업 간의 통합은 이루어지지 않았다. 예외적으로 2007년 수산식품 업계 1위의 마루하와 3위의 니치로가 통합한 마루하 니치로 홀딩스가 있긴 하지만, 이것은 당시 중국 등 신흥 공업국과의 수산자원 사입 경쟁에서 패배하여 업적이 악화된 가운데 통합이 이루어진 것이라 큰 의미를 부여하기는 힘들다.

이런 상황에서 기린과 산토리라는 강자끼리의 통합은 단순히 매상고 1위와 2위의 거대 제조기업 간의 결합일 뿐만 아니라, 2008년에 1,030억 엔과 792억 엔으로 창사 이래 최고의 경상이익을 올린 기업 간의, 말하자면 시장 성적표에서 올A 학점을 받은 기업 간의 결혼이라는 점에서 일본의 식품업계뿐만 아니라 산업계 전체를 보더라도 전례를 찾아보기 힘든 사례였다. 일본 기업사에서 충격적인 사건이라고 말할 수 있는 양사 통합은 어떤 불가피한 요인이 있었기에 양사의 톱 경영자가 전면에 나서도록 했을까?

우선, 식품업계를 둘러싼 냉엄한 환경의 변화 때문이다. 단적으로 양사 통합을 서두르게 한 요인으로 우선 일본의 저출산 고령화 현상과 알코올을 경시하는 풍조를 들 수 있고, 그 다음으로 이를 타개하기 위한 불가피한 선택으로 국제화의 필요성을 들어야 할 것이다.

저출산 고령화 시대와 알코올 경시 풍조

농림수산성의 조사에 따르면 일본 식품산업의 국내 생산액은 이미 1998년에 93조 엔으로 정점에 달했고, 이후 저출산 고령화의 진전으로 축소 경향을 보여 2006년에는 85조 엔으로 축소된 것으로 알려졌다. 속된 말로 표현하자면, 식품 산업의 시장 규모는 일본인 전체의 위장 수와 크기에 비례한다. 저출산은 위장의 수를 줄이고 고령화는 위장의 소화량을 줄인다고 할 수 있다.

국내 시장의 저출산 고령화에 더하여 청년층의 알코올 기피 현상은 주류를 생산하는 식품 제조기업에게는 치명적인 문제가 되었다. 실제로 주류 전체의 출하량도 1999년이 정점이었다. 버블 경제의 종언, 종신고용제의 붕괴와 성과급 제도의 도입, 신입사원의 채용 감소 등으로 인해 일본 회사원들의 퇴근 후 교류방식으로 유명한 '노미니케이션Nomination' 문화가 깨졌다. 노미니케이션이란 술을 마시면서Nomu 대화한다Communication는 의미의 일본식 조어이나 지금은 거의 사어死語가 되었다. 직장의 분위기가 살벌하게 변하면서 사원 간의 교류가 격감하여 20대 남성의 약 30% 정도가 술을 안 마신다는 통계도 나오고 있다.

이러한 알코올 기피 현상에 대해 4개 사 과점 생산체제인 일본 맥주 제조기업들의 위기감은 커졌다. 실제로 일본의 맥주 시장은 이미 1994년에 출하량 기준으로 절정을 맞았다. 이에 대한 타개책으로 맥주 제조기업들은 불황의 지속과 소득 감소를 맥주 경시현상의 큰 원인으로 판단하여 주세가 싼 유사 맥주를 출시하여 판매가격을 인하하는 전략을 동원했다. 실제로 주류세가 스탠더드 맥주보다 싼 '발포주發泡酒'와 '제3의 맥주'를 출시하기에 이르렀다. 주류세 절약을 위해 발포주는 맥아 사용량을 줄인 것이고, 맥주업계에서 '신장르'라고 통칭하는 제3의 맥주는 맥아를 20% 이하 또는 전혀 사용하지 않은 것이다. 하지만 유사 맥주를 생산하여 맥주류 시장 전체의 출하 수량은 회복되었지만 매상고는 계속 감소되었다.

기린과 산토리는 이러한 저출산과 고령화 시대, 알코올 경시현상 등으로 인한 국내 시장의 축소 경향에 대한 위기의식을 공유하고 있었다. 그 결과, 기린과 산토리가 취한 대책이 바로 일본과 달리 확대를 계속하고 있는 아시아 오세아니아 지역 시장에 진출하는 것이었다. 하지만 일본에서는 업계의 정점에 군림했지만 세계적 기업과의 경쟁이 기다리고 있는 신흥 마켓에 단독으로 진출해서는 생존을 보장받을 수 없다는 것을 통감했기에 전략적 제휴의 궁극적 방법으로 양사 통합을 선택한 것이다.

피할 수 없는 국제화의 물결

과거 일본의 과점 제조기업의 국제화 전략은 기술 및 상품 개발의 요람으로 거대한 규모의 내수 시장에서 질 좋은 상품으로 경쟁 기업을 제압하고 난 뒤 세계 시장에 나가는 것이었다. 하지만 인구 감소에다가 양극화 현상이 가속화되고 있는 일본에서 더 이상 안정적인 내수를 기대할 수 없게 되었다.

기린의 가토 사장은 일찍이 내수 시장에서의 한계를 인식했기에 국제화만이 살 길이라고 사내의 전략 부문을 독려했다. 실제로 2015년 12월기까지 매상고 3조 엔, 매상고 영업이익률 10%(08년은 7.6%)를 목표로 하는 'KV2015'의 기치를 올리고, 그 일환으로 호주의 우유 제조기업 1위와 맥주 제조기업 2위를 매수하고 필리핀의 맥주 제조기업 1위를 매수했다. KV2015의 높은 목표를 달성하기 위해서는 이후에도 매수 합병이 불가피하지만, 아시아 오세아니아 지역에서 매수해야 할 기업은 이미 다 매수해버린 상태였다.

한편 국내 맥주 시장에서 고전하고 있던 산토리는 1995년에 상해에 진출하여 대성공을 거두었다. 기린과 아사히가 일찍이 유통 채널을 장악한 탓에 압도적 강세를 보이는 국내 시장을 벗어나 상해 시장에서 시행착오를 거쳐 배타적인 위치를 차지했다. 지금도 상해 맥주 시장에서 약 40%의 점유율을 확보하고 있는 산토리이지만, 어느 날 예상치 못한 강적이 등장하게 된다. 다름 아닌 중국 최대 맥주 제조기업인 '화윤설화'가 상해에 거대한 맥주 공장을 건설 중이고, 이 공장이 2009년 말부터 가동할 예정인 것으로 알려진 것이다. 수많은 중소 제조기업이 난립하는 맥주업계를 정리할 방침을 세운 중국 정부의 세제 지원에 힘입어 2006년에 청도맥주의 '청도'를 누르고 1위에 오른 화윤설화의 '설화'는 2008년에 벨기에의 '버드라이트'를 누르고 세계 1위를 자랑하게 되었다.

2002년에 미국을 누르고 세계 1위의 맥주 소비국이 된 중국 시장의 2008년 생산량은 시장 축소 중인 일본의 약 7배나 된다. 산토리로서는 당연히 상해 시장을 기반으로 광대한 중국 시장 전체를 노리고 있지만 상당한 자금을 재투자할 필요가 있었다. 이 때문에 풍부한 자금을 가지고 있으면서 숙적인 아사히가 먼저 진출한 중국 맥주 시장에 적극적으로 진출하려고 하는 기린과의 연계를 전향적으로 고려하게 된 것이다.

기린의 해외 부문 매상고는 2008년 12월기에 5,700억 엔으로 전체 매상고의 약 25%를 차지한다. 아시아 오세아니아 지역의 매상고는 4,700억 엔이었다. 한편 산토리는 기린만큼 국제화가 진전되지 않아 해외 부문의 매상고는 2008년에 1,820억 엔으로 전체의 12%에 지나지 않았고, 아시아 오세아니아 지역의 매상고는 1,054억 엔에 그치고 있었다.

산토리는 중국 시장에서 맥주뿐만 아니라 캔커피나 녹차 등의 청량음료 부문에서도 상당한 지명도를 가지고 있다. 기린으로서는 산토리가 약한 우유 제품의 공급이 가능하며, 산토리의 중국 유통 채널을 이용하여 자사의 주력 맥주 브랜드인 '이치반시보리'의 판매 확대를 강구할 수 있다. 양사가 통합하면 서로의 생산 거점과 유통 채널을 활용하면서 공격적인 중국 시장 전략을 펼 수 있는 계기가 될 것이었다.

양사의 통합 구상은 이러한 내외 환경 변화에 대응하기 위해 수립된 고도의 전략이었다고 평가할 수 있다.

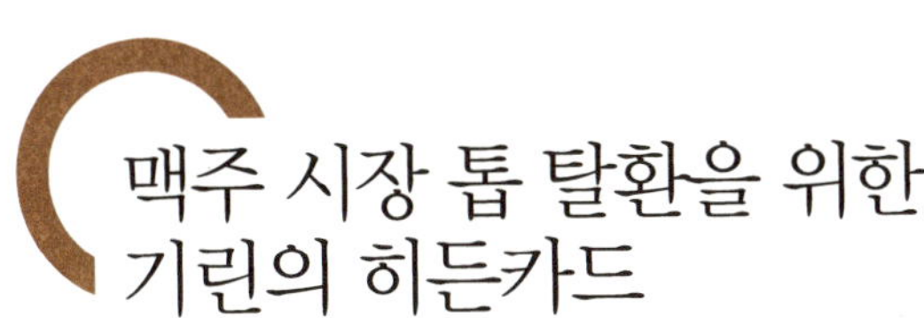

맥주 시장 톱 탈환을 위한
기린의 히든카드

통합극에서 소외된 아사히맥주

지금까지 기린과 산토리 간의 통합 논의의 배경으로 거시적인 차원에서 내외의 환경 요인에 대해 살펴보았다. 하지만 이것만으로는 양사가 왜 통합 논의의 테이블에 앉게 되었는가에 대한 의문이 완전히 풀릴 것 같지 않다. 단적으로, 왜 일본 최대의 맥주 제조기업인 아사히는 이번의 강자 간 통합 논의의 주역이 되지 못했을까? 왜 같은 간사이 출신의 산토리와 아사히의 통합은 고려되지 않았을까? 이에 대한 의문에 답하는 것이야말로 이번의 기린과 산토리의 통합 논의의 숨겨진 진상을 알게 해주는 것과 동시에 앞으로 일본 식품업계의 재편 방향을 추측할 수 있게 해준다.

굳이 밝힐 필요도 없이 일본 맥주 시장의 최대 제조기업은 아사히이다. 아사히는 1998년에 맥주업계 톱의 자리를 회복한 이후 2008년까

50년 가까이 맥주 시장의 톱으로 군림했던 라가 맥주

지 그 자리를 빼앗기지 않고 있다(2009년 통계를 보면 제3의 맥주를 포함한 맥주류 전체의 공장 출하량에서 기린이 아사히를 약간 앞섰다는 보도도 있지만, 판매수량에서는 여전히 아사히가 앞섰다).

하지만 아사히가 집권하기 전 일본 맥주 시장의 패자(霸者)는 '라가' 브랜드만으로 거의 50년 가까이 맥주 시장의 톱으로 군림했던 기린이었다. 업계 톱의 자리를 놓고 펼치는 기린과 아사히 간의 공방전은 일본의 유통 및 마케팅 텍스트에 꼭 등장할 정도로 유명하다. 그 역사적 전개과정을 살펴보면 기린과 산토리 통합 논의의 숨겨진 배경이 드러난다.

유통을 제압한 아사히의 진격

일본의 맥주 시장은 본래 '대일본맥주'의 천하였다. 그러나 대일본맥주의 지나친 과점 상태를 우려한 당시의 통상산업성(현 경제산업성)은 '과도경제력집중배제법'에 의해 1949년에 회사를 2개 사로 분할한다. 그리하여 회사는 오사카를 중심으로 한 서일본지역을 사업 근거지로 하는 아사히맥주와 도쿄를 중심으로 한 동일본지역의 시장을 가지게 되는 일본맥주(1964년에 삿포로로 사명 변경)로 갈라지게 되었다. 2개 사로 분할된 이후 1953년 시장점유율은 일본맥주 33.5%, 아사히맥주 33.3%, 기린맥주 33.2%로 거의 비슷하였다.

이후 기린은 비약적으로 시장점유율을 늘려 1976년에 63.8%로 압도적인 강자가 되었다. 패전 이전의 일본에서 맥주라고 하면 고급 술로 고급 레스토랑이나 요정 등의 외식 및 업무용 시장에서 주로 팔렸고, 유통 채널은 대일본맥주에 의해 장악되어 있었다. 분할 이후에도 여전히 상대적인 약자였던 기린은 당시까지 수요가 적었던 가정용 시장을 노렸고, 고도성장기를 맞아 개인 소득이 늘게 되자 이 유통 채널 전략이 주효하면서 비약적인 발전을 이룰 수 있었다. 결과적으로 일본에서 맥주라고 하면 따로 말할 필요도 없이 기린의 '라가'로 인식될 정도로 큰 성공을 거두게 된 것이다.

맥주 시장에서 기린의 괄목할 만한 성장은 구태의연한 유통 채널 전략을 고수하고 있던 아사히의 시장을 잠식하여 1985년에는 아사히의 점유율이 9.6%까지 떨어지고 말았다. 시장점유율이 10% 미만까지 떨어진다는 것은 소매점에서 취급을 거부하는 마지노선을 넘어선 것으로, 이는 곧 시장에서 퇴장 명령을 받는 것을 의미했다.

회사 존망의 위기상황에 처한 아사히는 급히 스미토모 은행의 사상 최연소 부행장이었던 히구치 히로타로를 사장으로 맞아 타개책을 강구하게 되었다. 히구치는 '전례가 없으니까 한다'라는 슬로건으로 대대적인 개혁에 착수했고, 이윽고 '맥주의 맛을 바꾼다'는 기상천외한 프로젝트를 가동했다. 당시에는 라가가 대표적이지만 맥주라고 하면 약간 달짝지근하면서도 쓴 맛이 유일했다. 이에 대해 히구치는

젊은 층을 대상으로 야심차게 출시된 아사히의
슈퍼드라이 맥주

5,000명에 대해 앙케트 조사를 실시한 결과, 소비자들은 라가와는 정반대의 맛 즉, 달지 않고 담백한 맛을 선호한다는 것을 알게 되었다. 이런 소비자의 요구를 상품화하기 위해 아사히의 상품 개발 담당자의 피와 눈물의 결정으로 탄생한 것이 바로 1987년 2월에 출시된 '슈퍼드라이' 이다. 입에 넣었을 때의 향기로움과 목에 넘겼을 때의 청량감을 동시에 구현한 슈퍼드라이는 특히 젊은 층의 지지를 받아 출시된 해에 바로 1,350만 상자(1상자는 633ml 20병)라는 엄청난 판매량을 기록했다.

특히 아사히는 당시 급격히 대두되던 편의점과 자동판매기가 젊은 층이 주로 이용하는 유통 채널이 될 것임을 직시하여 수퍼드라이의 용기를 종래의 유리병이 아닌 캔으로 대체했다. 이는 일본의 마케팅사에서도 획기적인 것으로 알려져 있다. 유통을 제압한 자가 시장을 제압한다는 논리는 일본 제조기업의 마케팅 철칙인데, 아사히는 편의점과 자판기라는 신유통 채널을 장악하여 이 논리를 증명해보인 것이다.

계속되는 기린의 시행착오

당연한 결과지만 기린의 라가는 급격히 점유율을 빼앗기면서 만회책을 강구하게 되었다. 1998년에 아사히를 흉내 내어 '기린 드라이'를 출시하고, 그해에 산토리와 삿포로도 드라이 맥주의 생산에 착수한다. 소위 '드라이 전쟁'이 발발하게 되나 선발자 우위성을 가진 아사히의 압승으로 끝났다. 당황한 기린은 1990년에 청량감을 강조하면서 중장년층을 타깃으로 한 이치반시보리를 투입하여 라가와 투톱 시스템을 구축하려고 하지만 오히려 브랜드 정책의 난맥亂脈을 불러왔다. 그러다가 1996년에 라가의 생산기법을 열처리 방식에서 생맥주 방식으로 전면 개량하게 되는데, 이는 오히려 종래의 라가를 지지하던 고객들의 이반을 부르게 된다.

기린이 시행착오를 거듭하는 와중에 슈퍼드라이에 경영 자원을 집중한 아사히의 진격은 계속된다. 기린의 맥주 시장 점유율은 아사히의 반격이 시작된 1986년(59.6%) 이후 해를 거듭할수록 떨어져 1989년에는 49%, 1998년에는 38.4%로 아사히에게 역전되면서 45년 동안 계속된 맥주 시장(발포주의 출하량을 제외한 스탠더드 맥주 시장)에서의 지위를 아사히에게 넘겨주게 되었다. 아사히 슈퍼드라이는 20년간 연속 1억 상자 이상을 판매하는 톱 브랜드의 지위를 유지해왔다.

특기해야 한 것은 기린이 1998년에 세금이 낮은 발포주 시장에 진출하여 '단레이나마'를 출시했다는 점이다. 경기가 침체된 가운데 출시된 이 저가 유사 맥주는 소비자들의 환영을 받으며 대히트 상품이 되었다. 결국 발포주를 포함한 맥주류 전체 시장 점유율에서 기린이 아사히를 근소한 차로 따돌리면서 맥주류 전체 업계의 톱 자리를 유지할 수 있었다. 기린은 저가 발포주로 가까스레 체면을 유지했지만 아사히 등의 경합 기업도 곧바로 발포주 생산에 착수하여 '발포주 전쟁'

이 시작되었다. 2001년에 아사히도 발포주인 '혼나마'를 히트시키면서 기린은 마침내 맥주류 전체의 시장점유율에서 아사히에게 뒤지고 말았다(아사히 38.7%, 기린 35.8%, 삿포로 15%, 산토리 9.7%). 한편 2004년에 궁지에 빠진 삿포로가 맥아를 전혀 사용하지 않은 '드래프트원'을 출시하고 타사가 이를 추종하면서 '제3의 맥주 전쟁'이 발발하기도 하나, 아사히는 2008년까지 한 번도 기린에게 스탠더드 맥주는 물론 맥주류 전체의 톱의 자리를 양보한 적이 없다.

기린과 아사히 간에 벌어진 맥주 전쟁의 역사를 돌아보면, 압도적인 시장점유율을 가지고 있던 기린이 슈퍼드라이가 출시된 1986년 이후 아사히에 맞서 얼마나 인고의 세월을 보냈는지를 알 수 있다. 명문 미쓰비시 그룹의 핵심 기업인 기린의 좌절은 기린의 역대 경영자 중 가장 기린에 로열티를 가지고 있다고 평가되는 기린의 가토 가즈야스 사장에게는 너무나 굴욕적인 것이었다. 1968년에 대학 졸업과 동시에 기린에 입사하여 회사 생활의 거의 전부를 영업 현장에서 보낸 가토는 기린의 영고성쇠를 직접 경험한 인물이다. 가토에게 있어 아사히 슈퍼드라이의 약진은 바로 기린의 영업 현장에서의 좌절과 굴욕을 의미하며, 당연히 '타도 아사히'는 가토의 머리와 가슴에 깊이 박힌 인생의 과제였음이 분명하다. 아사히와의 정면 대결을 피해 발포주 쪽으로 도망가는 등 궁여지책을 펴보기도 하고 다수의 브랜드를 투입하는 멀티 브랜드 전략도 펴보았지만, 아사히의 아성을 무너뜨릴 순 없었다. 기린만으로는 아사히 타도의 꿈을 이룰 수 없다는 것을 통감한 가토가 동병상련의 산토리와 손을 잡으려 한 것은 어쩌면 당연한 결과였을 것이다.

드라이 맥주 시장에서의
자존심 회복을 위한 산토리의 선택

간사이 출신 명문 기업 산토리의 시련

한편 기린만큼은 아니더라도 산토리도 아사히에 대한 적대심이 결코 작지 않았다. 산토리는 일본에서 최초로 위스키와 와인을 생산하여 서구식 음주문화를 보급한 기업으로, 사회적으로 존경받는 명문 기업의 반열에 들어 있었다. 같은 오사카를 발상지로 하나 1949년에 분할하여 지금의 형태를 갖춘 신흥 기업인 아사히에 대해, 산토리는 같은 주류 제조기업이라고 해도 아사히를 한 수 아래로 보는 자존심이 강한 기업이었다.

산토리는 주력 상품인 위스키 시장의 확대가 쉽지 않은 상황에서 1963년에 맥주 사업에 진출한다는 결정을 내렸다. 하지만 위스키의 이미지가 너무 강한 탓에 맥주 시장에서는 고전이 계속되어 무려 46년 동안 적자를 기록했다. 다행스럽게도 위스키 다음으로 청량음료 등의 식품 부문이 산토리의 주력 부문이 되어 높은 영업이익을 가져다주었기 때문에(2008년 12월기에 매상고의 55%, 영업이익의 80%) 산토리는 맥주 사업을 포기하지 않을 수 있었다.

하지만 누적 적자가 1,000억 엔을 넘었다는 소문이 나돌 정도로 산토리의 맥주 사업은 문제였다. 당연히 철수해야 한다는 주장이 사내에서 제기되었다. 하지만 1974년에 입사하여 1981년에 오사카지점장을 거치면서 맥주 판매에 전력투구해온 산토리의 사지 노부타다 사장은 맥주 사업에서의 철수는 생각하지도 않았다. 맥주 부문은 '산토리의 기폭제이면서 건전한 적자 부문'이라고 주장하며, 산토리의 도전정신의 상징으로 맥주 사업을 포기하지 않았다. 물론 그도 내심 불편했을 것이다. 특히 같은 오사카 출신인 아사히의 약진을 눈앞에서 보면서 스트레스를 많이 받았을 것이다.

실제로 아사히와 산토리의 주요한 전쟁터는 간사이 지역으로 겹친다. 주 전장인 스탠더드 맥주 분야에서 산토리는 라가 같은 간판 브랜드를 가지지 못했지만, 1986년에 총력을 기울여 맥아 100%의 '몰츠'를 생산하면서 전기를 잡는 듯했다. 실제로 처음에는 순조롭게 매상고를 늘렸다. 하지만 다음 해에 출시된 아사히 슈퍼드라이의 폭발적 히트로 몰츠는 급격히 퇴조했다. 이어서 아사히 슈퍼드라이 붐에 편승하여 산토리도 드라이 맥주 시장에 진입했으나, 실상은 아사히 슈퍼드라이의 생산량이 부족한 탓에 그 여파로 겨우 팔리는 정도에 그쳤다. 이렇듯 아사히에 대한 사지의 원한과 콤플렉스는 형언하기 어려울 정도로 커질 수밖에 없었다.

만년 꼴찌에서의 탈피

사지의 맥주 사업에 대한 집념은 바로 아사히에 대한 투지의 산물이었다. 적자를 두려워 말고 슈퍼드라이에 지지 않을 맥주를 만들라고 상품 개발 부문을 독려해온 것은 잘 알려진 사실이다. 다행스럽게도 2003년에 산토리가 맥아 100%에 일체 다른 원료를 사용하지 않고 쓴맛과 좋은 향을 내는, 홉을 종래보다 2배 사용한 몰츠의 고급판인 '프리미엄 몰츠'를 생산하면서 행운의 여신이 산토리에게 미소를 짓게 된다. 프리미엄 몰츠는 아사히 슈퍼드라이보다 약 20% 정도 높은 가격을 설정하여 타깃의 중복을 피했다. 특히 2005년 유럽의 식품 콘테스트인 '몽드 셀렉션Monde Selection'에서 최고금상을 수상, 이를 대대적으로 선전하면서 소비자들이 몰리기 시작했다. 같은 셀렉션에서 3년 연속 최고금상을 수상하게 되면서 시장에서의 인지도가 크게 제고提高되었고, 이윽고 가히 프리미엄 몰츠 붐이라고 할 만큼 수요가 늘어났다. 결국 2008년 12월기에 46년 만에 흑자를 달성하면서 동시에 맥주류 전체의 시장점유율 12.4%를 차지하여 삿포로를 제치고 4대 과점 맥주 제조기업 중 만년 꼴찌라는 오명을 벗을 수 있었다.

하지만 사지 사장은 3위를 차지했다고 해서 만족하지 않았다. 그는 맥주류 시장 전체를 4등분한 25%를

산토리를 맥주 시장 만년 꼴찌에서 탈피하게 해준 프리미엄 몰츠 맥주

목표 점유율로 생각했다. 하지만 숙적 아사히의 37.8%라는 시장점유율은 요지부동이었다. 슈퍼드라이의 기세가 좀처럼 꺾이지 않는 현실에서 아사히에 대적하기 위해서는 산토리 단독으로는 불가능하므로 사지는 결국 기린과의 제휴만이 아사히를 꺾을 수 있다는 것을 통감하게 된다. 결국 사지는 가토에게 기업 간의 결혼을 위한 구애작전에 나서게 되었고 의기투합한 두 사람이 양사 통합의 자리에 나서게 된 것이다.

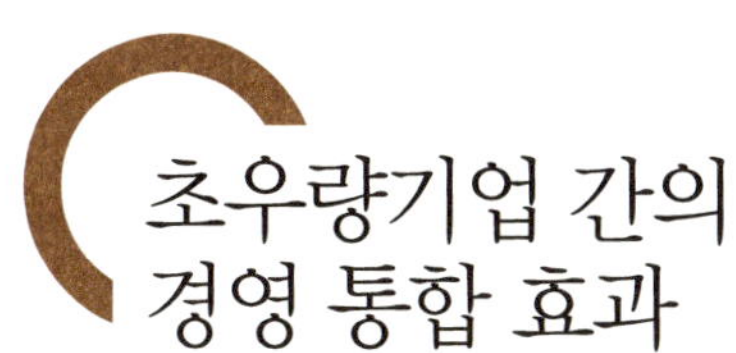

초우량기업 간의
경영 통합 효과

유통 영업과 상품 개발을 보완하는 시너지 효과

앞에서 살펴본 바와 같이, 식품업계 1위와 2위의 초우량 기업인 기린과 산토리가 세상이 놀랄 만한 경영 통합 교섭에 들어가게 된 가장 큰 배경으로 저출산 고령화 시대, 알코올 기피로 인해 일본 시장이 축소되는 상황에서 국제적 식품 메이저 기업의 주 전장으로 바뀌고 있는 아시아 오세아니아 지역에서 활로를 찾을 수밖에 없다는 위기의식을 양사가 공유하게 된 것을 들었다. 일반적으로 일본의 언론이나 업계지들은 이 점을 강조하고 있다. 이에 더하여 필자는 양사의 통합 논의를 서두른 톱 경영자의 집념에도 초점을 맞추어 오랫동안 맥주 시장에서 압도적인 지위를 가지고 있는 아사히라는 강력한 라이벌을 의식하여 양사 통합이 논의되었다고 강조했다.

당초 기린과 산토리의 통합 교섭은 비상장기업인 산토리의 주가 평가 방법에 있어서의 불협화음, 나아가 공정거래위원회에 의한 독점금지법의 엄격한 적용 등에서 불확실성은 존재하지만, 양사의 톱 경영자 간의 신뢰관계가 돈독하며 최근 공정거래위원회가 제조기업에게 관대하다는 점에서 통합이 가능할 것이라는 것이 일반적인 논조였다. 실제로 양사 통합이 실현되면 양사는 공동자재 조달, 생산 거점 및 물류 시설의 공유라는 큰 이점을 얻을 수 있게 된다. 하지만 양사의 통합은 단순한 규모의 경제를 추구하는 것이 아니라 상품 포트폴리오 전략에서 이상적인 조화를 이룰 수 있는 범위의 경제의 이점을 얻게 되는 것에 통합 교섭의 진정한 의미가 있기에 통합의 가능성은 누구도 의심치 않았다.

실제로 애널리스트와 여론들도 긍정적인 평가 일색이었다. 양사의 다른 기업문화가 결과적으로 주력 사업 및 상품의 포트폴리오에 있어서 오히려 이상적인 통합을 가능하게 했다는 분석도 나돌았다. 실제로 양사의 주력 사업은 맥주, 양주 및 와인의 주류, 청량음료, 건강식품 등의 4개 부문을 들 수 있으나, 구체적인 상품에서 경합하기보다 오히려 시너지 효과를 발휘할 수 있는 가능성이 높았다. 예컨대, 맥주류에 있어서 프리미엄 맥주는 산토리의 프리미엄 몰츠가 압도적이고, 스탠더드 맥주는 기린의 이치반시보리가 강고한 지위를 가지고 있어 양사의 주력 상품 간의 자기 식구 잡아먹기 즉, 카니발리제이션Cannibalization 이 생기지 않을 가능성이 크고, 청량음료는 기린의 '오후의 홍차' 가, 탄산음료는 산토리의 '펩시' 가 강해 양사 간에 충돌할 가능성은 그다지 없었다.

더하여 유통 영업과 상품 개발에서도 절묘한 보완관계가 존재한다.

기린은 본래 유통 부문이 뛰어난 기업으로 유명한 반면 산토리는 상대적으로 유통 영업 부문이 취약하다. 상품 개발에서는 합리적인 기업문화를 중시하는 기린이 1패도 용인하지 않는 탓에 신상품 개발을 주저하는 반면에 '일단 해보라'는 도전자 정신을 장려하는 산토리는 8승 7패면 잘했다고 평가하여 상품 개발에 있어서 아주 적극적이다. 히트할 수 있는 상품의 노하우를 공유하는 한편 다양한 상품 구색의 경연이 가능하게 되는 것이다. 결국 너무 다른 유통 영업 체계와 상품 개발 문화가 오히려 절묘하게 시너지 효과를 거둘 가능성을 높여주는 것이다. 그래서 기린과 산토리의 통합은 시간 문제인 것으로 여겨졌다.

다른 식품 제조기업들의 재편 움직임

기린과 산토리의 통합 가능성은 물론 다른 식품 제조기업들의 재편 또는 식품을 다루는 소매업계의 대응을 불러일으키기 시작했다.

무엇보다 이번 통합 교섭의 원인을 제공한 아사히의 동향이 주목되었다. 아사히의 수뇌부는 이번 통합 교섭에 대해 경악하고 있었다. 비록 맥주류 시장에서는 2008년 말 시점에 8년 연속 톱의 자리를 차지하고 있었지만, 기린과 산토리 연합의 전체 매상고 약 3조 8,200억 엔은 아사히의 전체 매상고의 2.6배에 이른다. 이에 대항하기 위해서는 아사히도 본래 한가족이었던 삿포로와의 통합 가능성을 강구할 필요가 있었다. 실제로 1960년대 아사히의 경영 위기와 2007년 2월에 발생한 미국의 투자 펀드 스틸 파트너즈에 의한 삿포로 매수 소동 때 양사의 통합안이 부상되기도 했다. 하지만 한가족이더라도 오랫동안 헤어져 있으면 재결합이 쉽지 않은 것처럼 양사는 이미 너무나 다른 기업 풍토를 가지고 있었다. 나아가 기린과 산토리처럼 상품 포트폴리오에 있어서 보완 또는 시너지 효과를 발휘할 수 있는 분야가 거의 존재하지 않아 단지 맥주류 시장점유율 확대라는 결과에 그칠 뿐이었다. 결국 아사히는 당분간은 국내의 동업 제조기업과의 재편은 고려하지 않는 대신 해외 기업 매수를 통해 사세 확장을 노릴 것으로 알려졌다. 실제로 아사히는 중국 2위의 맥주 제조기업인 청도맥주와의 자본 제휴를 서두르고 있다고 한다.

이러한 상황을 고려한 듯 삿포로는 기린과 산토리의 통합 교섭이 알려진 지 한 달밖에 지나지 않은 2009년 8월에 음료 제조기업인 '폿카 코퍼레이션' 발행 주식의 20%를 확보했다고 발표했다. 또 앞으로 자본 제휴뿐만 아니라 업무 제휴도 본격화할 것으로 밝혀졌다. 폿카는 우유 및 과자 제조기업인 메이지 홀딩즈와 이미 자본 및 업무 제휴관계에 있었다. 따라서 향후 맥주, 음료, 식품 부문에 있어 2008년도의 합계 매상고가 1조 6,364억 엔의 강력한 3사 연합이 탄생하게 되었다. 일본에서는 앞으로 아사히와 삿포로 연합의 새로운 재편도 있을 수 있다는 견해도 나오고 있었다.

연쇄적인 새로운 기업 간의 통합

이러한 식품 제조기업 간의 합종연횡은 앞으로 일본의 산업계에 많은 파급 효과를 미칠 것으로 예상되었다. 먼저 백화점과 종합양판점 등의 대형 소매기업 간, 그리고 대형 도매기업 간의 통폐합이 한층 더할 것으로 전망되었다. 판촉비 삭감 등 거래 조건이 악화하는 것이 아닌가 하고 우려하는 대형 소매기업으로서는 당분간 디플레 경제가 계속될 상황에서 유통가격 경쟁에서 살아남기 위해서는 바잉 파워를 키우기 위한 몸집 불리기를 계속하지 않을 수 없다고 판단했기 때문이다.

그 밖의 식품 및 일용품 제조기업들도 재편 움직임이 활발해질 것으로 보도되었다. 일본에서는 드물게 과점형 산업인 맥주업계에 있어서 이번의 강자 간 통합 논의는 도토리 키재기를 해온 식품 및 음료 제조기업, 그리고 일용품 제조기업에게 큰 충격을 주었고, 통합을 통한 규모 확대가 거대 소매기업과의 거래 조건을 개선하는 방안이 된다는 인식을 새롭게 가지게 하였다.

지금까지 국제화는 자동차와 가전 부문에서 성행했다. 그러나 종래 내수 시장에서 경합해온 기린과 산토리가 이번의 통합 논의를 계기로 활발하게 국제화를 진전시킬 것이 예상되기 때문에 향후 일본 내수형 기업의 아시아 오세아니아 지역 진출이 활기를 띨 것으로 보도되기도 했다.

기린과 산토리의 통합 논의는 일본에서도 한국이 IMF 경제위기를 극복하기 위한 방법으로 택한 소위 빅딜이 바야흐로 채택되기 시작한 것으로, 만약 이 통합이 실현되면 연쇄적으로 새로운 기업 간 통합이 과속화되면서 한국을 포함한 아시아 오세아니아 지역의 비자동차, 비가전 부문의 소비재 제조기업 간에 새로운 경쟁관계가 시작되는 계기가 될 것이었다. 그래서 한국 등 아시아의 소비재 제조기업들도 일본의 식품업계에서 시작된 이 통합극을 예의주시하고 있었다.

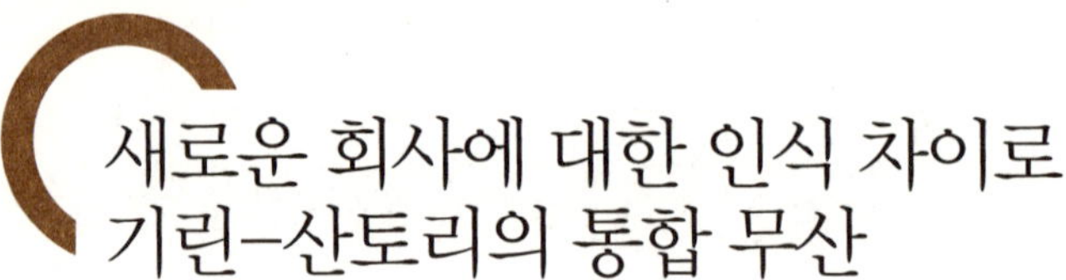

새로운 회사에 대한 인식 차이로
기린-산토리의 통합 무산

무산된 경영 통합

2010년 2월 8일 오전 11시 30분, 기린의 가토 가즈야스 사장과 산토리의 사지 노부타다 사장은 도쿄 아카사카의 산토리 구 도쿄 본사 빌딩에서 약 30분 정도의 짧은 만남을 가졌다. 양사 간의 역사적 통합을 결국 단념한다는 최후의 공식회담이었다. 사지는 가토를 배웅하면서 "가토군, 나중에 저녁이라도 같이 하자"고 말했고 가토는 고개를 끄덕였다.

40년 전 게이오 대학 캠퍼스에서 가토는 상학부, 사지는 경제학부에서 대학생활을 보냈지만, 당시에 두 사람이 만날 일은 없었다. 통합 교섭을 계기로 최근 두 사람은 서로 반말을 주고받을 정도로 친해졌기에 통합된 새로운 회사에서 함께 일할 기회를 무산시킨 통합 결렬에 대한 아쉬움이 컸다. 2월 8일 오후에 가토와 사지는 각각 기자회견을 열어 경영 통합 무산을 공표하고 그 이유에 대해 양사 간에 메울 수 없는 인식의 차이가 있었다고 밝혔다.

통합 교섭 결렬의 이유

시계바늘을 2년 전으로 돌려보자. 2008년 초, 두 사람은 일본을 대표하는 맥주 및 식음료 기업의 톱으로서 도쿄의 한 음식점에서 만나 함께 술잔을 기울였다. 경영 통합에 대한 두 사람의 의지와 비전은 일치했고 서로 간에 신뢰감이 싹텄다. 의기통합한 두 사람은 이후 물밑에서 양사 간의 통합을 논의했고, 2009년 7월에 《일본경제신문》에 특종 보도된 후 양사의 통합 교섭이 공식화되면서 양사 간의 세기의 혼담은 급물살을 타게 되었다. 양사의 통합을 가로막는 여러 가지 장애물이 있지만 두 사람의 우정이 이를 극복할 것이라고 세인은 믿었다. 그러나 2009년 11월 들어 양사 통합에 균열이 생기기 시작했다.

11월 말, 양사 통합에서 가장 중요한 과제인 통합 비율이 제시되었다. 기린이 제시한 비율은 기린 1에 대해 산토리가 0.5였다. 기린이 산토리의 기업 가치를 기린의 절반으로 책정한 것이다. 비상장기업이긴 하나 매상고에서 기린의 약 70%, 이익에서도 약 60% 가까운 산토리로서는 실망하지 않을 수 없는 비율이었다. 산토리는 비공식적으로 대등 통합을 강하게 주장했기 때문에 사지 사장이 크게 역정을 낸 것은 쉽게 예상할 수 있다. 사지는 기업의 사회적 역할을 중시하는 가문의 전통에 따라 산토리가 오랫동안 문화사업에 진력해왔다는 점 등 회계에서 드러나지 않는 노포 기업의 브랜드 파워가 있다고 믿어 의심치 않

았기 때문에 기린이 제시한 산토리의 기업 가치는 도저히 수용할 수
없는 것이었다.

양사 간에 통합 비율의 인식 차가 너무 컸기 때문에 결국 양사 통합
의 발표 예정일은 2009년 12월 16일에서 2010년 1월 13일로 연기되었
다. 양사의 재무 담당자 간의 교섭은 연말과 신정을 반납하고 거의 철
야작업으로 이루어졌으나 합의점에 도달할 수 없었다. 2010년 새해,
결국 양사의 톱은 비밀리에 만나서 통합 비율을 정치적으로 조정하기
시작했다. 기린은 0.7까지 비율을 올렸고, 산토리는 0.9를 마지노선으
로 제시한 것으로 알려졌다. 기린이 0.75까지 통합 비율을 올렸다는
이야기도 나오는데, 그렇게 되면 통합 기업에서 산토리 대주주의 존재
가 지나치게 커지게 된다는 난제가 나오게 된다.

이미 밝혔듯이 산토리는 패밀리 기업으로 거의 모든 주식을 창업가
일족이 가지고 있다. 구체적으로는 산토리 그룹의 지주회사인 산토리
홀딩스 주식의 90%를 산토리 창업가 일족의 자산관리 회사인 고토부
키 부동산이 가지고 있다. 상장기업인 기린은 2월 10일 결산 발표를 앞
두고 있었기 때문에 주식시장에서 빨리 최종 의사를 결정하라는 무언
의 압력을 받지 않을 수 없는 상태였다.

본래 가토는 통합 회사에서 산토리의 대주주가 1/3 정도의 주식을
소유하더라도 상장기업으로서의 투명성을 확보할 수 있다고 낙관했으
나, 고토부키 부동산의 의향을 반영한 산토리 측의 대응이 완고한 것
을 보면서 통합 이후의 회사가 과연 투명성과 독립성을 확보할 수 있
을 것인가에 대해 자신감을 잃게 된 것 같다. 기린 측은 최후까지 사장
인 가토의 의사를 존중하고자 했으나, 가토는 이미 통합 교섭을 끝낼

결심을 굳히고 있었다. 그리하여 결국 2월 8일의 최종 회담에서 가토는 사지를 만나 무거운 표정으로 이 정도에서 통합 교섭은 끝내자고 말했다.

사지는 기자회견에서 새로운 회사가 출범하게 되면 상장기업과 비상장기업의 좋은 점을 반반씩 채택할 예정이었다고 밝혔다. 결국 최후의 단계에 와서 양사의 톱이 새로운 회사에 대한 인식에서 커다란 차이를 드러내게 되었고, 이 때문에 세기의 기업 간 결혼은 파혼으로 끝나게 되었다.

통합 무산 그 이후

통합 교섭의 결렬에 대해 주식시장은 크게 실망한 듯 기린의 주가는 월요일인 2월 8일에 전 주말 대비 7.35% 하락했다. 2월 10일 기린은 부사장이자 가토의 게이오대학 후배인 미야케 센지가 새로운 사장으로 취임한다고 발표했다. 가토는 스스로 대표권이 없는 회장으로 물러남으로써 통합 무산에 대한 책임을 졌다. 미야케는 취임사에서 "중국과 아시아에서 적극적인 M&A 및 연계를 실시하겠다"고 밝혔고, 가토는 앞으로도 거대한 기업 간 통합과 같은 "비연속적인 발상을 실현해주기 바란다"고 말했다.

기린과 산토리 통합이 무산된 것에 대한 일본의 재계 및 언론계의 일반적인 견해는 글로벌 경쟁이 가열되고 있는 상황에서 우물 안 개구리와 같았던 일본 기업이 살아남기 위한 새로운 경영 모델이 될 것으로 기대했던 탓에 크게 실망했다는 것으로 요약할 수 있다.

반면에 통합 무산을 반기는 분위기도 없지 않다. 산토리의 역대 사장들이 톱을 역임했던 간사이의 일부 재계 단체의 간부들은 앞으로 도쿄에 대한 집중이 가속화할 계기가 될지도 모를 양사 통합이 무산된 것에 대해, 간사이의 대표적 기업으로서 산토리의 독자적인 기업 풍토가 유지되는 것으로 판단하여 고무적으로 받아들이고 있다. 무엇보다도 소매업계는 크게 안도의 한숨을 쉬고 있다. 거대 식품 제조기업의 탄생은 바로 사입 가격 등의 거래 조건에 있어서 소매기업의 교섭력이 떨어지는 것을 의미하기 때문이다.

말할 나위도 없이 기린과 산토리의 통합 무산에 대해 가장 기뻐하는 기업은 아사히일 것이다. 2월 8일 양사 통합이 무산된 바로 그날 오후 2시, 아사히는 마치 일부러 맞춘 듯이 3월 26일자로 아사히 사장 오기타 히토시가 회장으로 취임하고 이즈미야 나오키 전무가 사장으로 승진한다고 발표했다. 기린의 가토가 대표권이 없는 회장으로 물러난 것과 달리 오기타는 대표권이 있는 회장의 자리에 오르게 되었다. 가토, 사지와 함께 치열한 맥주 전쟁을 거듭해온 오기타는 "앞으로 맥주 시장에서 치열한 전쟁이 시작될 것이지만, 강력한 브랜드를 가지고 있는 당사는 그러한 전쟁에 말려들 생각은 없다"고 말하며 여유로운 표정을 지었다. 산토리의 사지는 창업가의 대주주답게 경영 책임을 추궁당하지 않고 앞으로도 사장으로서 산토리 그룹을 지휘하게 되었다.

기린과 산토리의 통합 실패에 대해 일본의 거의 모든 신문은 사설을 통해 깊은 안타까움을 표시했다. 국내 소비시장이 끝모르게 추락하는 반면, 거대한 아시아 오세아니아 지역 시장이 부상하는 현실에서 '갈라파고스 현상'에 빠져 있는 일본 제조기업이 살아남기 위한 대형 우량기업 간의 시범적 통합 모델이 될 것이라고 믿어 의심치 않았기 때문이었다. 남태평양의 작은 섬인 갈라파고스의 동물들이 외부의 진화 과정과는 전혀 다른 진화과정을 겪음으로써 결국 몰락할 수밖에 없었던 상황이 바로 갈라파고스 현상이다. 국내 경쟁으로 일관하다가 세계적인 소비 트렌드를 무시하였기에 침몰해가는 일본의 제조기업을 자조적으로 표현하는 이 갈라파고스 현상은 휴대폰 시장이 전형적인 예이지만 음료 시장도 예외는 아니다. 음료 시장에서의 갈라파고스 현상으로부터 벗어나기 위해 업계 정점에 군림하고 있는 기린과 산토리가 통합의 장점을 발휘하여 신흥 시장에 좀 더 적극적으로 진출할 것을 기대했지만, 예상 밖의 통합 결렬에 일본의 언론은 장탄식을 금할 수 없는 모양이다. 일본의 제조기업이 글로벌 기업으로 탈바꿈할 수 있었던 천재일우의 기회였다는 점에서 일본의 음료업계뿐만 아니라 다른 제조업계에 대해서도 너무나 아픈 통합 교섭의 실패였던 것이다.

위 대 한
기 업 을
뛰 어 넘 는
이 기 는
기 업

글로벌 소매기업의
성공과 실패

9장

일본에서 성공한 글로벌 패스트패션 기업

포에버21과 H&M의 일본 시장 진출

2009년 4월 29일, 미국 로스앤젤레스를 거점으로 하는 패스트패션 의류 체인점인 '포에버21'이 젊은이의 거리로 유명한 도쿄 하라주쿠에 지하 1층과 지상 4층으로 된 일본 직영 1호점을 개점했다. 패스트패션이란 최신 디자인과 유행을 신속하게 반영한 의류 상품을 대량으로 생산하여 싸게 파는 장사법을 말한다. 포에버21은 이미 텔레비전과 신문, 잡지, 인터넷 등에서 센스있고 귀여운 디자인이면서도 아주 값싼 미국발 패션 브랜드가 일본에 상륙한다고 크게 화제가 된 탓에 일본에서의 첫걸음은 아주 순조로웠다. 실제로 하라주쿠점 개점 당일, 문을 열기도 전에 2,000명 이상의 고객들이 줄을 섰고, 첫날 내점객이 7,000명 이상인 것으로 보도되었다.

개점 축하식에 참석한 한국계 장도원 사장은 성공적인 론칭에 자신감을 얻은 듯 기자회견장에서 일본 도심 요충지에의 노면점路面店을 중심으로 간사이를 포함한 지역에 조기에 100개 점포 체제를 확립하겠다는 의욕적인 포부를 밝혔다. 포에버21의 기세는 누그러지지 않고 5월의 소위 골든위크 연휴 8일 동안 8만 4,000명이 내점했고, 개업 4개월이 지난 8월 말 현재 내점자 수는 200만 명을 돌파한 것으로 알려졌다.

일본의 소비자가 국제적인 패스트패션 의류 기업에 대해 열광하는 현상은 이미 2008년 9월 13일에도 나타난 바 있다. 미국의 갭, 스페인의 자라와 함께 세계 캐주얼 의류 시장의 3대 브랜드 중 하나인 스웨덴의 헤네스 앤드 모리츠H&M가 도쿄 긴자에 지하 1층, 지상 3층으로 된 일본 1호점을 개점했을 때였다. H&M 1호점 개점일에도 8,000명에 가까운 고객들이 쇄도하여 점포 안에 들어가는 데 4시간 이상이 걸릴 정도였다. H&M은 2008년 11월에 2호점인 하라주쿠점을 오픈했고, 2009년 9월에 들어서 수도권에서 잇달아 3개 점포를 개점하였다. 특히 9월 19일에는 시부야점을 개점했는데, 일본 최대 규모인 2,800㎡를 자랑하면서 앞으로 본격적인 일본 시장 공략의 사령탑으로서의 포지션을 가지게 되었다. H&M은 출점 공세를 늦추지 않고,

11월에 신주쿠점을 개점한 데 이어 2010년 3월에는 오사카의 신사이바시에 간사이 지역 최초의 점포인 에비스바시점을 개점했다.

시부야와 하라주쿠는 일본의 젊은 층들이 밀집하는 지역이다. 포에버21과 H&M, 그리고 이미 일본에 진출하여 시장 지위를 확보하고 있는 갭 및 자라와 같은 구미의 패스트패션 의류 기업은 이 지역을 중심으로 앞다투어 도심지에 대형점을 출점하는 전략을 펴면서, 패션에 민감하나 호주머니 사정이 여의치 못한 젊은 층들의 마음을 사로잡고 있다. 한편 미국의 '애버크롬비 앤드 핏치'가 2009년 12월 15일에 긴자에 아시아 1호점을 개점했고, '빅토리아즈 시크릿' 같은 구미의 유명 패스트패션 브랜드의 도쿄 입성에 대한 소문도 끊임없이 들리고 있다. 한편, 일본 패스트패션의 지존인 국민 브랜드 '유니클로'를 활성화시키고 있고 세계적인 패스트패션 기업으로 주목받고 있는 패스트리테일링도 이 지역에 점포 출점을 가속화하고 있다. 실제로 유니클로는 이미 신주쿠와 긴자에 대형점을 출점했고, 시부야에도 2개 점포를 가지고 있으나 2010년 3월에 매장 면적 1,650㎡의 초대형 점포를 시부야에 개점했다.

포에버21 하라주쿠점과 H&M 긴자점의 개점일 풍경

일본 소비자를 만족시킨
H&M과 포에버21의 일본 적응 전략

일본 시장에서 고전하는 글로벌 소매기업

최근에 들어와 세계적인 패스트패션 기업의 일본 진출이 활기를 띠고 있는 것과 대조적으로 지금까지 전 세계를 무대로 출점 전략을 구사해 온 글로벌 소매기업들은 일본 시장에서 참담한 성적표를 남기고 있다. 사무용품의 글로벌 소매기업인 오피스맥스(미국), 드럭스토어의 부츠(영국), 화장품의 세포라(프랑스)가 풍부한 상품 구색과 파격적인 가격을 앞세워 자신만만하게 일본 시장에 진출했지만 슬그머니 철수할 수밖에 없었고, 하이퍼마켓 업태로 전 세계를 석권한 세계 2위의 까르푸(프랑스)도 일본 영업 연수가 채 5년도 안 된 시점에서 전면적으로 철수하고 말았다. 약 20년 전에 일본에 진출한 완구류 디스카운트 스토어인 토이저러스(미국)와 2002년에 종합양판점의 세이유를 산하에 편입시켜 슈퍼센터로 업태 전환을 서두른 월마트(미국)도 일본 시장에서 영업이익을 올리지 못하고 있다.

이러한 일본 시장에서의 글로벌 소매기업들의 고전은 국제적인 관심사가 되고 있다. 실제로 몇 년 전에 필자가 참가한 유럽의 글로벌 유통 심포지엄의 어떤 세션에서는 일본 시장에서는 왜 서구의 쟁쟁한 글로벌 유통기업이 성공하지 못하는가가 화제가 된 적이 있었다. 그 세션에서는 글로벌 소매기업들이 일본 시장에 적응하지 못하고 철수해 버린 탓에 '글로벌 소매기업의 무덤'이 여기저기 생겨버린 일본 시장의 특수성과 폐쇄성을 강하게 비판하는 톤 일색이었다.

실제로 오랫동안 일본 시장은 구미 선진국에 비해 특수하고 그 때문에 폐쇄적이라고 비난받아왔다. 그러나 일본 시장도 과거에 비해 상당히 달라졌다. 필자가 생각하기에는 일본 시장의 특수성과 폐쇄성을 논할 때 반드시 제기되었던 일본형 유통의 구조적 특징과 상관습상의 특징은 1980년대 이후 거의 개선되었거나 소멸되고 있다. 즉, 영세하고 과다하며 생업적인 소매 구조와 다단계적인 도매 구조를 특징으로 하는 일본형 유통은 유통 정보 및 물류 혁명의 진전과 대형 소매기업 위주의 소매시장 과점화로 인해 급속히 서구형으로 변모하고 있다. 한편 과점 제조기업이 고도성장기에 구축한 유통 계열화가 급속히 붕괴되고 있는 것에서 알 수 있듯이 합리적인 경제관계보다 인적 신뢰관계를 중시하는 장기적이고 계속적인 상 관행과 거래제도는 사어화死語化되는 대신 서구적 거래관계가 정착되고 있다.

이처럼 일본 시장이 서구형으로 변하고 있음에도 불구하고 왜 글로벌 소매기업들은 일본에서 성공하지 못하고 있을까? 이에 대한 정답은 접근 불가능할 것이라는 일본 시장에서 업태로서의 위용을 급격히 확대하고 있는 패스트패션 의류 기업의 주도면밀한 전략에서 엿볼 수 있다. 이들은 일본에 자신들의 무덤을 남기고 철수했던 과거의 글로벌 소매기업들이 글로벌 시장에서 통용했던 저가와 폭넓은 상품 구색을 중심으로 한 비즈니스 모델을 가지고 일본 시장을 공략하는 원 패턴one pattern 전략 즉, 표준화standardization 전략의 문제점을 반면교사反面敎師로 삼은 것이다.

H&M의 비즈니스 모델

H&M이 종래의 글로벌 소매기업들과 달리 일본에 진출한 후에도 순조롭게 점포망과 판매실적을 확대하고 있다는 사실은 많은 시사점을 준다. 1947년에 스웨덴에서 창업한 후 현재 약 30여 개국에서 약 1,600개 점포를 낸 H&M은 스톡홀름 본사에서 100명의 디자이너가 매년 50만 개의 품목을 개발하고, 디자인에 착수한 지 3주 만에 점포에 상품을 진열한다. 납입 상품은 100% 점두店頭 판매를 원칙으로 하며, 자사 공장을 가지지 않는 대신 전 세계 700개 사의 협력 공장에서 생산한다. 생산부터 판매까지 스스로 하는 소위 SPASpecialty Retailer of Private Label Apparel 비즈니스 모델은 미국의 갭이 창안했으나, H&M은 갭의 SPA 비즈니스 모델에 '패션'이라는 시점을 도입하여 비약적으로 발전시켰다. 일반적으로 갭을 '제1세대 SPA'라고 한다면 H&M이나 자라 등의 신흥 세력은 그것을 진화시킨 '제2세대 SPA'라고 할 수 있다. 제2세대 SPA 기업이 바로 패스트패션 의류 기업이라고 해도 과언이 아닐 것이다.

H&M은 일본 최대 최강의 패스트패션 의류 기업인 패스트리테일링

(점포명은 유니클로)을 질적 양적으로 훨씬 능가하는 경영 실적을 남기고 있다. 매상고는 2008년에 1조 1,010억 엔으로 패스트리테일링(2008년 5,684억 엔)의 약 2배가 되고, 영업이익률도 22.7%로 패스트리테일링 (14.9%)보다 월등하게 높다. H&M은 유럽과 북미 같은 선진국을 중심으로 진출하고 있고 또 진출한 지역에서 거의 예외 없이 성공을 거두고 있었음에도 불구하고, 세계 2위의 소비대국인 일본에 진출하는 데는 아주 신중했다. 제2세대 SPA의 기수로서 명성이 높긴 하지만, 일반적으로 선진국에서 통용되던 점포, 입지, 상품 등의 리테일 믹스를 그대로 들여오지 않았다. 대신 글로벌 소매기업들의 실패를 교훈으로 삼아 신중하게 시장조사를 거친 후 일본 소비자들의 애고愛顧를 얻기 위해 적합한 형태로 개량한 리테일 믹스를 가지고 일본 시장에 들어왔다.

구체적으로 살펴보자. H&M은 일본 소비자를 위한 적응 전략으로 과거의 글로벌 소매기업들이 실행한 저가 일변도에 그치지 않았다. 단적으로 H&M 3개 점포의 콘셉트가 모두 다르다. 예컨대, 1호점인 긴자점은 오피스 레이디 중심의 상품 구색(점포 면적은 약 1,000㎡), 2호점인 하라주쿠점은 유행에 민감한 젊은 층 중심의 구색(약 1,500㎡), 3호점인 시부야점은 어린이용 의류도 포함한 풀라인full line 구색(약 2,800㎡)으로 각 지역의 소비자 특성에 맞춘 리테일 믹스 전략을 구사하고 있다. 아직 소재, 사이즈, 진열 방법 등에서 문제점도 많지만, 까다로운 일본 소비자를 위해 세계 최초로 어패럴 업계 경험이 풍부한 일본인 여성을 '품질 매니저'로 채용하기도 했다. 더욱이 H&M은 2004년부터 유명 디자이너와 연계하여 상품을 출시하고 있는데, 2008년에는 꼼 데 가르쏭Comme des Garçons 브랜드로 유명한 세계적인 디자이너 가와쿠보 레이와 계약을 맺었는데, 이는 일본 시장을 공략하는 타이밍과 맞아 떨어졌다.

포에버21의 비즈니스 모델

H&M이 일본 시장을 공략할 때 사용한 전략은 후발 주자인 포에버21에게 좋은 본보기가 되었다. 본래 포에버21은 폭넓은 상품 라인을 자랑하는 기업으로, 전 세계에서 약 100만 개의 아이템 상품을 조달한다. 단, H&M과 달리 사내 디자이너를 최소화하여 2,000개에 이르는 벤더를 통해 상품을 현금으로 사입하여 판매하는 OEM형을 취하기 때문에 H&M보다 약 20% 정도 싼 가격대를 유지하고 있다. 이 점에서는 H&M 등의 기본적인 비즈니스 모델인 SPA 전략을 취하지 않는다.

그 대신 SPA 기업에 비해 개발 및 상품 조달에 걸리는 시간을 단축할 수 있고, 또 2,000개의 벤더가 마치 사내 기업처럼 상품을 제안해주기 때문에 다양한 상품 구색이 가능하다. 한 가지 형태의 상품을 발주 단위로 하고, 상품이 매진되더라도 다시 추가 발주를 하지 않는다. 그럼에도 불구하고 전 세계에 460개 점포를 가지고 있기 때문에 규모의 경제 효과는 유지된다. 일본에서는 포에버21의 뛰어난 비즈니스 모델이 진가를 유감없이 발휘하여 점두에만 5~6만 개의 상품을 비치하고, 점포 내 창고의 재고까지 합치면 10만 개의 상품을 보유하고 있다. 포에버21은 미국에서 거의 매일 상품을 공수하여 공항에서 직접 하라주쿠의 점포로 납입하고 있는데, 결과적으로 H&M에 뒤지지 않을 정도의 패션성을 보유하게 되어 일본 소비자들은 포에버21이 SPA형 기업에도 전혀 뒤지지 않는 패스트패션 의류 기업이라고 여기고 있다.

더욱이 포에버21은 2009년 4월 21일에 '포에버21 재팬'의 공식 사이트를 개설하면서 2가지 특기할 만한 콘텐츠를 고객들에게 제공한다고 발표했다. 일본 순문학 분야의 신인에게 주는 일본 최고 권위의 아쿠타가와상을 수상한 가네하라 히토미가 소설 '포에버21'을 연재하고, 젊은 층에게 압도적인 인기를 얻고 있는 오키나와 출신의 혼혈 여성가수인 BENI의 오리지널 송인 '포에버 21'을 일부 다운로드가 가능하도록 서비스하기 시작한 것이다. 이는 젊은 여성들의 또래 우상을 교묘하게 동원하여 포에버21의 상품을 구매하는 젊은 여성들뿐만 아니라 앞으로의 구매 예비군들에게 꿈과 감동과 스토리를 제공하려는 것이다. 포에버21은 하라주쿠점의 성공적인 론칭을 통해 대비약의 전야를 맞이하고 있다고 하겠다.

'싫증'에 대응하는
이케아의 '순' 전략

소비자 만족을 추구하는 '순' 전략

지금까지 국제적 패스트패션 의류 기업인 H&M과 포에버21의 일본 시장 전략을 살펴보았다. 일본 유통기업의 영고성쇠를 기술하려고 하는 이번 장의 취지와는 무관한 것 같지만 그렇지 않다. 양사는 글로벌 소매기업의 참패와 일본 대형 소매기업의 쇠퇴를 반면교사로 삼아 일본 유통의 주역으로 화려하게 등장하여 우리에게 많은 교훈을 주었다.

양사의 공통점은 사전에 일본 소비자들의 소비 패턴을 신중하게 연구한 뒤 일본 시장에 진출했다는 것이다. 양사는 현대 일본 유통 시스템의 진정한 주역으로 등장한 소비자들의 심리적, 행동적 특성으로 '싫증'이라는 키워드를 추출하고 이에 대응하기 위해 '순旬'이라는 콘셉트를 중시하는 전략을 폈다.

'순'이란 본래 일본 요리에서 언급되는 개념으로, 제철 재료들이 본래 가진 자연의 맛을 가장 잘 살려낸다는 전제에서 비롯되었다. 해산물이든 청과물이든 가장 신선하고 맛있는 제철이 있는데, 이를 놓치지 않고 재료를 조리해서 식탁에 올리는 것이 바로 '순'을 중시하는 요리이다. 물론 '순'을 넘긴 식재료는 상품 가치가 급격하게 떨어지게 된다.

최근에는 '순'이라는 개념이 단순히 요리에서만 추구되는 데 그치지 않고 마케팅이나 유통 시스템에서도 자주 언급된다. 예를 들면, 일본 맥주 업계의 톱인 아사히맥주는 자사의 간판 브랜드인 아사히 슈퍼 드라이를 공장에서 출하한 지 3~4일 안에 점포에 배송한다는 '순' 전략을 펴고 있다. 최상의 선도를 유지하는 것이 최상의 맛, 그리고 최고의 고객 만족으로 연결된다는 것이다. 다른 회사도 이를 추종하면서 일본 맥주 시장은 이제 '순' 경쟁으로 바뀌고 있다.

1959년에 창업하여 일본의 어패럴 업계에서는 후발주자였던 월드는 1993년 이후 종래의 도매 전략을 접고 소매기업으로의 탈피를 선언하며 SPA 기업으로 전환했다. 그 결과 월드는 자사의 소매점포에서 소비자 정보를 상품 생산에 바로 반영하도록 하는 궁극적인 QRQuick Response 시스템, 구체적으로는 시즌 인season-in 후에 감지하게 된 소비자 니즈를 놓치지 않기 위해 시즌 중에 추가 주문, 생산을 거의 실시간으로 대응하는 방식을 구축했기에 현재 어패럴 업계에서 부동의 톱 지위를 지키고 있다.

요컨대, 성숙 시장에서의 치열한 경쟁에서 경합 기업에 대해 차별적 우위를 확보하기 위해 이 '순'이라는 개념은 점점 더 중요한 위치를 차지하고 있다. 소비자의 니즈를 반영하지 못한 상품은 상품 가치가 없는 썩은 물고기 같은 존재에 지나지 않는 것이다.

　이러한 '순'을 중시하는 상품 전략은 일견 마케팅의 불변의 철칙인 상품의 '계획적 진부화 planned obsolescence' 전략과 비슷하게 보인다. 하지만 계획적 진부화 전략과 '순' 전략은 근본적으로 다르다. 전자는 과점 제조기업의 상투적인 시장 전략으로, 신상품에 대한 구매욕을 불러일으키기 위해 의도적으로 예전 상품의 수명을 단축시키고 소비자를 자극하려고 한다. 이에 비해 후자는 최고의 선도와 최적의 타이밍으로 빠르게 싫증을 느끼는 소비자의 마음을 끌고자 한다. 계획적 진부화 전략이 어디까지나 과점 제조기업이 주체라면 '순' 전략은 궁극적인 소비자 만족을 추구한다.

　앞에서 살펴보았듯이 난공불락이라고 여겨졌던 일본 시장에서 지금까지 승승장구하고 있는 H&M과 포에버21 등의 패스트패션 기업들이 공통으로 싫증을 잘 내는 일본 소비자들에게 '순' 전략으로 접근한 것을 알 수 있다.

이케아의 일본 시장 전략

의류 분야의 패스트패션 브랜드는 아니지만 가구 분야에서 패션성을 중시하는 전략을 펼쳐 세계 시장을 석권해온 스웨덴의 이케아IKEA가 2006년에 일본에 진출한 이후의 행보도 특기할 만한다. 이케아 재팬은 치바현 후나바시시에 1호점을 개점한 후 순조로운 출점과 매상고.증대를 계속하여 현재 5개 점포 체제를 유지하면서 연간 2,000만 명의 내점객을 자랑한다. 2009년 9월기에는 영업이익이 전년 대비 44% 증가

20년 후 일본에 재상륙한 이케아

하여 520억 엔의 매상고를 기록하였다.

지금은 이렇지만 사실 이케아도 1986년에 일본에서 철수한 과거가 있다. 이케아가 일본에 처음 상륙한 것은 1974년이었는데, 까르푸 등의 글로벌 소매기업들과 마찬가지로 표준화 전략의 오류를 범하여 철수할 수밖에 없었다. 스웨덴 본사가 저가격과 고품질의 상품을 과신하여 일방적으로 상품 공급 전략을 펼쳐 일본 소비자들의 특성인 '싫증'을 잘 이해하지 못했던 것이다. 20년 후 다시 상륙에 임했을 때는 전 세계 약 1,400개의 거래처가 개발한 9,000개의 아이템 상품을 저가로 판매하되, 과거에는 소홀히 했지만, 적시적량適時適量의 상품 공급에 불가피한 물류센터를 2008년에 아이치현 야토미시에 설립하여 가동하고 있다.

이케아 재팬이 특별히 중요하게 생각하는 것은 역시 싫증을 잘 내는 일본 소비자들을 위한 점포 및 디자인 전략이다. 예컨대, 이케아 재팬

1호점인 후나바시점의 2층 입구에는 다다미를 깐 일본의 전통 방인 소위 '와시쓰'를 갖추고 있다. 이것은 일본 소비자들이 가구를 선택할 때 참고하도록 설치한 것이지만, 와시쓰에는 일본식 가구뿐 아니라 이케아가 제공하는 북유럽식 가구도 잘 조화된다는 것을 보여주고 있다. 이것은 내점객이 눈과 손으로 직접 확인할 수 있도록 한 장치로, 이케아가 자랑하는 소위 '룸세트'의 일본판이다. 2층 매장으로 들어가면 전 세계에서 조달된 9,000개의 아이템 상품과는 별도로 2~3년에 한 번씩 출시하는 'PS 콜렉션' 코너가 있다. 신소재를 사용하는 등 혁신적인 고민 끝에 탄생한 의욕적인 상품이 약 100가지 가까이 되는데, 이 중에는 사외의 유명 디자이너가 만든 상품도 적지 않다. 이런 점에서 소비자의 싫증에 대응하기 위해 점포와 디자인 전략을 펴는 것을 알 수 있다. 이케아는 가구의 패스트패션 기업으로서 일본 소비자들의 지지를 받고 있는 것이다.

소비자의 '싫증'에 대해 점포와 상품, 그리고 각종 고객 만족을 위한 콘텐츠 등에서 '순' 전략으로 대응이 가능한가의 여부야말로 일본 시장에서의 성패가 결정된다는 것을 H&M과 포에버21, 그리고 이케아 등의 패스트패션 기업들은 잘 알고 있다. 이런 '순' 전략이야말로 일본 기업이든 외국 기업이든 일본 시장에서 소매기업이 성공하기 위해서 벤치마킹해야 할 전략이다.

싫증을 유발하는 대형 소매기업의 비즈니스 모델

종전 일본 유통의 패권을 쥐었던 백화점과 종합양판점 기업은 과거의 성공에서 벗어나지 못하고 구태의연한 상품 및 점포 전략으로 일관하여 소비자들이 싫증을 느끼게 만들었다. '순'과는 거리가 먼 전략을 편 것이다.

일본의 백화점은 1904년에 미쓰코시가 소위 '백화점 선언'을 한 이후 업태로서 약 100년의 역사를 가지고 있다. 100년의 오랜 역사 속에서 최초의 근대적 소매업태로, 그리고 1972년에 종합양판점인 다이에에게 그 자리를 물려줄 때까지 최대의 소매업태로 군림하기 위해 머천다이징 및 입지 전략 등에서 그때 그때 임기응변형의 경영 쇄신에 착수했다. 그러나 백화점들은 실질적으로 1세기 동안 비즈니스 모델을 거의 바꾸지 않았다. 당연히 각 백화점들은 도토리 키재기 식으로 비슷비슷한 경영기법을 가지고 있다. 한편 종합양판점도 1957년에 다이에가 제1호 일본형 GMSGeneral Merchandise Store를 만들고 1960년대에 이토요카도와 세이유 등이 본격적으로 추종하여 현재의 골격을 형성했지만 백화점과 마찬가지로 거의 50여 년 동안 비즈니스 모델을 거의 바꾸지 않았다.

백화점과 종합양판점은 종래의 성공 방식을 고집하여 내점하는 고객들에게 안심을 줄진 몰라도 결국 고객들은 싫증을 느끼게 된다. 이들 전통적인 소매업태와 달리 패스트패션 기업은 점포와 상품의 '순'을 유지하고 재생산함으로써 감동과 흥분이라는 궁극의 소매 서비스를 제공한다.

종래 일본에서는 소매업태의 수명은 30년 정도로, 그 이후에는 성숙기에 접어들었다가 쇠퇴기를 맞이한다고 평가했다. 단, 최근의 소매업태의 수명은 점점 더 단축되는 경향을 보이고 있다. 이 점에서 오래전에

'순'이 끝나버린 백화점과 종합양판점은 완벽한 쇠퇴기로 전락한 업태이다. 실제로 백화점 업계는 1991년에 업계 전체 매상고 9조 7,125억 엔으로 절정을 맞이한 후 지금까지 끝없는 추락을 계속하고 있다. 2008년도의 매상고는 7조 3,813억 엔으로 1991년에 비해 무려 2조 3,000억 엔 이상이 줄었다. 2009년 10월 30일, 가전양판점 최대 기업인 야마다전기가 일본의 명문 백화점인 미쓰코시가 2009년 5월에 퇴점한 2만 3,000㎡의 도쿄 이케부쿠로 점포에 '일본 총본점 이케부쿠로'를 오픈한 것은 백화점의 퇴조를 말해주는 상징적인 사건으로 대대적으로 보도되었다.

같은 기간 동안 종합양판점 업계도 약 1조 6,000억 엔 정도의 매상고가 감소되어 2008년도에는 13조 2,753억 엔에 지나지 않았다(체인스토어협회 가맹 기업의 통계이므로 종합양판점 이외의 체인형 업종도 포함됨). 이에 따라 오랜 세월 동안 일본의 종합양판점 빅 3의 지위를 유지해온 다이에와 이온, 이토요카도는 현재 점포 폐쇄에 여념이 없다. 이온은 2008년 10월에 앞으로 3년간 약 60개 점포를 폐쇄한다고 발표했고, 다이에는 2009년 4월에 3년간 20개 점포를 폐쇄한다고 알렸다. 일본 종합양판점 업계의 우등생이었던 이토요카도도 2009년 10월부터 2013년 2월까지 전체 점포의 약 16%에 해당하는 30개 점포를 폐쇄하는 것을 검토하고 있는 것으로 전해진다.

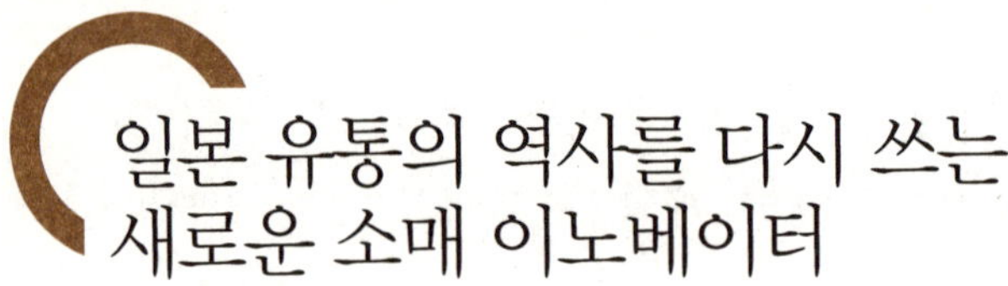

일본 유통의 역사를 다시 쓰는 새로운 소매 이노베이터

소매 이노베이터의 비즈니스 모델과 순전략

백화점과 종합양판점이 퇴조하고 있는 일본의 소매업계에 신흥 세력들이 속속 등장하고 있다. 구태의연한 경영을 하고 있는 백화점과 종합양판점 매장을 파괴할 정도의, 말 그대로 카테고리 킬러형의 전문점 소매업태가 잃어버린 10년기 이후 소비자들의 뜨거운 지지를 받는 것이다.

필자는 어감이 좋지 않은 카테고리 킬러란 용어 대신 '소매 이노베이터'라는 용어를 즐겨 사용한다. 저명한 경제학자 조셉 슘페터Joseph Alois Schumpeter에 따르면 이노베이션을 일으키는 요소로 신상품, 신생산 방식, 신시장 개척, 원재료 및 반제품의 공급원 획득, 신조직 실현의 5가지가 필요하며, 이들이 조합하면 이노베이션이 가능하다고 한다. 각 요소는 다시 제품 생산 이노베이션, 조직 이노베이션, 시장 이노베이션으로 분류될 수 있으며, 제조기업뿐 아니라 소매기업의 이노베이션 행동에도 적용할 수 있다. 이를 소매기업에 국한시켜 말한다면, 소비자가 원하는 제품만 사입하고 자체 상품PB을 개발하는 것이 '제품 생산 이노베이션', 프랜차이즈 등의 체인 경영과 SCM처럼 공급처와의 상생적 경영을 하는 것이 '조직 이노베이션', 그리고 그 결과로 경쟁 기업이 진출하기 어려운 신시장을 창출하는 것을 '시장 이노베이션'이라고 할 수 있을 것이다.

단적으로 말하면, 참신한 비즈니스 모델을 통해 배타적인 시장을 개척하여 선점하는 것이 필자가 말하는 소매 이노베이터로, 이는 두말할 나위도 없이 소비자들의 압도적인 지지를 받아왔다. 일본의 소매 이노베이터들의 약진은 괄목할 만한 것으로 자세히 분석할 필요가 있지만 지면 관계상 이들의 비즈니스 모델에 대해서 간단하게 알아보기로 하자.

유니클로 브랜드로 유명한 '패스트리테일링'은 갭의 비즈니스 모델을 일본에 소개한 SPA 기업으로 본격적인 영캐주얼 시장을 새로 만들었다. 상상 이상으로 좋은 품질의 상품을 모두 100엔에 제공하는 엔터테인먼트 산업을 지향한다고 하며 라이벌을 극장이라고 공언하는 '다이소산업'은 일본 최초의 100엔숍 시장을 개척했다. 무인양품(무지루시) 브랜드로 알려진 '양품계획'은 문자 그대로 노브랜드 제품을 다양하게 제공하여 브랜드 코디네이션의 번거로움을 해소하면서 신제품을 속속 출시하고 있고, 최근에는 무지루시 브랜드로만 만든 주택까지 판매하고 있다. 이들은 모두 한국에도 진출하여 좋은 성과를 보여주고 있다.

일본형 드럭스토어를 개척하면서 구태의연한 영업을 하고 있던 동네 약국들을 위기로 몰아낸 '마쓰모토 키요시'는 특히 젊은 여성들의 압도적인 지지를 받고 있고, 최근에는 심야 영업의 실시와 제품 구색의 확대로 편의점의 아성을 무너뜨릴 정도의 위력을 자랑하고 있다. 편의점의 장시간 영업과 종합양판점의 풍부한 상품 구색의 장점을 따는 등 돌출된 판매 수법으로 고객들을 놀라게 하는 '돈키호테'는 각 코너의 점원들에게 사입과 판매의 재량권을 일임하고 있고, 일반적인 제품 진열과는 달리 무질서한 압축 진열 방식을 도입하여 마치 예전의 동대문 시장 같은 분위기를 자아내어 젊은 소비자들을 끌어들이고 있다. 50만 개의 아이템 상품을 갖추고 저렴한 가격과 만족스러운 서비스 제공으로 유명한 '요도바시 카메라'는 일반적으로 가전양판점이 교외에 출점하는 것과는 달리 일본인들이 출퇴근 시에 주로 전철을 이용하는 것에 착안하여 대형 역 주변에 점포를 내어 압도적인 집객 효과를 내고 있다.

　한편 이케아에 대한 투쟁심을 전면에 내세우면서 일본인의 기호에 맞는 제품 구색과 압도적인 가격 경쟁력, 그리고 주택 전체를 토털 코디네이션한다는 홈퍼니싱Home Furnishing을 기업 이념으로 하는 홋카이도 출신인 '니토리'의 대약진은 놀라울 정도이다. 또 저렴한 가격과 넓고 깊은 상품 구색으로 백화점의 달러박스였던 신사복 코너를 초토화하면서 교외에 출점을 가속화한 '아오야마 상사'는 일본에서 본격적인 카테고리 킬러의 시대를 열었다는 평가를 받고 있다. 파트 점원을 점장으로 채용하는 등의 독특한 인사 시스템이 유명하고, 치밀한 생산 조달 시스템으로 '의류업의 도요타 자동차'란 평가를 받고 있는 '시마무라'는 일본의 소비 정보를 바로 중국 등의 생산기지에 피드백하고 현지의 물류 기지에서 일본의 각 점포로 바로 배송하는 궁극적인 SCM 체제를 구축하였다.

그 밖에도 강력한 물류와 정보류 인프라의 구축, 동네에 산재하는 중소 문구점과 협력체제를 구축하여 사무실에서 필요로 하는 모든 제품을 구비하여 일본 내의 모든 지역에 아무리 늦어도 다음 날까지 배달하는 '아스쿠루', 서적류는 아직도 재판제再販制의 대상으로 정가 판매밖에 할 수 없다는 점을 이용해 깨끗하게 본 책이라면 정가의 10%에 사입하여 50%에 파는 대신, 3개월 안에 안 팔리면 모두 100엔에 판매하는 단순한 상법을 도입하여 급성장한 '북오프' 등도 주목할 만하다.

이상에서 본 각 소매 이노베이터의 공통점으로는 매력적인 가격을 설정하나 결코 소모적인 가격 경쟁에 빠지지 않도록 브랜드 파워를 가지고 있다는 점, 점포에 오는 고객들에게 쇼핑의 즐거움을 안겨준다는 점에서 엔터테인먼트 제공 기업이라는 점, 상품과 서비스의 고품질은 말할 것도 없고 고객에 대해 새로운 라이프 스타일을 제안하고 있다는 점 등을 들 수 있다. 각 소매 이노베이터들의 창업 시기는 각각 다르지만 백화점과 종합양판점들이 구태의연한 경영과 백년하청의 비즈니스 모델로 소비자들이 싫증을 느끼게 만든 것을 게기로 새로운 비즈니스 기회를 잡았고, 점포와 상품의 '순'을 유지하기 위해 부단히 절차탁마切磋琢磨를 거듭하면서 사세를 확장할 수 있었다.

일본 유통의 역사를 다시 쓰는 그들

일본어로 상행위는 '아키나이'라고 한다. 아키나이의 어원은 여러 가지가 있으나 '싫증' 이란 뜻의 '아키' 에 '없다, 아니다' 라는 뜻의 접미사인 '나이' 의 합성어라는 설이 유력한 가설이다. 결국 '싫증나지 않게 하는 것' 이 바로 상행위라는 것이다. 일본 유통의 영고성쇠를 분석하는 가장 핵심적인 콘셉트가 '싫증' 이라는 것을 이야기한 이 장의 주제와 상통한다고 할 수 있다.

거대한 점포를 많이 가짐으로써 장치 산업화된 백화점과 종합양판점이 쇼핑의 즐거움을 제공하지 못하여 멀어진 고객들을 기다리며 쇠락해가고 있는 반면, 고객이 싫증을 느끼지 않도록 부단히 순전략을 펴온 내외의 패스트패션 기업과 소매 이노베이터는 고객들의 지지를 받으며 일본 유통의 역사를 다시 쓰고 있다.

세계 최고의 소매기업
까르푸의 굴욕

최초의 하이퍼마켓 까르푸

2004년 9월의 어느 쾌청한 날 정오, 필자는 대학의 동료이자 글로벌 유통 분야에서 일본 제1인자인 M 교수와 유통을 전공하는 5명의 대학원생들과 함께 2대의 택시를 타고 폭염이 아직 가시지 않은 파리를 벗어났다. 우리들을 태운 택시는 고속도로를 1시간 정도 달려 1층으로 된 슈퍼마켓과 비슷한 소매점포의 주차장에 도착했다.

우리들은 이 잡듯이 이 점포를 조사해야 했다. 심호흡을 하고 입구에 들어서려고 하는데 키가 족히 2미터는 넘는 듯한 거구의 흑인이 서 있었다. 가드맨인 게 분명한 그는 점포 조사 시트와 각종 조사도구(통행량 조사용 스톱워치, 소형 디지털 녹음기, 디지털 카메라 등)를 숨기고 등산복을 입은 채 들어가려는 우리들을 수상한 듯 노려보고 있었다. 그와 눈이 마주친 순간 소름이 끼쳤다.

이 허름한 점포는 소매 매상고 순위 세계 제2위이면서 소매기업 경영 평가로 정평이 나 있는 IGD의 글로벌 소매지수Global Retail Index에서 미국의 월마트, 네덜란드의 어홀드 등을 제치고 세계 1위를 차지한 프랑스 까르푸 1호점, 정확하게 말하면 1963년에 개점한 세계 최초의 하이퍼마켓 점포(Sainte-Geneviève-des-bois점)였다.

고객에게 거만한
까르푸 문화

까르푸 점포 조사

우리들은 일본 문부과학성의 연구기금으로 '글로벌 소매기업의 아시아 지역에의 소매 기술 이전 연구'라는 프로젝트를 수행하면서 이미 일본, 한국, 대만, 태국에서 까르푸의 하이퍼마켓형 점포 약 20개 점에서 점포 조사활동을 했고, 그 과정에서 익힌 고난도 기술을 마음껏 발휘하여 입구의 그 흑인과 점포 내의 다른 종업원의 감시의 눈을 피하여 겨우 조사를 마칠 수 있었다. 6대 카테고리 상품의 전수全数 조사, 점포 디자인 및 진열에 관한 항목, 광고 및 판촉에 관한 항목, 고객 서비스에 관한 항목, 입지에 관한 항목, 11개 주요 아이템에 대한 최저 가격과 최고 가격 조사 등 소위 리테일 믹스에 관한 방대한 양의 조사 항목이었다. 우리들은 007시리즈에 나오는 첩보원 못지않게 일본이 자랑하는 최첨단 전자기기를 동원하여 조용히, 그러나 신속하게 움직이

칭찬하고 싶지 않는
세계 최초 하이퍼마켓
프랑스 까르푸 1호점

면서 점포 조사를 마쳤다.

약 7시간이나 걸린 점포 조사 도중 화장실조차 마음대로 사용할 수 없었기에 우리에게는 너무나 긴 하루였다. 점포의 화장실은 수리 중이었는데, 그날 안에 화장실 수리가 불가능하다는 것을 알게 된 우리들은 망연자실했다. 도대체 어디서 용변을 보라는 말이냐고 항의하는 필자에게 점포 입구의 그 흑인은 조용히 턱으로 주차장 옆의 공터를 가리켰다. 그 순간, 전날 시차 적응과 관광을 겸해서 방문했던 베르사이유 궁전에서 들은 이야기가 떠올랐다. 프랑스혁명 후 1793년에 루이 16세와 함께 단두대의 이슬로 사라진 마리 앙투아네트가 살았던 그 호화로운 궁전에는 화장실이 없었고, 그 때문에 18세기에 향수가 유행했다는 것을 가이드는 자랑스럽게 이야기했던 것이다.

18세기 파리의 궁전이 그런 것은 프랑스의 문화 탓이라고 생각할 수 있다. 그다지 칭찬하고 싶지 않은 프랑스 화장실 문화의 전통으로 인해 21세기인 지금도 파리 지하철의 화장실을 이용하려면 이용료를 내야 해서 그 돈이 아까운 불법 이민자나 거리의 부랑자들은 아무 데서나 노상방뇨를 한다. 그 탓에 여름에는 파리의 악취가 관광객의 코를 잡게 한다는 소문이 사실이라는 것을 전날 확인했지만, 그것도 그냥 문화의 탓으로 돌릴 수 있다.

하지만 우리들은 여성도 포함된 조사단(물론 쇼핑객으로 가장한)이었고, 게다가 거의 7시간 가까이 점포에 머물러야 했다. 무엇보다도 노상방뇨에 익숙하지 않은 유교문화권에서 온 우리들이었다. 그래서 우리들은 필사적으로 항의할 수밖에 없었다. 점포 입구의 그 흑인이 누구에겐가 전화를 건 후에야 우리들은 겨우 직원용 화장실을 사용할 수 있었다. 그는 직원 화장실에서 나오는 우리들 앞에 팔짱을 끼고 서 있었다. 소심한 어떤 대학원생이 겁이 나서 끝까지 참기로 했다는 말을 듣고 화가 치솟았지만 어쩔 수 없었다.

까르푸에서의 수난

천신만고 끝에 점포 조사는 끝났고 우리들은 안도의 한숨을 쉬었다. 너무 피곤해서 몸과 마음이 천근만근이 된 우리들은 호화로운 식사가 기다리고 있는 레스토랑으로 가기 위해 파리로 귀환을 서둘렀다. 하지만 유감스럽게도 그날은 토요일이었고, 시간은 벌써 8시가 넘은 상태였다.

파리 시내에 있는 레스토랑에 가장 늦은 시간대를 예약해두었기 때문에 지금 돌아가도 늦진 않을 것이었다. 예산상 파리로 돌아갈 때는 대중교통을 이용하려고 했지만, 이미 버스 운행은 끝난 상태였다. 예상 외의 비용이 들게 되었지만, 별 수 없이 서비스 카운터에서 귀가 준비를 서두르고 있던 안내양에게 택시를 불러 달라고 요청했다. 귀찮다는 표정의 그녀를 설득 반 협박 반으로 근처의 택시회사 약 20개 사에 전화를 걸게 했다. 하지만 돌아온 답은 거의 비슷했다. "토요일 늦은 이 시간에 어떤 멍청이가 영업을 한다는 거야?"라는 것이다.

너무나 피곤해하는 대학원생들에게 가급적 빨리 저녁식사와 휴식을 제공하고자 필자와 M 교수는 해결책을 찾으려고 머리를 짜냈지만 묘안이 떠오르지 않았다. 바로 그때 북아프리카계인지 아랍계인지 모를 남자 2명이 다가왔다. 가슴에 까르푸 점원증을 달고 있었다. 사전에 택시를 예약하지 못한 것을 후회하고 있던 차에 마치 지옥에서 부처님을 만난 기분이었다. '곤란한 상황에 빠져 있는 우리들의 사정을 이해해서 회사 차로 보내주려고 하는 것이 틀림없을 거야. 이곳은 세계적인 소매기업 까르푸의 1호점이니까' 라고 생각하면서 필자는 그들에게 비굴한 미소를 보냈다.

하지만 오산이었다. 그들은 자신들의 차를 이용해서 파리까지 보내줄 테니 200유로를 내라고 요구했다. 우리는 별다른 방법이 없었기에 그 요구를 받아들일 수밖에 없었다. 일본의 문부과학성 연구비 사용 규정에서 차량 이용료는 영수증만 있으면 정산 가능하기에 그들에게 영수증의 사인을 부탁했다. 하지만 그들은 자신들의 범죄 행위를 의식한 탓에 단번에 "노"라고 대답했다.

그들의 낡아빠진 자동차에 타자 분한 마음과 그래도 파리로 돌아갈 수 있다는 안도감이 복잡하게 교차했다. 자동차의 라디오에서는 들어보지도 못한 랩 음악이 귀를 찌를 정도로 울려 퍼지고 있었고, 의기양양한 녀석들은 고속도로를 2열로 나란히 달리면서 아라비아어로 떠들고 웃으며 무의미한 경적을 울려댔다. 아마도 우리가 경험했던 가장 위험한 자동차 폭주였을 것이다.

그들의 자동차에서 내리면서 다리가 후들후들 떨렸지만, 그래도 무사히 파리에 도착한 것에 감사했다. 너무나 늦어지게 된 만찬을 먹으며 우리들의 입에서는 "까르푸가 잘될 리 없다", "까르푸가 정말 싫어졌다"는 울분이 터져 나왔다. 이윽고 만찬과 함께 주문한 맥주와 와인을 몇 병이나 잔뜩 마신 후 누군가의 입에서 "일본의 까르푸를 저주하겠다"는 폭언이 터져 나왔다. 저마다 "나도" "나도" 하고 맞장구를 쳤고, 술에 취한 우리들은 파리의 한복판에서 까르푸를 실컷 욕했다. 그 악담과 저주가 주효했는지 한 달도 되지 않아 일본에서 까르푸가 철수한다는 소문이 돌기 시작했다.

지금까지 지극히 개인적인 경험을 통해 프랑스 까르푸 1호점과 까르푸의 일본 철수의 개연성에 대해, 근거도 없고 게다가 감정이 개입된 다큐멘터리 형식으로 풀어보았다.

이제부터는 까르푸의 일본 철수에 대해 조금은 학술적으로 분석하기로 하겠다. 단, 때로는 선입견이 현상을 인식하는 데 크게 도움이 될 수도 있고 감정이 이성보다 사물을 이해하는 데 더 중요하게 작용할 수도 있다. 프랑스의 까르푸 1호점에 대한 우리의 경험이 까르푸의 일본에서의 점포 전개에 대한 이성적인 분석과 크게 다르지 않다고 생각한다. 까르푸의 일본에서의 5년 동안의 사업 전개과정을 간단히 돌아보면서 우리의 경험이 결코 감정적인 것이 아니었음을, 그리고 파리의 늦은 밤에 퍼부었던 저주에 가까운 예언은 까르푸 재팬의 근본적인 문제점에 근거한 불가피한 현실이었음을 밝히고 싶다.

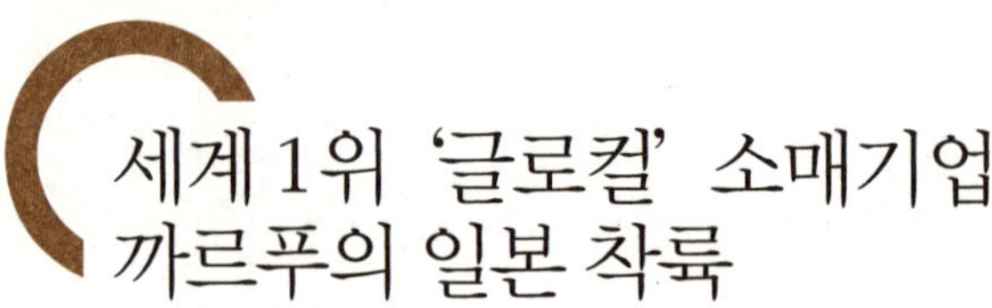

세계 1위 '글로컬' 소매기업
까르푸의 일본 착륙

까르푸의 일본 철수

2004년 10월 12일자 월스트리트저널지에 '까르푸, 일본 철수' 라는 보도가 특필되었다. 그리고 다음 해인 2005년 3월 10일, 까르푸의 일본 철수와 일본의 최대 종합양판점인 이온에의 사업 매각이 정식으로 발표되었다.

유통제국 까르푸가 일본 철수를 결정한 직접적인 이유는 전체 매상고의 50%를 차지하는 프랑스 본국의 업적, 특히 주력 소매업태인 하이퍼마켓 부문의 부진에 따른 것이다. 당시의 까르푸는 본국에서 디스카운트 스토어 업태가 급성장하는 상황에서 전략적 주력 업태인 하이퍼마켓이 저조했다. 실제로 카지노Casino 등의 디스카운트 스토어형의 소매기업뿐만 아니라, 레끌레르Leclerc 등의 하이퍼마켓형 소매기업에게도 시장을 빼앗기고 있었다. 까르푸 측은 이후 일본 등의 지역에서 철수, 현지 점포의 매각을 통해 재무 체질을 강화하고 본국 및 전략적 지역인 중국 등에 적극적으로 자원을 집중시킴으로써 글로벌 경쟁력을 강화할 것이라고 밝혔다. 실제로 이 움직임은 까르푸 재팬의 철수로부터 한 달 뒤에 한국에서 까르푸 코리아의 점포가 홈에버로 바뀌면서 더욱 현실성을 띠게 되었다.

하지만 일본 국내에서는 까르푸가 자랑하는 하이퍼마켓 업태가 일본의 소비자와 상 관습에의 적응에 실패하여 철수가 불가피했다는 분석 즉, 일본 시장에의 적응에 실패했다는 분석이 지배적이었다. 언론도 2000년 12월에 도쿄 근처의 신도시에 까르푸 1호점이 생겼을 때만 해도 '흑선黑船의 습격' 이라고 법석을 떨다가, 5년도 지나지 않은 시점에서 이 흑선을 쳐부순 것에 대한 안도감을 표출했다. 참고로 흑선이란 1853년 에도 시대에 미국의 페리 제독이 일본의 개국을 강요하기 위해 현재의 요코스카시에 접안한 미 해군 함대를 말하는데, 일반적으로 미국을 포함하여 서구에서 일본으로 진출한 기업이나 연예인, 스포츠맨에 대해 조금 과장스럽게 표현한 것이다.

까르푸 재팬 철수의 원인에 대해 일본의 여론이나 유통 연구자들이 주장하는 '외자 기업의 일본 시장 철수는 바로 현지 적응화의 실패를 뜻한다' 는 뻔한 결론을 내리는데, 이에 대해 당시의 데이터와 자료를 참고하여 다시 살펴보자.

까르푸 재팬의 출점

까르푸의 일본 시장 진입은 1999년 1월에 프랑스 까르푸의 100% 자회사인 현지 법인 까르푸 재팬의 설립으로 실현되었다. 까르푸 재팬은 진출 수속을 원활히 하기 위해 미쓰이 계열의 미쓰이 부동산과 제휴하여 입지 선택과 출점 수속에 관한 협조를 받았다. 그 결과 2000년 12월에 치바현 마쿠하리에 1호점을 개점했고, 2003년까지 13개 점포를 출점, 이윽고 15개 점포를 내게 되면 영업이익을 확보할 수 있다는 시나리오를 그렸다. 1호점을 낸 다음 달에 도쿄의 마치다시에 2호점을, 간사이 지역의 1호점으로 오사카의 이즈미시에 고묘이케점을 개점했다. 하지만 그 이후 까르푸 재팬의 신규 출점 속도는 떨어져 2003년까지 13개 점포를 출점한다는 목표는 암초에 부딪치게 되었다.

까르푸 재팬은 3호점을 출점한 후 약 2년 뒤에 사이타마현의 사야마시에 4호점을 오픈했다. 사야마점은 일본 시장에서의 시행착오의 경험을 반영하여 종래의 3개 점포와는 전혀 다른 콘셉트를 내세워 일본의 소매업계에 큰 화제를 불러일으켰다. 나아가 간사이 지역에는 2003년 10월부터 한 달 동안 3개 점포를 열었고, 다시 3개월 후인 2004년 1월에 까르푸 재팬의 마지막 점포인 8호점을 효고현 아카시시에 열었다.

여기서 중요한 점은 3호점까지의 출점 전략과 이후의 5개 점포의 출점 전략이 너무나 다르다는 것이다. 이에 대해 전기 출점 전략과 후기 출점 전략으로 나누어 간단하게 두 전략의 차이점을 살펴보자.

까르푸의 실패한 표준화 전략

전기 출점 전략은 세계 제1의 글로벌 소매기업인 까르푸가 1969년에 벨기에에 진출한 이래 현재까지 전 세계 시장에서 40년간 시행착오와 학습을 통해 체득한 보편적인 전략으로, 성공할 확률이 높은 방법이었다. 즉, 까르푸가 일본에 진출하면서 스스로 개발한 업태로, 프랑스뿐 아니라 전 세계에서 혁혁한 전과를 올린 경쟁 우위를 가지고 있는 하이퍼마켓 업태를 선택했다. 최저 가격과 원스톱 쇼핑을 전제로 한 8만 개에 달하는 아이템 상품의 구색과 1만㎡ 이상의 매장을 기본 콘셉트로 까르푸가 다녀간 자리에는 생명력이 강하다는 질경이조차 남지 않는다는 소문을 세계에 유포시킨 공포의 업태였다.

점포 입지로는 좁은 일본에서 부지 효율성을 높이기 위해 2층식을 도입했고 입지 조건으로는 도심과 교외의 경계선을 선택했다. 점포 분위기는 애써 프랑스식으로 연출했다. 천장은 높고 창고형으로 상품을 진열했으며, 조명은 밝게, 통로의 폭은 넓게 했다. 식료품 코너에는 인스토어 베이커리에서 금방 구운 빵을 팔았고, 닭을 부위별로 먹는 식습관을 가진 일본인들을 놀라게 한 통닭이 대용량의 업무용 그릴에서 구워졌다. 청과 코너에서는 야채를 저울에 달아서 팔고 있었고, 생선 코너에서는 노천 진열 방식으로 프랑스의 시장 분위기를 자아냈다. 최저가격 보증제도에 구입 후 15일 이내의 무조건 반품제도도 채택했다. 프로모션용으로 10일에 한 번꼴로 두꺼운 분량의 책자형 전단지가 배포되었다.

머천다이징으로는 저가 판매를 위해 대형 제조기업과의 직거래를 시도했다. 하지만 3개 점포밖에 출점하지 않아 바잉 파워를 행사하기 힘든 까르푸 재팬에 대해 일본의 제조기업들이 응할 리 없었다. 할 수 없이 대형 도매기업과의 거래를 시도했지만 이 또한 순조롭지 않았다. 까르푸 재팬의 대표는 물론이고 점장도 일본의 상 관습에 있어 전혀 문외한인 프랑스인으로 채운 인사 시스템 때문이었다.

까르푸의 이러한 일본 시장에의 접근 방식은 일반적으로 표준화 전략으로 평가되는 것이라고 봐도 무방하다. 2009년 7월 현재, 32개국에서 1만 5,000개 이상의 점포를 출점한 까르푸가 가장 성공 가능성이 높은 표준화 패키지를 가지고 일본 시장에 진출했다는 것은 쉽게 상상할 수 있는 일이다.

현지 적응화 전략으로의 전환

하지만 까르푸 재팬이 이 표준화 전략을 계속 고수한 것은 아니었다. 실제로 3호점 출점 후 까르푸 재팬의 실적이 예상을 밑돈다는 소문이 퍼지면서 약 2년간 출점 공백기가 생겼다. 이 기간은 까르푸 재팬이 적극적인 현지 적응화를 도모한 시기로 일본형 하이퍼마켓의 구축을 모색한다는 보도가 나오기 시작했다. 실제로 4호점이자 후기 출점 전략의 첫 번째 점포인 사야마점은 일본 소비자의 니즈에 적응하기 위해 2년 동안의 반성과 학습을 통해 매장, 레이아웃, 상품 정책 등에 있어서 획기적인 변화를 시도했다는 평가를 받았다. 사야마점이 시도한 전략 전환은 이후 4개 점포에도 반영되었고, 동시에 이전의 1호점부터 3호점까지의 리모델링으로 이어졌다.

구체적으로 현지 적응화의 내용을 간단히 살펴보자. 점포의 입구에는 가격과 접객 태도에 대한 소비자의 반응을 묻는 질문지가 놓여 있었고, 일본인이 좋아하는 프랑스의 고급 문화를 상징하는 상품 예컨대, 프랑스 와인이나 유럽에서 호평을 얻은 PB 상품이 확대되었다. 레이아웃에 있어서도 관련 상품을 한 군데에 집약하여 매장 개념이 명확해지게 했고, 곤도라를 재배치하여 통로를 넓혀 고객의 시계視界가 트이도록 신경을 썼다. 상품 조달에 있어서도 제조기업과의 직거래를 고수하지 않고 대형 도매기업을 우호적인 파트너로 인식하기 시작했다. 인사제도도 크게 바뀌었다. 2002년 5월에 새로운 사장으로 중국 상해지역의 책임자로 까르푸의 중국 현지화에 크게 공헌한 로익 듀보아Loic Dubois가 발탁되면서 일본인 스텝과의 대화를 중시하는 일본판 매뉴얼이 도입되었다. 이어서 6호점인 아마가사키점의 점장으로 이온 출신의 일본인이 등용되었다.

까르푸 재팬의 철수 원인,
너무 프랑스적이거나 너무 일본적인

종합양판점을 표방한 까르푸 재팬의 현지 적응화

일본의 신문이나 소매업계 전문 잡지에서는 까르푸 재팬이 현지 적응화로 전략을 전환하자 놀라워하며 긍정적으로 평가했다. 그러나 이미 말했듯이 8호점이자 마지막 점포인 아카시점을 출점(2004년 1월)한 지 1년이 되지 않아 까르푸의 일본 철수가 현실화되고 말았다. 일본에서의 까르푸 재팬의 누적 손실은 약 2억~3억 유로, 부채도 상당 금액에 달하는 것으로 알려졌다. 까르푸 재팬의 전 점포는 이온으로 넘어가 '이온 마르세'로 바뀌었다. 단, 점포명만은 까르푸로 남게 되어 까르푸의 재진출을 위한 장기 포석이 아니냐는 의견도 나왔다. 그러나 2010년 3월에 까르푸 재팬의 6개 점포는 이온으로 점포명을 바꾸었다. 아카시점과 미나미마치다점은 2007년 1월과 2009년 1월에 이미 폐쇄되었다.

왜 까르푸는 일본에서 철수하고 말았을까? 여기에는 여러 가지 답

까르푸 재팬의 전 점포는
이온으로 넘어갔다

이 있을 수 있다. 경쟁 기업의 공세에 시달리는 것보다 본국에서 우위를 지키는 것이 우선시되었다는 점과 일본보다 중국이 전략 지역이라는 점이 주요한 원인이지만, 이제부터는 일본에서의 현지 적응화에 국한해서 필자 나름대로 그 이유를 분석해보겠다.

일본에서는 까르푸 철수에 대해서 기본적으로 표준화 전략의 실패라고 단정한다. 즉, 까르푸 재팬이 후기에 현지 적응화를 서둘렀으나 기본적으로 흉내에 그치고 실질적으로는 초기 방식을 고수했다는 것이다. 하지만 글로벌 지수 세계 1위로 글로벌과 로컬 전략을 동시에 구사하는 '글로컬Glocal' 기업임을 표방하는 까르푸가 일본 시장에서 안이하게 표준화 전략을 구사했다는 분석은 옳지 않다.

까르푸가 국가별로 다른 어프로치 즉, 현지 사정에 따라 차별적인 리테일 믹스를 채용한다는 사실은 우리 조사단이 아시아와 유럽 지역의 현지 조사에서 확인한 사실이다. 이 글의 앞에서 프랑스 까르푸 1호점에서 우리가 겪은 수난에 대해 원망하는 심경을 노골적으로 드러냈지만, 우리가 까르푸의 나쁜 점을 보기 위해 프랑스까지 간 것은 아니다. 프랑스의 까르푸 점포와 일본, 나아가 아시아의 까르푸 점포 간의 동질성과 차이점을 찾기 위해서였다. 우리는 까르푸 1호점뿐 아니라 파리 주변의 또 다른 2개의 까르푸 점포도 면밀히 조사했다. 이 점포들이 이미 조사한 일본, 한국, 대만, 태국의 까르푸 점포와 어떤 점이 비슷하고 다른지에 대해 조사했다. 프랑스의 까르푸에 대해 화가 난 우리들이었지만 일본에 돌아와선 연구자답게 냉정하게 통계를 분석했다. 그 결과는 프랑스와 아시아 각국 까르푸 점포들 간의 리테일 믹스의 유사성 또는 상관성은 보이지 않았다는 것이다. 요컨대, 까르푸의 아시아 점포, 나아가 까르푸 재팬의 점포는 본국의 점포와는 전혀 다른 것이었다. 우리가 내린 결론은, 적어도 통계화할 수 있는 점포 레벨의 비교 조사에서 까르푸는 각국에서 현지 적응을 하고 있었다. 특히 까르푸 재팬의 현지 적응도는 아주 높아서 일본의 경합 소매업태인 종합양판점과 거의 차이가 나지 않을 정도였다.

거만한 프랑스 그 자체였던 까르푸 재팬

필자가 내린 결론은 까르푸 재팬이 과잉 적응화 Over-Adaptation의 함정에 빠져 결과적으로 까르푸 재팬의 점포를 아무런 매력이 없는 일본의 종합양판점과 같은 점포로 전락시키고 말았다는 것이다. 그 이유와 논리는 간단하다.

까르푸는 일본 진출 시에 하이퍼마켓이라는 최강의 소매업태가 일본에는 존재하지 않는다는 결론을 내리고, 소위 선발자 우위성을 향유할 수 있으리라고 과신했다. 물론 일본에 식품을 주로 다루는 종합양판점과 슈퍼마켓 등의 대형 소매기업이 3,000개 정도 있다는 사실은 알고 있었지만, 1990년대 이후 매상고 감소가 계속되었기에 세계적으로 그 성과를 인정받은 자사의 하이퍼마켓에는 상대가 되지 않을 것이라고 생각했다. 일본 소비자들에 대한 이해도 단편적이었다. 예컨대, 전 세계 판매분의 약 1/3의 루이비통 백을 구입해주는 일본의 소비자들이 프랑스 문화의 화신인 까르푸에 대해서도 쌍수를 들어 환영해줄 것이라고 오판한 것이다.

일본의 상 관습에 대해서는 믿을 수 없을 정도의 대응으로 일관했다. 까르푸의 바이어 매뉴얼은 본래 악명 높은데, 이 매뉴얼에는 '결코 상대 기업 영업 답당자의 열의에 넘어가지 말라', '항상 불가능을 요구하라', '최초로 제시하는 조건에 대해서는 항상 부정적으로 반응하라', '언제라도 상담商談을 중지할 준비를 하라' 라고 적혀 있고, 나아가 '거짓된 구실이라도 사용하라' 라고 적혀 있다. 까르푸 재팬의 바이어들은 이 매뉴얼에 따라 일본의 제조기업, 도매기업과 영업 교섭을 했고 결과적으로 많은 문제를 야기했다.

이러한 까르푸 재팬의 방식은 동유럽이나 중남미, 그리고 중국 등의 개발도상국이나 후진국에는 통용될지 모르나 세계 제2의 경제대국 일본에서는 받아들여질 리가 없었다. 당연히 까르푸 재팬에 대해 소비자뿐만 아니라 제조기업과 도매기업도 거부반응을 나타냈다. 그들이 까르푸 재팬과의 교섭에서 느낀 모멸감과 악감정은 우리가 프랑스에서 느낀 것 그 이상이었으리라.

결과적으로 까르푸 재팬의 종업원들의 사기도 떨어졌고 이직이 늘어나는 등의 악순환이 시작되었다. 이에 놀란 까르푸 재팬의 경영자들은 약 2년간 반성의 시간을 가진 후 4호점 출점 시에 일본 전략을 180도 선회했다. 실제로 리테일 믹스 차원에서는 전기와 후기에 있어 전면적인 수정을 보였다. 말하자면, 일본 시장에서의 급격한 기어 변환을 도모했다. 평판이 나빴던 오만한 표준화 전략에서 벗어나 소비자들과 기업의 환심을 살 수 있는 현지 적응화 전략을 취한 것이다.

하지만 그 결과는 예상 밖이었다. 현지 적응화 결과, 점포의 형태는 일본의 소비자들이 이미 오래전부터 지지하지 않아 퇴락의 길을 걷기 시작한 종합양판점 업태와 거의 구별되지 않는 것이었다. 결국 까르푸 재팬에 대해 일본의 소비자들이 원했던 것은, 거만한 '프랑스 그 자체'의 까르푸가 아닌, 그렇다고 퇴락한 일본의 종합양판점도 아닌, '프랑스다운' 까르푸였던 것이다. 까르푸 재팬은 과잉 적응화의 함정에 빠졌고 그래서 엄청나게 비싼 수업료를 지불한 후 이를 악물고 일본에서 철수할 수밖에 없었다.

'영국다운' 테스코, 순조로운 일본 착륙

이 글의 앞에서 밝힌 우리들의 유럽 점포 조사에는 후일담이 있다. 우리 조사단은 파리에서 까르푸 조사를 마치고 영국의 에딘버러로 날아가 테스코의 3개 점포에 대해 까르푸와 거의 같은 방식으로 조사를 했다. 사전에 유럽 소매 연구의 1인자인 에딘버러 대학의 D 교수를 통해 양해를 얻긴 했지만, 테스코 점장들의 태도는 까르푸와는 너무나 다른 것이었다(까르푸에도 사전에 협력을 요청했지만 일언지하에 거절당했다). 우리는 점내에서 당당하게 가격 비교를 위한 메모를 했고, 필요한 사진을 자유롭게 찍을 수 있었다.

예정보다 빨리 조사를 마친 우리는 파리에 비해서 가격이나 내용 면에서 비교가 되지 않을 만큼 싸고 투박한 스코틀랜드의 지방요리를 먹었지만 결코 파리의 고급 요리에 뒤지지 않을 정도로 맛있는 식사를 즐길 수 있었다.

까르푸를 저주했던 우리들은 어느새 테스코의 팬이 되어 있었다. 테스코는 너무나 요란하고 화려했던 까르푸의 일본 진출과 달리, 조용히 2003년에 도쿄 지역의 슈퍼마켓인 쓰루가메Tsurukame 등을 경영하고 있던 시 투 네트워크C Two-Network Co.를 매수하여 일본 시장에 진입했다. 2007년에는 테스코 재팬으로 사명을 변경했지만, 지금도 점포명은 테스코가 아닌 쓰루가메를 사용하여 순조롭게 점포를 확대하고 있다. 까르푸와 테스코에 대한 우리들의 감정적인 원망과 지지가 현실 세계의 성패로 재현되었다고 하는 것은 지나친 생각일까?

위 대 한
기 업 을
뛰 어 넘 는
이 기 는
기 업

일본 경제의 향방을 결정짓는 상인정신

세계 경제 패권국의 필수 조건, 프런티어 정신

미국 경제의 퇴조

2008년 여름, 갑자기 서브프라임론 문제가 대두되고 9월에는 리먼 브라더스의 파탄으로 금융 위기가 시작되어 마침내 미국 경제는 심각한 상황에 빠지고 말았다. 거대한 규모의 연간 무역적자(약 8,000억 달러)와 재정적자(약 4,000억 달러), 그리고 누적 대외 채무(약 2조 달러), 그리고 천문학적인 규모의 정부 빚(약 50조 달러)에도 불구하고 저축률은 제로에 가까운 당시의 미국 경제의 참담한 성적표를 감안하면, 미국 경제의 퇴락은 불가피하다는 비관적 견해가 일본에서도 지배적이었다.

미국 내에서도 자국 경제가 붕괴하면서 장기적인 암흑시대로 돌입할 것이라는 비관론이 대두되었으나, 젊고 참신한 오바마 대통령의 취임과 함께 미국 경제의 전면적인 붕괴는 피할 수 있게 된 것 같다. 그러나 열병처럼 지구촌을 휩쓸었던 한때의 팍스 아메리카나의 기세는 찾아보기 힘들다. 필자에게는 이 미국 퇴조론이 언젠가의 '데자뷰'로 느껴진다.

되돌아보면 필자가 일본 유학을 결심한 1980년대 후반에도 미국이 이류국가로 전락할지 모른다는 미국 퇴조론이 유행하고 있었다. 반면 당시 버블 경제의 절정기에 있었던 일본이 세계 경제의 중심이 된다는 무책임한 평론서들이 베스트셀러가 되곤 했다. 황홀한 유포리아euphoria에 빠져 있던 일본에 비해 상대적으로 미국의 잠재력이 지나치게 저평가되었다는 점은 얼마 후 밝혀졌지만, 어쨌건 그 시절의 미국은 암담했다. 당시 레이건 행정부는 천문학적인 규모의 군비 증강과 대폭적인 감세로 인해 재정수지가 악화되었다. 레이건 정부를 물려받은 조지 H.W. 부시 대통령도 경제 재건에 실패했기 때문에 재선에 실패했고, 민주당의 젊고 정력적인 클린턴 대통령이 탄생된 후 미국은 다시 세계 경제의 중심으로 재부상할 수 있었다.

20년 전과 지금의 미국 경제의 퇴조 원인에는 어떤 공통점이 있을까? 필자는 미국이 자본주의 발전에 꼭 필요한 프런티어(미지의 시장)를 상실한 것에 있다고 생각한다. 아마 상당 부분 필자의 독단과 논리의 비약이 있겠지만, 지금부터 미국 자본주의의 역사를 돌아보면서 이 가설을 확인해보자.

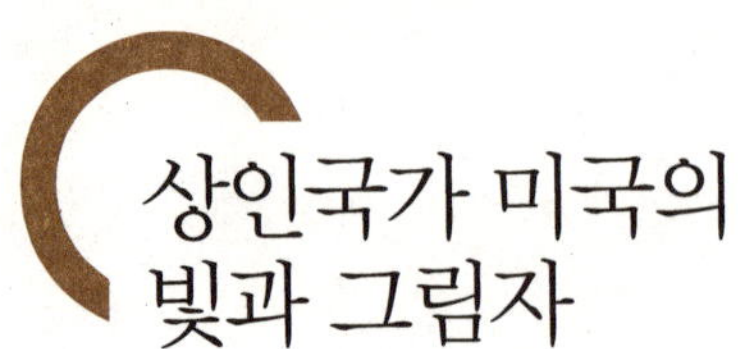

상인국가 미국의
빛과 그림자

서부에서 우주까지의 프런티어의 확대

미국은 건국 후 서부 프런티어의 개척을 통해 국가의 기틀을 쌓았다. 그 주체는 광대한 대륙에서 새로운 시장을 발견하려는 상인들이었다. 아직도 미국인들이 서부 프런티어를 주제로 한 서부극 영화에 열광하는 것은 그 시대에 대한 향수 때문일 것이다. 하지만 1890년경에 서부라는 미국의 프런티어는 소멸된다. 이와 때를 같이하여 미국은 먼로주의 이후의 고립 정책을 스스로 포기하고 급속히 외부의 새로운 프런티어를 추구하여 세계 진출을 도모한다. 당시 서구 열강들에 의한 제국주의 정책에 늦게나마 동참하여 쿠바와 필리핀 등의 새로운 시장을 수중에 넣었다. 하지만 20세기에 들어와 열강들의 제국주의 정책도 한계를 드러냈다.

다행히 20세기 초에 많은 이민자들이 미국에 유입된다. 19세기 말까지만 해도 영국이나 독일이 중심이었으나 이때는 비유럽권의 이민자들이 급격하게 유입되었다. 국내에서 거대한 시장이 형성되면서 새로운 국내 프런티어에 직면하게 되었다. 고객 욕망을 부추기는 마케팅에 힘입어 프런티어는 크게 확대되었고, 미국은 어느 새 세계 경제의 중심이 되었다.

하지만 미국의 내부 프런티어가 언제까지나 확대되진 않았다. 오히려 대공황 등의 경기 변화에 의해 축소되는 경우도 있었다. 미국은 새로운 프런티어를 찾기 위해 분투하지만 지구상의 어느 곳에서도 과거와 같은 외부 프런티어를 발견하는 것은 쉽지 않았다. 그러다 어느 순간 우주라고 하는 전혀 새로운 프런티어를 인식하게 되었고, 막대한 투자를 감행한다. 미국인들은 서부 프런티어 시대가 다시 온 것처럼 우주 개발 프로젝트에 열광했다. 할리우드에서는 과거에 서부극이 유행했던 것과 비슷하게 우주를 주제로 한 영화가 넘쳐났다.

프런티어의 소멸과 새로운 프런티어의 발견

하지만 비극이 발생한다. 1986년 나사NASA의 스페이스 셔틀 챌린저 호가 전 세계인이 지켜보는 가운데 폭발하고 승무원 7명이 전원 사망하는 비극적인 사태가 발생한 것이다. 우주라는 새로운 프런티어에의 도전을 뜻한 챌린저 호의 실패는 상인국가 미국이 추구해온 외부 프런티어를 상실하는 것을 뜻했다. 포지티브한 외부 프런티어의 상실에 상심한 미국은 네거티브한 내부 프런티어에 서서히 탐닉하게 된다. 퇴폐적인 알코올 산업과 섹스 산업이 횡행하면서 미국 자본주의는 빛이 바래기 시작했다.

그 반면 버블 경제에 의해 부동산과 주식이라는 거품이 점점 팽창해 가던 일본이 새로운 세계 경제의 중심으로 부상하였다. 하지만 챌린저 호 파괴 이상의 엄청난 후유증을 남기면서 일본 경제의 거품은 붕괴하게 된다. 그러자 또다시 고뇌하고 있던 과거의 상인국가 미국 앞에 상상 외의 프런티어가 등장하게 된다. 인터넷이라는, 인류가 지금까지 경험한 무엇보다 새로운 프런티어에 의해 미국이 새롭게 활기를 되찾게 된 것이다. 마이크로소프트, 구글, 이베이, 아마존, 애플 등이 인터넷이라는 거대한 프런티어를 개척한 현대 미국의 상인들이었다. 20년 전 미국 자본주의의 위기는 이 새로운 프런티어의 등장에 의해 극적으로 회복되었다.

하지만 프런티어는 소진되기 때문에 프런티어이다. 이윽고 인터넷 산업에도 버블이 생겼고, 버블이 사라지면서 미국 자본주의는 급하게 새로운 프런티어를 추구한다. 유감스럽게도 재발견된 것은 다시 부(負)의 프런티어, 바로 퇴행적인 투기자금에 의해 부풀려진 부동산과 금융 자본 시장이었다. 하지만 이것도 현재의 서브프라임론 문제가 대두되면서 버블인 것으로 밝혀졌고, 네거티브한 프런티어에 불과했다. 새로운 프런티어를 찾지 못하고 있는 미국 자본주의는 지금도 방황하고 있다.

자본주의의 역사와 모험상인 기원설

유통을 전공하는 필자는 새로운 프런티어를 끊임없이 추구하는 주체는 상인이라고 생각한다. 그 점에서 앞에서 말한 미국 건국 이래의 프런티어 개척의 역사를 고려할 때 미국은 전형적인 '상인 자본주의 국가'이다. 납득하기 어려운 독자를 위해 잠시 자본주의의 기원을 돌아보면서 자본주의와 상인의 상관관계를 설명하고자 한다.

자본주의의 기원에는 산업자본 기원설과 상인자본 기원설의 두 가지가 있다. 전자는 자본주의가 영국의 산업혁명에서 발생했다는 이론으로, 경제학의 아버지 아담 스미스Adam Smith나 공산주의의 창시자인 칼 마르크스Karl Heinrich Marx라는 빅 네임이 등장할 정도이므로 반론의 여지가 없다. 게다가 위대한 사회학자 막스 베버Max Weber가 이 산업혁명 유래설을 이념적으로 수용하고, 자본주의의 정신적 기원을 직공의 근면성에서 찾으며 이를 캘빈파의 프로테스탄티즘에 귀결시키고 있기 때문에 거역하기 힘든 정설로 받아들여지고 있다. 미국 자본주의가 이 프로테스탄트의 일파인 퓨리턴(청교도)에 의해 비롯한 것을 감안하면 이 정설은 이미 증명된 것이라고 볼 수도 있겠다.

그러나 근대부터 시작된 구미 중심적, 또는 제조업 중심적인 기원설에 비해 잘 알려지지 않았지만 후자의 상인자본 기원설도 주목해야한다. 이 견해에 따르면 자본주의의 기원은 고대까지 거슬러 올라간다. 그 주역은 유럽의 바다와 대륙을 넘나들던 상인들이라는 것이다. 그래서 이문화異文化 간의 상품 교환을 진취적으로 수행해온 이른바 '모험상인'의 목숨을 건 상행위야말로 자본주의의 원동력으로 적합하다는 것이다. 막스 베버와 같은 시대의 논객인 베르너 좀발트Werner Sombart가 주창한 상인자본 기원설을 인정한다면, 자본주의의 역사는 항상 새로운 프런티어를 찾아 나서는 모험정신이 왕성한 상인들에 의해서 개척된 것이다.

여기서 18세기 유럽에서 산업혁명이 시작되기 무려 2,000년 전에 이미 지중해 무역의 주도권을 장악한 페니키아 상인(그리고 그 후예인 카르타고 상인)까지 등장시키면서 상인에 의해 기록된 또 하나의 자본주의의 역사를 길게 논하는 것은 지면의 제약상 피하기로 하자. 다만 유럽에 근대화의 기치가 오르기 이전에 아시아 지역에서 이미 상품 교역을 주도했던 이슬람 상인, 그리고 이슬람 상인의 파트너로 아시아의 바다와 대륙을 석권했던 인도, 중국, 동남아시아 상인의 프런티어 활동을 상기하는 것만으로도 상인자본 기원설은 충분히 설득력이 있다고 할 수 있다.

공산주의 진영에 대해 자본주의가 승리할 수 있었던 것은, 단적으로 세계 지도 위의 붉은색이 일부 지역에 한정될 수밖에 없었던 공산주의의 로컬적 성격과 달리 초록색 지역을 점점 확대해간 자본주의의 글로벌적 성격에 기인한다. 공산주의보다 자본주의가 인식론적으로도 실증론적으로도 우월하다는 것은 바로 이 자본주의의 글로벌리즘에 있는 것이다. 21세기에 들어와 미국이 주도하는 글로벌 자본주의 시대가 마침내 도래했다고 하지만, 실은 이 글로벌 자본주의는 이미 수백 년 전 아시아계 모험상인의 적극적인 프런티어 개척활동에 의해 이미 전개되고 있었던 것이다. 결과적으로 자본주의의 기원으로서의 정설 즉, 18세기 영국의 산업혁명에서 비롯되었다는 산업자본 기원설은 수백 년 전부터 쓰여진 모험상인에 관한 자본주의의 전사前史를 할애한 것에 불과하다는 결론에 이르게 된다.

지금까지 미국이 상인국가이고, 또 자본주의가 모험상인의 프런티어 개척활동에 의해 시작되어 발전되었다고 이야기했다. 이 견해가 받아들여진다면 현재 미국 경제의 퇴조를 자본주의의 위기라고 과잉 반응할 필요가 없다. 그 이유로 첫째, 미국은 세계 최대의 경제 규모를 자랑하는 자본주의의 기축 국가로 앞으로도 리더십을 확보하기 위해 새로운 프런티어를 추구하는 상인국가로 다시 출발할 것이기 때문이다. 건국 이래의 전통인 프런티어 정신은 진짜 미국인의 DNA에 깊이 각인된 것이라고 믿고 싶다. 둘째, 세계 경제가 미국 일극주의에서 벗어나고 있는데 그 주도 세력이 바로 새로운 프런티어를 추구하는 과거의 상인국가들이기 때문이다. 예컨대, 중상주의의 원조로서 동구 지역을 새로운 프런티어로 인식하고 있는 상인국가 집단 EU의 재등장, 중국과 인도 등 과거 아시아 지역 상인국가의 권토중래捲土重來의 복귀 등이다. 자본주의는 바야흐로 상인국가(그룹) 간의 다자간 프런티어 확보 경쟁의 새로운 단계에 들어서고 있다고 하면 지나친 생각일까?

일본 경제의
영고성쇠와 모험정신

상인국가 일본의 영고성쇠

일본 유통의 혁신자들의 이야기를 독자들에게 전한다고 하는 이 책의 취지에서 벗어나 잠시 동안 미국의 자본주의에 대해 지면을 할애했다. 지금부터는 상인자본주의 국가 일본에 대해 알아보자. 두말할 나위도 없이 일본의 자본주의도 상인기원설의 시각으로 해석할 수밖에 없다. 전후 일본 경제의 부침浮沈과 일본 상인과의 상관관계를 생각해보자.

앞에서 본 미국처럼 일본이 네거티브한 프런티어에 직면한 것이 바로 1985년 플라자협정 이후의 저금리 정책에 의해 촉발된 버블 경제의 시기였다. 단적으로, 일본의 대표적 소매업태인 백화점과 종합양판점은 이 기간 동안 너무나 타락한 모습을 보였다. 백화점 기업은 외국 명화의 투기 매매에 가담하는 등의 추태를 연발했고, 종합양판점은 영업이익보다 부동산 가격의 상승에 의한 영업 외 이익의 확대에 열중했다. 당연히 버블 경제는 파탄을 맞이하게 되었고, 양대 업태는 모두 철퇴를 맞지 않을 수 없었다. 버블기는 양대 업태가 프런티어를 추구해야 하는 모험상인으로서의 자각을 완전히 잃어버린 시기였다.

그 징후는 이미 버블기 이전에도 엿볼 수 있었다. 과거의 성공에 사로잡혀 구태의연한 경영을 계속한 결과, 상인정신은 상실됐고 관료주의는 팽배했다. 100년 전 미쓰코시가 제시한 백화점 모델과 50년 전 다이에가 제기한 종합양판점 모델을 강산이 몇 차례 바뀐 오늘날에도 근본적으로 수정하려는 자세를 보이지 않았다. 이들 양대 소매업태인 백화점과 종합양판점이 침체됨에 따라 이들을 대신할 새로운 소매업태가 기다려졌다. 물론 지금까지 각 장에서 살펴본 것처럼 혁신적 소매 경영자들에 의해 여러 가지 새로운 업태가 등장했지만 이들이 백화점과 종합양판점을 대신하여 새로운 소비시장을 자극하여 본격적으로 경기를 활성화시키진 못했다. 전통적 상인국가 일본은 미국이 그랬던 것처럼 프런티어 개척에 실패했고, 그 결과 오랫동안 어두운 터널에서 빠져나오지 못했다.

거듭 강조하지만 일본은 상인들에 의한 프런티어 개척에 의해 발전한 대표적 상인국가다. 중세에 벌써 원격 무역을 하는 상인들이 나타났고, 전국시대의 무장들은 상인을 중용했다. 300년 전의 에도 시대에 벌써 백화점의 전신이 탄생했고, 실제로 이 시대에 일본형 유통 시스템의 원형이 만들어졌다고도 한다. 일본은 중국과 한반도의 영향을 받아 유교 사회임에도 불구하고 상대적으로 사농공상의 위계질서는 그다지 심각하지 않았다. 실제로 400년 전 상인이 수행하는 상업 기능의 중요성과 이윤 취득의 정당성을 가르치는 석문심학石門心學이라는 종교에 가까운 교의가 탄생하여 상인의 지위를 부동의 것으로 인식하면서 지금도 일본 상도商道의 교과서가 되고 있다.

근대 이전 일본 국부의 상당 부분을 축적한 것도 상인들에 의해서였다. 패전 후 제조기업은 서구 제조기업의 기술 도입과 우수한 저임금 노동력에 의해 급성장의 계기를 잡게 되지만, 제조기업의 판매방법 즉, 마케팅의 수준은 참담할 정도였다. 그 결과 제조기업의 상품 판매는 오로지 기업 외부의 상인(도매상과 소매상)에게 맡겨졌다. 근면한 일본 상인의 새로운 시장 즉, 프런티어 개척에 의해 제조기업은 판매의 질곡에서 벗어나 생산에 전념할 수 있었고, 이로 인해 고도성장기 이후 소비재 산업의 여러 분야에서 세계적인 기업으로 발돋움할 수 있었다는 것이 일본의 유통 및 마케팅 연구자의 일치된 견해이다.

현대판 모험상인의 등장

돌이켜보면, 종전 후 일본의 혁신적인 유통기업은 현대적 의미에서의 프런티어 정신이 넘치는 모험상인이었다. 이란의 호메이니 혁명의 조짐을 미국의 CIA보다 먼저 알아차릴 정도로 지구촌 구석구석까지 펼친 정보망과 비즈니스 기회가 있다면 어떤 손해도 불구하고 날아갔던 전사戰士 집단을 가짐으로써 세계가 감탄했던 일본의 종합상사가 국외의 프런티어를 열었다 할 것이다. 백화점과 재래 상점가밖에 없던 일본에서 종합양판점은 일본형 체인 오퍼레이션 시스템을 통해 엄청난 규모의 내부 프런티어를 개척했다고 할 수 있다. 종래의 인식으로는 비즈니스의 대상이 아니었던 밤 시간대를 새로운 시장으로 인식하여 편의점은 시간적 프런티어를 창출했다. 이들이야말로 바로 고대 모험 상인의 피를 이어받은 적출자로서 프런티어를 선취하여 일본 경제의 번영에 기여한 것이다. 그러나 어느새 대부분의 유통기업들은 이 중요한 모험상인의 정신을 상실했고, 그 결과 대불황의 시대를 맞이할 수밖에 없었다.

과거와 같이 프런티어를 개척하는 모험상인의 기개를 회복하지 않으면 상인국가 일본의 실질적인 부흥은 멀어지고 말 것이다. 일본 경제를 위해 다행스러운 것은 최근에 들어와서 새로운 비즈니스 모델을 가지고 소비자에게 지지받는 소매업태가 유통업계의 주역으로 등장했다는 점이다. 이 소매업태야말로 새로운 프런티어를 개척하려는 현대판 일본의 모험상인이라 할 수 있다.

12장

일본 유통기업의 상인정신

단카이 세대의 튀니지 붐

제1차 베이비 부머(1947~1949년생)로 전후 일본 주식회사의 고도성장기를 지탱해온 단카이 세대가 정년을 맞이하게 된 지금, 일본에서는 조용히 튀니지 붐이 일고 있다. 충분한 저축 잔고를 가지고 있으면서 연금을 지급받는 젊은 노인층인 단카이 세대가 세계의 명승지를 돌아보는 투어에 남아도는 시간과 돈을 쓰기 시작하면서, 특히 유네스코 세계유산으로 8개나 지정된 튀니지가 주목받기 시작한 것이다.

북아프리카의 작은 나라인 튀니지는 2002년 한일 월드컵 때 나라현의 가시하라시에 캠프를 설치하여 지역 주민들과 친해지게 되었다. 시합에서 일본이 축구강국으로 알려진 튀니지를 2대 0으로 격파하여 사상 최초의 16강 진출을 하게 된 점도 작용하여 일본인들이 튀니지에 대해 호감을 가지게 된 것 같다. 월드컵 이후 일본에서는 튀니지 음식점이 생겼고, 지중해와 사하라 사막 사이에 위치한 천혜의 지형 때문에 튀니지로 떠나는 여행객들도 조금씩 늘어나다가 최근에 들어와 본격적인 붐이 시작되었다. 2009년 10월에는 대형 백화점 다이마루 도쿄점에서 '고대 카르타고와 로마전'이 열리면서 일본 최초로 튀니지 국립 박물관이 소장하고 있는 공예품 및 미술작품 160여 점이 공개되었는데, 이것도 튀니지 붐을 반영한 것이다.

단카이 세대의 일본인 여행객들에게 특히 인기가 있는 세계유산은 튀니지의 옛 이름인 카르타고를 피부로 느낄 수 있는 카르타고 유적이다. 단, 튀니지만에 인접한 현재의 카르타고 유적 즉, 공중 목욕탕이나 원형 극장, 거대한 저수지 등은 로마가 카르타고를 정복하여 완전히 파괴한 뒤에 아프리카의 로마를 건설하기 위해 다시 만든 것이다.

이번 장에서는 왜 로마가 현재의 튀니지의 위치에 상인국가를 건설했던 카르타고를 멸망시켰는지에 대해 돌아보기로 하자. 고대의 상인국가 카르타고와 현대의 상인국가 일본이 유사한 특징을 가지고 있기에 현재 튀니지 붐의 숨겨진 원인을 짐작할 수 있고, 나아가 유통제국의 건설을 꿈꾸는 일본의 유력 소매기업에게도 중요한 시사점을 줄 것이다.

고대 상인국가
카르타고의 대두

페니키아 상인의 등장

막스 베버는 그의 유명한 저서 《일반사회 경제사 요론》에서 상업의 출발점은 서로 다른 종족 집단 간의 교환 행위에 다름이 아니다라고 단정하고 있다. 종족이 다르면 당연히 욕망의 대상 즉, 필요로 하는 상품도 다르다. 인간의 진보는 욕망의 확대에 의해 이루어진다. 새로운 욕망의 대상이 다른 종족의 손에 있을 경우, 당연히 전문적으로 교환을 행하는 인간 집단 즉, 상인들이 등장하게 된다.

이들 상인들이 상행위만을 영위하는 독립적인 전문가 집단이 되기 위해서는 적어도 2가지의 전제조건이 필요하다. 우선, 충분한 생산력에 의해 잉여 상품이 생산되어야 하고, 그 다음에 이 잉여 상품을 운반할 운송 수단으로 선박을 만들 필요가 있다. 세계사의 무대에서 이런 전제조건을 가장 먼저 갖추었기에 소위 '원격지 상인' 이 가장 먼저 활약하는 것이 확인된 장소가 바로 지중해 지역, 그리고 페르시아 지역과 소아시아 지역 등으로 이루어진 소위 메소포타미아의 '비옥한 초승달Fertile Crescent 지역'이다. 특히 후자의 지역에 대해 BC 18세기경에 만들어진 함무라비 법전에는 이미 전문적인 상인 집단이 당시 지배자의 비호하에 물류 활동을 중심으로 수행하는 상거래에 대한 상세한 규정이 적혀 있다. 상인 집단이 적어도 BC 18세기 이전에 상당히 활발하게 원격지 무역 즉, 중개무역을 했다는 것을 알 수 있다.

BC 15세기경에는 지중해 동쪽 즉, 지금의 팔레스타인과 레바논 근처에 교역을 중심으로 하는 페니키아라는 도시국가가 부흥하여 그리스와 마그레브(리비아, 튀니지, 알제리를 포함한 북아프리카 북서부 지역), 스페인 등에 식민지를 개척하고 자국의 주민들을 이주시켰다. 식민지의 토지를 확보하여 경작이 아닌 오로지 교역의 거점을 확보하는 것을 목적으로 한 천부적인 페니키아 상인들은 스페인의 은, 아라비아의 금, 브리타니아(현 영국)의 주석, 바빌론의 직물, 동방의 향료 등의 중개무역을 맡았다. 당시의 이집트의 파라오나 이스라엘의 왕조차도 페니키아 상인의 협력 없이는 교역 활동이 불가능할 정도였다. 그들은 중개무역 전문 집단으로 무역과 관련된 정보, 운송 수단, 거래 노하우와 아이디어, 그리고 상인으로서의 모험심에 있어서 그들보다 뛰어난 자들은 이후 역사에도 존재하지 않았다고 말해도 될 정도로 탁월했다.

지중해의 카르타고 상인

페니키아 상인들은 처음에는 아시리아에, 나중에는 바빌로니아와 페르시아의 침략을 받게 되는 모국 페니키아를 벗어나 지중해 항로의 천혜의 요충지인 북아프리카의 카르타고에 정착했다. 카르타고는 BC 814년에 엘리사Elissa라는 여왕에 의해 세워졌다. 원래 카르타고는 페니키아의 식민지였으나 어느새 구舊 페니키아의 대명사로 번성하게 되었다.

카르타고 상인은 페니키아 상인의 DNA를 고스란히 물려받아 항해술과 조선술에 뛰어났고, 잔잔한 지중해를 마치 자신의 앞마당처럼 이용하면서 배타적으로 동서 물자의 교류 활동에 종사하여 거대한 독과점적 이익을 남길 수 있었다. 그러나 호사다마라고 할까, 카르타고에도 서서히 비극의 그림자가 다가오고 있었다. 대제국으로 도약하는 로마가 용트림을 하면서 카르타고 앞에 그 모습을 드러낸 것이다.

독점적인 중개무역을 통해 막대한 부를 축적할 수 있었던 카르타고는 지중해야말로 자신들의 부를 생산하고 축적하게 해주는 유일한 자원이라는 것을 잘 알고 있었다. 카르타고는 자신들의 바다인 지중해를 지키기 위해 부득이 부국강병의 길을 걸었고, 결과적으로 지중해 최강의 해군을 보유하게 되었다. 최강 해군의 정예 병력은 막대한 상업 이익에서 얻은 금화를 이용해 끌어 모은 용병들로 이루어졌다. 전성기 때 카르타고의 영향권은 모국 페니키아와 서쪽의 지브롤터, 스페인, 포르투갈에 이르는 지역까지 망라하고 있었다.

로마와
카르타고의 대결

포에니 전쟁의 발발

강성해지는 카르타고에 대해 이탈리아 반도를 통일한 로마는 초조함을 감출 수 없었다. 로마는 당시 카르타고와는 달리 최강의 육군을 보유하고 있었다. 반도를 통일한 후 로마제국의 영토를 확대하는 데 지중해를 활보하는 카르타고는 눈에 가시와 같은 존재였다. 바다와 육지의 초강국, 카르타고와 로마의 전쟁은 불을 보듯 뻔했다. 이윽고 BC 264년부터 BC 146년까지 '포에니 전쟁'이라 불리는 양국 간의 숙명적인 전쟁이 3차에 걸쳐 펼쳐지게 된다.

1차 포에니 전쟁은 24년이나 걸렸다. 처음에는 압도적인 해군력을 가진 카르타고가 우세했으나 전장을 지중해의 교차로이면서 카르타고가 식민지로 지배하고 있던 시칠리아 섬으로 옮기자 로마가 강력한 육군의 힘을 행사할 수 있었다. 나아가 로마도 바다를 지배하는 자가 세계를 지배한다는 진리를 터득하여 상대적으로 약했던 해군력을 강화했다. 그 결과 로마군은 카르타고군을 물리칠 수 있었고, 카르타고는 결국 로마와 굴욕적인 종전 협정을 체결하게 된다. 시칠리아를 포기하고 막대한 배상금을 지불한 뒤 시칠리아 저편의 북아프리카에 있는 자신의 나라로 퇴각하게 되는데, 로마와 굴욕적인 종전 협정을 체결한 카르타고 장군의 이름은 하밀카르였다.

카르타고는 결코 1차 포에니 전쟁의 굴욕을 잊지 않았다. 이것은 최강의 해군을 가진 카르타고가 새롭게 떠오르는 로마군에게 패퇴했다는 자존심 차원의 문제가 아니었다. 지중해라는 카르타고의 유일무이의 자원을 로마에게 영원히 빼앗길지 모른다는 생존권 차원의 문제였다. 중개무역으로 살아야 하는 상인국가 카르타고로선 바다를 빼앗긴다는 것은 모든 것을 잃는 것을 의미했다. 하밀카르는 절치부심하여 스페인 남부의 안다르시아 지방에서 병력을 재집결하여 로마에 대한 반격을 도모하나 전사하고 만다.

전사한 하밀카르의 아들이 바로 한니발이다. 아버지의 유지를 받들어 불구대천의 원수 로마를 쳐부수기 위해서는 이탈리아 반도로 진격해야 한다고 생각한 한니발은 26세의 젊은 나이로 카르타고군의 최고 지휘관이 되었다. 그리하여 마침내 BC 218년에 '한니발 전쟁'으로 더 잘 알려진 2차 포에니 전쟁이 발발하게 된다.

2차 포에니 전쟁과 한니발

한니발은 스페인의 카르타고군 본거지에서 이탈리아로의 진격을 감행했다. 보병 9만 명, 기병 1만 2,000명, 그리고 37마리의 전설적인 코끼리 부대가 피레네 산맥을 넘어 눈으로 뒤덮인 험산 준령 알프스 산맥을 15일이나 걸려 넘어서 북이탈리아로 물 밀듯이 쳐들어간 것이다. 허를 찔린 로마군은 저항했지만 상대는 지금도 그 이름만으로도 유럽인들이 두려워한다는 한니발이었다. 한니발은 15년 동안 이탈리아에 머물면서 강력한 로마군과 맞붙은 4차례의 대전大戰에서 전부 완승을 거두었다.

카르타고의 영웅 한니발

주목할 것은 한니발은 세계사적으로도 손가락에 꼽힐 정도의 명장이지만 역시 상인국가인 카르타고의 피를 물려받았다는 점이다. 한니발은 로마의 지배하에 있던 도시의 주민들을 자신의 편으로 만들고 병참기지를 확보하는 데 주력했다. 한니발은 이탈리아에 장기간 머물면서도 로마를 카르타고의 속국으로 만든다거나, 로마에 지배당한 주변의 도시국가를 통치한다는 의지는 전혀 보이지 않았다. 오로지 로마가 지중해에서의 무역을 방해하지 않도록 하는 것이 그가 이탈리아에 머무는 주 목적이었다. 한니발에게는 모국 카르타고의 통상 활동과 부의 축적을 방해하는 로마를 제압하는 것이 중요했고, 그 점에서 나중에 '세계의 수도'로 웅비하는 로마조차도 한니발에게는 단지 부를 추구하기 위한 수단에 불과했던 것이다.

한니발은 BC 216년에 이탈리아 남부의 칸네에서 로마군 8만 명을 괴멸시켰는데, 세계 전쟁사에서 '칸네의 회전會戰'으로 유명한 이 전투의 여파를 몰아 만약 한니발이 로마로 진격했다면 세계사는 바뀌었을 것이다. 그러나 한니발은 로마로 진격하자는 휘하 장수들의 진언을 거부했다. 결국 운명의 여신은 로마에게 미소를 지었다.

한편, 장기간 이탈리아에 주둔하면서 로마군과 산발적인 전투를 거듭해온 한니발의 군대는 점점 지치기 시작했다. 무엇보다도 카르타고 군대의 주력은 용병으로 이루어져 있었고, 당연히 계속되는 전장에서 카르타고군의 결속력은 떨어졌다. 용병들의 이탈도 불가피했고 카르타고 군영에 들어왔던 도시들도 다시 로마로 신발을 바꾸어 신고 있었다. 당연히 카르타고군의 사기는 떨어졌다. 이를 로마의 지휘관들이 놓칠 리 없었다. 로마는 반격에 나섰고 카르타고군은 이탈리아 반도의 남부까지 밀려났다. 로마군은 카르타고군에게 반격의 기회를 주지 않기 위해 스페인에도 군대를 파병했다. 스페인에 파병된 로마 군대의 젊은 지휘관은 한니발의 숙적 스키피오였다. 후세에 그의 이름은 그의 손자인 스키피오와 구별하여 대大 스키피오로 불렸다.

마침내 스키피오는 스페인을 완전 정복했다. 그는 한니발의 모국인 카르타고 본국을 공격할 작전을 짜기 시작했고, 로마 원로원은 스키피오의 북아프리카 원정을 허락했다. 전황戰況은 종래의 로마군의 수비 태세로부터 급작스럽게 로마군의 공세로 역전하게 되었다. 스키피오 군의 습격에 당황한 카르타고 원로원은 한니발에게 귀국 명령을 내릴 수밖에 없었다. BC 202년, 카르타고로 귀환한 44세의 한니발은 카르타고의 서쪽에 위치한 자마에서 한니발의 전술을 상세히 연구해온 스키피오와의 최후의 결전에 임하게 된다. 결과는 그 이후 로마제국이 세력을 본격적으로 뻗어나간 것에서 짐작할 수 있을 것이다. 칸네의 회전과 거의 역전된 구조 즉, 로마의 완승과 카르타고의 완패, 무조건 항복이었다.

한니발에게 패전의 고통은 컸으나 언제까지나 카르타고를 낙담과 실의에 빠진 상태로 방치할 수는 없었다. 한니발은 일반 시민으로 구성된 민회民會로부터 최고 권력자로 선출되었다. 한니발은 전후 부흥책으로 상업의 진흥을 내세웠다. 본래 상업 민족인 카르타고의 민초들은 한니발의 시책을 지지했다. 부를 추구하기 위해 이전보다 더 열심히 상업 행위에 열중했고, 경제 기반이 재정비되고 무역도 다시 활발해졌다. 그리하여 전쟁 후 10년도 되지 않아 카르타고는 다시 본격적인 상인국가로 부활할 수 있었다. 반면 로마는 카르타고로부터 막대한 배상금과 전리품을 수중에 넣었으나 어느새 무역적자가 늘어나 인플레가 수습되지 않았고 재정은 궁핍해졌다. 전후의 로마가 전쟁 이전보다 더 피폐해진 것이다. 로마는 놀랐다. 카르타고와의 종전 협정을 통해 로마는 지중해 전역에 산재해 있던 카르타고의 식민지와 해외 자산을 몰수했고, 또 부의 축적의 수단이었던 선단船團도 몰수했기 때문에 카르타고가 재기하는 것은 불가능하다고 생각했기 때문이다.

그 이유는 간단했다. 전전의 카르타고는 지중해 전역에 많은 식민도시를 가지고 있었으나 이를 유지하는 데는 많은 노력과 비용이 들어갔다. 패전하여 이를 전부 몰수당한 것은 오히려 기존에 비대했던 카르타고의 몸집을 가볍게 해주면서 카르타고의 가장 탁월한 능력인 통상에만 전념할 수 있는 길을 터준 것이다. 그 결과 카르타고는 다시 부를 축적하여 경제대국으로 재기할 수 있었던 것이다. 초조해하던 로마는 이러한 카르타고의 재기의 원인을 한니발에게 귀속시키려고 했다.

실제로 통상국가 재건을 위한 한니발의 개혁이 카르타고의 재기를 가능케한 것은 부정할 수 없다. 문제는 성공한 한니발의 개혁을 로마뿐만 아니라 카르타고의 일부 귀족들도 백안시했다는 사실이다. 이들 중에는 로마 원로원과 내통하고 있던 자들도 있었는데 그들은 한니발이 반로마세력과 로마 전복을 위해 암행하고 있다고 밀고했고, 한니발을 제거할 구실을 찾던 로마는 한니발의 암살을 도모하게 된다. 목숨의 위협을 느낀 한니발은 국외로 탈출하지만 한니발을 제거하려는 로마의 의지는 강했다. 한니발은 소아시아 지역을 전전하다가 마지막에는 시리아에 잠복했지만 로마의 추격은 집요했다. 더 이상 도망 다닐 곳이 없다는 것을 느낀 한니발은 BC 183년에 스스로 독배를 마시고 파란만장한 인생의 막을 내렸다.

카르타고의 부흥과 로마의 선전포고

한니발이 망명의 길을 떠난 후에도 카르타고는 상인국가로 부활하기 위한 속도를 늦추지 않았다. 그리하여 2차 포에니 전쟁에서 맺은 협정에 따라 50년 동안 분할 지불해야 할 천문학적인 배상금을 BC 187년에 전액 지불하겠다고 신청했다. 항복 이후 겨우 10년이 조금 지난 시점이었다. 로마 원로원은 부활한 카르타고의 경제력에 경악했고, 배상의무에서 카르타고를 자유롭게 해주고 싶지 않았기에 지불 신청을 받아들이지 않았다.

로마를 위협하던 마케도니아, 시리아 왕국을 제압했고, 그렇게 두려워하던 한니발도 이제 이 세상 사람이 아니었다. 그럼에도 불구하고 로마인들은 불안할 수밖에 없었다. 카르타고의 예상 밖의 부활에 로마는 다시 카르타고를 위협의 대상으로 직시하지 않을 수 없었다.

지중해의 유일한 군사대국인 로마는 다시 초조해졌다. 왜 승전국 로마가 재정적자와 무역적자라는 쌍둥이 적자에 고통을 겪어야 하는 반면 패전국 카르타고는 경제적 번영을 누리고 있는가? 도대체 언제까지 부만 추구하는 이 야만적인 카르타고 때문에 고통을 겪어야 하는가? 자신감을 상실하고 히스테리에 빠진 로마가 내린 결론은 로마가 활로를 찾기 위해서는 '카르타고를 말살해야 한다' 는 것이었다.

한니발 전쟁의 종전 협정을 맺은 탓에 지금은 형식적으로 우호적 동맹국이 된 카르타고를 칠 명분이 없었던 로마는 호시탐탐 기회를 엿보았다. 마침 카르타고가 영토 문제로 주변국과 마찰을 빚게 되었고 이 때문에 자위군이 군사행동에 나서자 로마 원로원은 무장해제의 종전 협정을 어겼다고 트집을 잡아 카르타고에 선전포고했다. BC 150년, 3차 포에니 전쟁이 발발한 것이다.

3차 포에니 전쟁과 카르타고의 최후

이미 정규 군대를 해체당하고 자위군밖에 가지고 있지 않은 카르타고에 비해 로마군은 보병 8만 명과 기병 4,000명이라는 압도적인 병력을 가지고 있었다. 이 때문에 로마군은 카르타고에 무혈 입성할 수 있었다. 이때 로마군의 사령관은 2차 포에니 전쟁의 사령관으로 자마 대전

에서 한니발을 물리쳤던 대**스키피오의 손자인 소小스키피오였다. 최
강의 로마군이 상륙한다는 소식에 카르타고가 대응할 수 있는 유일한
방법은 로마에 사절단을 파견하여 용서를 비는 것뿐이었다.

로마 원로원은 가혹한 조건을 내걸었다. 자위군의 즉각적인 무장해
제, 군사 물자의 양도, 30일 이내에 카르타고 귀족의 자제 300명을 인
질로 보내라는 것이었다. 카르타고는 이를 받아들였다. 하지만 이것
으로 끝이 아니었다. 로마 원로원은 나아가 '카르타고의 거주 지역을
10마일(약 16킬로미터) 내륙으로 옮길 것'을 요구했다. 카르타고가 빠른
속도로 부활할 수 있었던 이유가 바로 바다 때문이라는 것을 알게 된
것이다. 바다가 카르타고를 그릇된 길로 유도했다는 결론을 내리고,
상인국가 카르타고를 바다 즉, 지중해에서 격리시켜 농업국가로 다시
태어날 것을 요구한 것이다. 바다의 민초인 카르타고는 어떤 요구도
다 받아들일 수 있지만 바다를 버리라는 요구만은 받아들일 수 없었
다. 그것은 카르타고에게 사망 선고와 마찬가지였다. 카르타고는 저항
하는 것 이외에 다른 방법이 없었다. 다행인지 불행인지 로마는 카르
타고에 대해 10마일 육지로 옮기는 유예기간을 30일간 주었다. 카르타
고의 주민들은 결사적으로 대항했다. 급히 무기를 생산했고 여자들은
머리카락을 잘라 활시위를 만들었다.

하지만 결과는 뻔했다. 카르타고는 최강의 스피키오군을 맞아 영웅
적인 저항을 3년이나 계속했지만, 마침내 운명의 시간을 맞이하게 된
다. 로마군은 원로원으로부터 '카르타고에 아무것도 남기지 말라'는
지령을 받아 충실히 이행했다. 카르타고를 함락시킨 후 그 땅에 존재
하는 모든 것을 태워버린 것이다. 로마군이 지른 불꽃은 17일간 꺼지

지 않았고, 1미터 이상의 재가 쌓였다고 한다. 광기에 사로잡힌 로마군은 질경이보다 질긴 카르타고의 씨가 다시 돋아나지 않도록 재를 파헤치고 소금을 뿌렸다. 20만 명의 카르타고 시민 중 10만 명은 질병과 기아로 죽었고, 5만 명은 로마군에 의해 살해되었다. 나머지 5만 명도 전후에 사형되거나 노예로 팔려갔다. 이리하여 700년간 지중해 최강의 경제대국으로 번영했던 카르타고는 지상에서 흔적도 없이 사라지고 말았다.

이코노믹 애니멀에서
상인정신으로 무장한 프런티어로

카르타고의 유서

지금까지 상인국가 카르타고의 흥망성쇠의 역사와 비극의 경위에 대해 비교적 상세하게 살펴보았다. 필자가 이 책의 마지막 장에서 사라진 상인국가 카르타고에 대해 이야기하는 것은 나름대로 이유가 있다. 단적으로 카르타고의 비극이 일본과 일본의 대형 유통기업에 대한 중요한 교훈을 상징적으로 말해주기 때문이다.

2,000년도 더 오래 전에 패권을 잡았으나 지금은 사라진 고대의 상인국가 카르타고는 현대의 상인국가 일본에 대해 어떤 유서를 남겼는가? 나아가 규모의 확대를 통해 유통제국을 꿈꾸던 종래의 거대 유통기업 즉, 종합양판점과 백화점들에게 무엇을 가르치고 있는가?

이 물음에 대해서는 카르타고와 함께 지중해의 해상무역을 양분했던 또 다른 고대 상인국가 그리스의 대응 전략을 통해 우회적으로 대답할 수 있을 것이다. 로마가 나타나기 이전의 지중해는 카르타고뿐 아니라 그리스라는 상인국가의 바다이기도 했다. 좁은 데다가 태반이 불모의 땅인 그리스 반도에 정주하게 된 고대 그리스인들은 카르타고와 마찬가지로 지중해에서 활로를 찾을 수밖에 없었다. 당연히 지중해를 둘러싸고 상인국가 간에 팽팽한 패권 경쟁이 벌어졌다.

특히 지중해의 교차로인 시칠리아는 양쪽 다 양보할 수 없는 전략적 요충지였다. 당시 카르타고는 시칠리아의 서쪽을, 그리스는 시칠리아의 동쪽을 점령하고 있었다. 그리스는 장사수완으로 부를 축적하여 인구가 늘어나자 좁은 그리스 땅 이외의 새로운 식민지가 필요했기에 시칠리아의 서쪽으로 눈을 돌렸고 카르타고는 군사행동으로 대응하게 되었다. 한편, 이탈리아에서 서서히 국력을 키운 로마도 지중해의 중요성을 인식하면서 시칠리아로 향하게 된다. 시칠리아에서 벌어진 고대의 서양판 삼국지는 앞서 살펴봤듯이 카르타고와 그리스 간의 전쟁에 뒤늦게 개입한 로마가 카르타고를 멸망시킨 것으로 끝이 났다. 지면의 제약 때문에 로마와 그리스 간의 전쟁에 대해서 살펴볼 여유는 없지만, 그리스도 로마에 의해 제압되었다는 것은 주지의 사실이다.

간과할 수 없는 것은 카르타고와 그리스가 로마와의 전쟁에서 함께 패했으나 카르타고는 흔적도 없이 사라진 반면 그리스는 로마의 비호를 받아 지금까지 인류에게 많은 문화유산을 남기고 있다는 점이다. 이후 로마제국의 약진을 가능하게 한 요인 중 하나가 엄청난 양과 질의 콘텐츠를 가진 그리스의 문화유산을 포용했다는 점에 있다는 것은 잘 알려진 사실이다. 결과적으로 그리스는 로마의 군사력에 의해 정복되었지만 그리스는 문화력으로 로마를 정복한 셈이 된다. 실제로 삼국지의 무대인 시칠리아에서 카르타고의 흔적은 찾아볼 수 없지만 그리스의 문화유산은 많이 남아 있다. 그리스는 로마에 의해 지배되나 그들이 창조한 문화는 2,000년이 넘은 지금도 찬연하게 남아 있다.

상인국가로서 함께 지중해를 활보했으나 로마에 의해 패배한 그리스와 카르타고의 차이점은 확연하다. 양국은 함께 부의 축적을 추구했으나 그리스에게 부는 단지 수단에 불구한 반면, 카르타고에게 부는 그 자체가 목적이었다. 그리스는 무역으로 얻은 부를 통해 식민지를 개척하고, 그 식민지를 인간이 살기 좋은 격조 있는 도시로 만들려고 했다. 그래서 자연스럽게 그리스 문화의 이식이 이루어졌다. 반면 카르타고에게 식민지는 문화 도시의 건설을 위한 것이 아니라 오로지 무역을 원활히 하기 위한 전진 기지 즉, 선단의 원활한 출입을 가능하게 하는 항구와 교역품의 보관과 출하에 필요한 물류창고의 역할에 불구했다.

인생은 즐기기 위해 존재한다는 로마인들에게 그리스의 발달된 문화는 선망의 대상이었지만, 인생은 오로지 일하기(장사하기) 위해 존재하는 것으로 생각하는 카르타고는 경멸의 대상이자 절대로 융화할 수 없는 이민족 집단이었다. 거듭 강조하지만, 그리스는 휘황찬란한 문화력으로 로마를 점령한 반면 부의 추구에 탐욕적이었던 카르타고는 로마에 의해 모든 것이 말살되고 말았다. 반어적이지만 멸망한 카르타고는 후세의 인류에게 처절한 유서를 남겼다. 바로 '부만 추구하는 인간은 되지 말라' 는 것이다.

경제적 교환과 사회적 교환

부만을 추구하는 인간, 바로 '이코노믹 애니멀'의 국가였던 카르타
고는 지구상에서 사라졌지만, 이코노믹 애니멀이라는 용어는 시공을
초월하여 근대의 극동에 위치한 또 다른 상인국가의 국민들을 지칭
하고 있다. 바로 부만을 위해 일해온 일본인을 조소하는 대명사이다.
거대한 '주식회사 일본'의 구성원으로 일벌레처럼 일만 하고 수전노
처럼 부를 축적하는 것 자체가 인생의 목적이 된 이코노믹 애니멀로
서의 일본인은 현대판 카르타고인에 다름이 아니다. 그리고 포에니
전쟁의 전개와 흡사하게 일본도 현대의 로마제국인 미국의 노여움을
샀다.

실제로 오만했던 일본은 2차 세계대전에서 미국을 상대로 무모한
전쟁을 벌였다. 결국 무장해제되나 기적적으로 부활하여 거대한 상인
국가로 발돋움했다. 그러나 미국은 1980년대 이후 천문학적인 금액의
대미 무역흑자를 남기며 황금기를 구가하던 일본을 가차없이 두들겨
패는 소위 '재팬 배싱Japan Bashing'을 주저하지 않았다. 결국 버블 경제
가 종언을 맞으면서 일본 경제가 상대적으로 쇠약해지자 미국에서는
일본을 건너뛰는 '재팬 패싱Japan Passing', 나아가 아예 일본을 무시하는
'재팬 낫싱Japan Nothing'이라는 화두가 제기되었다. 숙적이었던 고대 카
르타고와 로마와의 관계는 근대의 일본과 미국의 관계와 상당 부분 비
슷하다고 할 수 있다.

카르타고와 같은 국가적 비극의 전철을 밟지 않기 위해서는 일본
의 현명한 국가 전략이 필요하지만 이에 대한 논의는 이 책의 취지를
넘어서는 것이므로 논외로 하자. 필자의 관심을 끄는 것은 카르타고

일본 상인정신의 대명사
오미(近江) 상인

의 비극의 역사와 '부만 추구하지 말라'는 유서가 유통제국을 구축하려는 대형 유통기업에게 전하려는 메시지에 대해서이다. 이는 진정한 '상인정신'을 발휘하는 유통기업이 되라는 것 즉, 상인의 역할은 부의 축적만을 추구하는 '경제적 교환'이 아니라 원격지의 상품 이동에 의한 사람들의 삶의 질의 향상을 중시하는 '사회적 교환'에 있다는 것이다.

경제적 교환이란 많든 적든 화폐 가치로 평가되는 경제재經濟財를 서로서로 급부하는 행위를 말한다. 반면 사회적 교환은 신뢰와 안심, 존경 등과 같이 통상 경제재로 간주할 수 없는 주관적인 것조차도 교환 대상으로 간주한다. 브라우P.Brau, 호만스G.C.Homans, 콜맨J.S.Coleman 등의 사회적 교환론자의 혜안으로 인해 종래 경제적 교환만을 분석 대상으로 해온 경제학 분야에서도 사회적 교환의 중대성에 착목한 '경제사회학'이 유행할 정도이다. 한편, 현대의 마케팅 이론에서는 사회적 교환 대신 주로 '관계적 교환Relational exchange'이라는 용어를 사용하여 경제적 교환이 일시적, 양자적, 등가적인 데 반해 사회적 교환은 장기적,

네트워크적, 상승적이라는 점에서 우월하다고 주장한다.

경제적 교환보다 사회적 교환을 중시하는 마인드를 가지고 소비자에게 쇼핑의 즐거움을 주는 유통기업이야말로 투철한 상인정신을 가진 진정한 상인이라 할 수 있다.

사회적 교환을 중시하는 상인정신

요컨대, 경제적 교환이 아니라 사회적 교환을 중시하는 유통기업이야말로 소비자의 애고와 신뢰를 장기적으로 받을 수 있고, 그 결과 비로소 경제적인 가치 즉, 매상고와 이익률이 오르는 것을 경험할 수 있다. 그러나 전후 일본 경제의 고도성장과 함께 진격을 거듭해온 백화점과 종합양판점 업계는 어느 순간부터 성장과 확대 제일주의의 오류에 빠지고 말았다. 2000년까지 일본 최대의 유통재벌이었던 다이에 제국의 창업자 나카우치 이사오는 "매상고의 확대가 기업 경영의 모든 문제를 해결한다"는 망상에 빠져 과도한 출점으로 지역 경제를 피폐하게 만들고, 납입 조건에 있어 제조기업과 불화를 거듭하고, 도매업자와 벤더를 파트너로 대우하지 않고 적대시했으며, 생활자로서 소비자의 요구를 아전인수 격으로 해석했다. 오로지 경제적 교환(경우에 따라서는 경제적 약탈)에 혈안이 되어 있었던 것이다.

백화점과 종합양판점 매장은 백년하청에 천편일률적이고, 그 때문에 어느 순간부터 소비자에게 그다지 쇼핑의 즐거움을 제공하지 못하게 되었다. 실제로 버블 절정기에 종합양판점과 백화점 업계의 톱으로 군림했던 다이에와 소고가 경영 파탄의 나락에 빠진 것을 계기로, 양

업계는 그 끝을 알 수 없는 축소 균형의 길을 걷고 있다. 그에 반해 매장에 들른 소비자에게 쇼핑의 즐거움과 감동, 그리고 새로운 생활을 제안하는 전문점 체인 업태, 즉 소매 이노베이터들이 일본 유통의 새로운 주역으로 등장하고 있다. 이들은 사회적 교환의 중요성을 잘 인식하고 있다.

이번 장에서 살펴본 카르타고의 비극은 이코노믹 애니멀로서 오로지 경제적 교환에 눈이 멀었던 카르타고 상인들의 비극이라 할 수 있다. 카르타고 상인들은 신뢰와 존경을 염두에 둔 사회적 교환에 대한 생각이 결여되어 있었다. 아니, 실은 상인정신에 있어서 결정적인 결함을 가지고 있었던 것이다. 경제적 교환이 아니라 사회적 교환을 중시하는 상인이야말로 상인정신이 투철한 상인이라는 점을 다시 한번 강조하면서 이 책을 마치기로 하겠다.

《위대한 기업을 뛰어넘는 이기는 기업》은 필자가 한국백화점협회에서 간행하는 《월간 유통저널》 2008년 9월호부터 2010년 2월호까지 기고한 '일본 유통 이야기' 시리즈 18회분을 엮은 것이다. 책을 발간하게 되면서 원래의 내용을 대폭 수정, 보완했고 일부는 추가로 집필했다.

이 시리즈를 연재할 때 많은 독자들이 재미있고 유익하다고 호평했고, 또 일부 연구자와 소매기업 경영자로부터 단행본으로 출판해달라는 요구를 받아 약간 망설인 끝에 이 책을 집필하게 되었다.

이처럼 《월간 유통저널》에 원고를 연재한 것이 이 책을 출간하게 된 직접적인 계기가 되었지만, 실은 아주 오래전부터 한국에서 일본 유통에 대해 알기 쉬운 책을 출판하고 싶다는 생각은 늘 가지고 있었다. 필자의 게으름 때문에 이루어지지 않았지만 지금이라도 출간된 것이 의미 있다고 생각한다. 그 이유는 여러 가지이다.

첫째, 무엇보다도 지금까지 한국에서는 기본적으로 일본의 유통 특히, 소매 유통에 대해 체계적으로 정리한 책이 부족했던 점을 들어야 할 것이다. 일본 유통은 한국 유통에 많은 영향을 미쳤다. 과거에는 백화점이나 종합양판점 등의 소매업태에서 일본의 비즈니스 모델 및 유통 노하우가 한일관계의 우여곡절을 반영하여 조용하게 한국에 이전되었다. 한편, 한국 경제가 성숙하면서 편의점이나 전문점 등의 업태에 있어서 자국의 시장이 성숙단계에 들어가자 일본의 소매기업들이 적극적으로 한국에 진출하였다.

이처럼 역사적으로 한국의 주요 소매업태의 상당 부분이 일본의 영향을 받았음에도 불구하고 이를 분석하는 이론은 구미의 마케팅이나 소매 이론이 주류였다. 이 때문에 한국의 대학에서 유통을 연구하는 교수진들과 대학원생들, 나아가 현업에 종사하는 경영자들로부터 일본 유통의 실제와 미국 유통의 이론의 차이가 너무 크다는 이야기를 많이 들었다. 이에 따라 가능하면 한국의 현실에 적용되고 학계와 실무계에 많은 시사점을 줄 수 있는 내용의 유통 관련 책을 알기 쉽고 재미있게 쓰고 싶다는 생각을 가지고 있었다. 《위대한 기업을 뛰어넘는 이기는 기업》의 출간은 그러한 필자의 오랜 구상이 실현된 것이다.

둘째, 한국 유통의 현안이 되고 있는 포화 상태에 돌입한 백화점 및 대형마트 이후의 차세대 소매업태의 전망 등의 문제에 대해서는 일본 유통의 시행착오와 진화과정을 돌아보면 어느 정도 해답이 보일 것이라고 판단해서이다. 일반적으로 현재 한국의 소매업태는 일본과 10년 전후의 시차가 있다고 판단된다. 백화점 및 대형마트가 양대 업태로 군림하는 한국의 소매 유통구조는 일본에서는 이미 1990년대에 종언을 고한 상황이다. 편의점과 드럭스토어가 성장곡선을 그려왔지만 최근에는 이마저도 시장 포화현상에 직면하고 있다. 현재는 '전문점 체인의 시대'가 도래하고 있고, 특히 각 전문점 업태 내의 과점화, 나아가 '나 홀로 승자' 경향에 의한 일부 기업의 시장점유율 확대가 두드러진다. 예컨대, 가전양판점 최대 소매기업인 야마다전기, 캐주얼 브랜드인 유니클로를 내세우고 있는 패스트리테일링, 가구 인테리어의 니토리 등의 성장 전략은 경탄할 만하다. 앞으로 한국에도 본격적인 전문점 체인 등 혁신적인 신업태의 시대가 도래할 것임이 분명하다.

《위대한 기업을 뛰어넘는 이기는 기업》에서 살펴본 것처럼 일본 유통의 새로운 주역으로 상인정신이 투철한 혁신적 소매업태의 비즈니스 모델은 한국의 소매기업에게 중요한 자극을 줄 것이고, 존망의 기로에 서 있는 일본의 백화점과 종합양판점 업태는 성업 중인 한국의 백화점과 대형마트에 대해 반면교사의 교훈을 줄 것이다.

셋째, 일본의 유통, 특히 소매업에 대한 이해가 (건국 이래 시종 한국 경제에 있어 아킬레스건이 되고 있는) 천문학적인 금액의 대일 무역 역조의 해소에 작은 힌트를 줄 것이라는 점도 이 책을 집필하게 된 또 하나의 이유이다. 아마 앞으로도 한국의 산업, 무역 구조상 대일 수입이 줄어드는 것은 쉽지 않을 것이다. 따라서 대일 역조 시정을 위해서는 대일 수출의 확대가 불가피하다. 하지만 글로벌 시장에서 대성공을 거둔 삼성전자, 현대자동차조차 일본 시장에서는 성과를 올리지 못하고 이미 철수했거나 철수 의사를 밝히고 있다. 일본 시장 철수를 결단하게 된 이유는 소비자와 가장 가까운 거리에 있으면서 구매대리인 역할을 하고 있는 일본 소매기업의 이해와 실천적인 어프로치를 소홀히 했기 때문이다. 이 책의 행간에는 현재 싸고 품질 좋은 상품을 사입하기 위해 한국 시장에서의 수입을 확대하고 싶은 일본 소매업계 신주역들의 사입 전략과 머천다이징 전략도 소개하고 있다. 품질, 가격, 디자인 면에서 경쟁력이 있는 한국 상품이 먼 구미 시장뿐 아니라 가까운 일본 시장에도 넘쳐나길 필자는 간절히 바라고 있다.

사족이지만, 유학 직전에 필자는 한국의 근무처(산업연구원)에서 대일 역조 시정 프로젝트를 담당했었다. 당시에도 진입 장벽으로 인식되던 일본 유통경로를 철저히 학습한 다음에 대일 수출시장을 개척하는 것이야말로 역조 시정을 위해 필요하다고 생각했다. 그 때문에 도일 후 망설임 없이 제조기업과 유통기업과의 관계를 다루는 유통 채널론을 대학원에서 전공하게 되었다. 《위대한 기업을 뛰어넘는 이기는 기업》은 그러한 필자의 개인적 이력과 의지의 산물이기도 하다.

마지막으로, 현 시점에서 한일 유통은 서로 간에 상호학습 및 상호보완의 성숙한 단계에 접어들었다고 판단한 점도 이 책의 집필을 결심하게 해주었다. 강조하고 싶은 것은 이 책을 집필하면서 결코 일본 유통이 한국 유통보다 인식론적으로 우위에 있다고 생각하지 않았다는 것이다. 물론 역사적으로 볼 때 일본의 유통이 한국에 많은 영향을 미친 것이 사실이다. 하지만 최근에 들어서는 오히려 한국의 유통이 일본에 교훈을 주고 있는 사례도 적지 않다. 단적으로, 시장 축소로 고민하는 일본의 백화점과 종합양판점 업태의 경영자들이 번창하고 있는 한국의 백화점과 대형마트를 배우기 위해 빈번하게 한국을 찾고 있다. 한국의 백화점과 대형마트도 앞으로 일본의 전철을 밟지 않기 위해서 일본 유통의 실패와 시행착오에서 많은 교훈을 얻을 수 있을 것이다. 요컨대, 한일 간 유통은 제조업과 마찬가지로 대등하고 성숙된 관계에 접어들었다고 할 수 있다.

한국에서는 일본의 특정 사안에 대해 아무리 객관적인 수단으로 분석하여 장점을 말하더라도 결국은 일본에 기울어진 주관적인 견해로 사시화하는 경향이 있었다. 파죽의 기세로 일취월장할 때의 일본 유통을 한국에 소개하는 것은 자칫 일본 유통과 한국 유통의 우열관계로 부각될 우려도 있었다. 다행스럽게도 지금은 일본 경제가 침체하는 반면 한국 경제가 비약적으로 성장하여 한국 유통의 잠재력이 평가받는 등 한일 유통관계가 성숙 단계로 접어들어 그런 우려는 제거된 게 아닌가 하고 내심 안도하고 있다.

《위대한 기업을 뛰어넘는 이기는 기업》은 앞에서 말한 필자의 집필 의도에 따라 상당히 넓은 독자층을 상정하고 있다. 먼저 유통 및 마케팅을 전공하는 학부생과 대학원생, 대학 교원 및 연구기관의 연구자들이다. 이들에게는 한국 유통에 많은 영향을 미친 일본 상업 및 유통에 대한 입문서 및 기초연구 서적이 될 것이다. 다음으로 일본 유통기업의 비즈니스 모델을 공유하는 것과 동시에 앞으로의 소매업태 전략을 강구하는 데 도움이 될 것이므로 유통기업의 경영자 및 사원, 각종 유관 협회 종사자들에게 지침을 제공할 수 있을 것이다. 그리고 대형 소매기업의 우월적 지위 남용과 PB 상품 생산 여부에 부심하는 제조기업에게 일본의 사례를 전하고 있으며, 나아가 광대한 일본 시장 진출을 위한 힌트를 제공하고 있으므로 제조기업의 유통 영업 담당 또는 일본 시장 개척 담당 임원 및 사원들에게도 일독을 권하고 싶다. 나아가 현안이 되고 있는 대형마트, 기업형 슈퍼마켓SSM 등의 체인형 소매기업의 출점 및 영업시간 규제와 재래시장 활성화 등 난제에 대처하기 위해 고심하고 있는 소매유통 정책 담당 공무원 및 유관 부처 직원들에게도 적지 않은 시사점을 제공할 것이다.

《위대한 기업을 뛰어넘는 이기는 기업》을 출판하기까지 많은 분들로부터 도움을 받았다. 먼저 중앙대 이정희 교수(전 한국유통학회 회장)께 지면을 빌어 깊이 감사의 인사를 전한다. 10년 전 필자의 대학에서 개최된 '아시아 유통 포럼'에 참석한 것을 계기로 친해진 이 교수는 주로 일본 학회에서 활동하고 있던 필자에게 한국에서도 학회 활동을 할 것을 권해주었고, 또 여러 건의 연구 프로젝트에도 참여하게 해주었다. 그 덕분에 이 책의 집필에 필요한 많은 아이디어를 얻을 수 있었다. 다음으로 필자와 비슷한 시기에 일본에서 유학을 한 서울대 김현철 교수에게도 감사의 뜻을 전한다. 같은 유통 채널론을 전공한 김 교수로부터는 지금도 많은 조언을 받고 있다. 이 책의 일부는 김 교수와의 공동 연구의 산물이기도 하다. 일일이 거명하진 않겠지만 필자에게 여러 차례 학회 발표의 기회를 주었고, 또 직간접적으로 필자에게 한일 비교 유통 연구의 필요성을 느끼게 해준 한국유통학회의 여러분께도 감사의 말씀을 드린다.

《월간 유통저널》의 박수진 기자와 저널의 발행처인 한국백화점협회에도 깊은 감사를 전한다. 박 기자는 '일본 유통 이야기' 시리즈를 연재하는 1년 반 동안 따뜻한 격려와 적절한 조언을 아끼지 않았다. 한국백화점협회는 기고 원고의 외부 출판을 흔쾌히 승낙해주었다.

《월간 유통저널》에 기고하는 동안 필자의 대학에서 박사과정을 밟았던 조명래 박사(현 가가와 대학 전임강사)는 논문 작성 중에도 불구하고 필자의 초고를 읽고 많은 유익한 의견을 주었다. 필자가 책임자로 있던 유통과학대학 부설 아시아유통연구센터의 초빙 연구원이었던 유도형 박사(현 와카야마 대학 전임강사)도 초고를 읽고 적절한 조언을 해주었다.

한국경제신문사의 김상철 기자(사회부 부장), 최인한 기자(생활경제부 차장)에게도 감사의 뜻을 전한다. 필자의 대학에서 객원 연구원을 지냈던 두 분에게서 들은 한국 유통의 현실에 대한 많은 의견들은 이 책의 집필에 많은 참고가 되었다.

필자가 근무하는 유통과학대학에는 그 이름에 어울리게 일본에서 가장 많은 우수한 유통, 마케팅 전공 교수진들이 포진하고 있다. 이들과의 일상적 교류는 항상 필자를 자극시키고 있다. 특히 필자의 석사과정과 박사과정 지도교수였던 이시이 준조石井淳藏 교수는 현재 유통과학대학의 총장으로 재직하면서 여전히 연구자로서 필자가 본분을 다하고 있는지 주시하고 있다. 《위대한 기업을 뛰어넘는 이기는 기업》이 이시이 교수의 학은에 조금이라도 보답할 수 있다면 다행이다. 유통과학대학 대학원 원장인 무코야마 마사오向山雅夫 교수에게서는 연구에서뿐만 아니라 개인적으로도 많은 도움을 받고 있다. 한편 유통과학대학에서는 본서의 집필에 있어서 각종 자료 수집 및 출장에 필요한 연구비를 지원해주었다.

끝으로 생전에 효도 한번 제대로 못한 아버님의 영전에 이 책을 바치고 싶다.

2010년 5월

고베시 학원도시에서

1. 이 책의 원전(原典)

한국백화점협회의 《월간유통저널》의 각 호

- 「일본 유통 이야기(1): 일본 유통의 거인들의 어깨 위에서」, 2008년 9월호.
- 「일본 유통 이야기(2): 프런티어와 모험상인」, 2008년 10월호.
- 「일본 유통 이야기(3): 마쓰시타의 왕도(王道)와 나카우치의 패도(覇道)」, 2008년 11월호.
- 「일본 유통 이야기(4): 일본 유통경영자의 원체험(1)」, 2008년 12월호.
- 「일본 유통 이야기(5): 일본 유통경영자의 원체험(2)」, 2009년 1월호.
- 「일본 유통 이야기(6): 일본의 백화점을 만든 사람(1)」, 2009년 2월호.
- 「일본 유통 이야기(7): 일본의 백화점을 만든 사람(2)」, 2009년 3월호.
- 「일본 유통 이야기(8): 세븐일레븐 재팬의 끝없는 도전(1)」, 2009년 4월호.
- 「일본 유통 이야기(9): 세븐일레븐 재팬의 끝없는 도전(2)」, 2009년 5월호.
- 「일본 유통 이야기(10): 세븐일레븐 재팬의 끝없는 도전(3)」, 2009년 6월호.
- 「일본 유통 이야기(11): 마쓰시타전기(현 파나소닉)의 계열점 전략의 공과(功過)」, 2009년 7월호.
- 「일본 유통 이야기(12): 까르푸 재팬의 일본 시장 철퇴의 진상」, 2009년 8월호.
- 「일본 유통 이야기(13): 100엔숍 최대 기업 다이소의 극장형 사업 전개(1)」, 2009년 9월호.
- 「일본 유통 이야기(14): 100엔숍 최대 기업 다이소의 극장형 사업 전개(2)」, 2009년 10월호.
- 「일본 유통 이야기(15): 기린, 산토리 대통합의 원고심려(遠考深慮) (1)」, 2009년 11월호.
- 「일본 유통 이야기(16): 기린, 산토리 대통합의 원고심려(遠考深慮) (2)」, 2009년 12월호.

- 「일본 유통 이야기(17): 일본 유통기업 영고성쇠의 다이너미즘」, 2010년 1월호.
- 「일본 유통 이야기(18): 유통기업의 상인정신 재고(再考)」, 2010년 2월호.

2. 이 책의 주요 참고문헌

- 김현철(2004).『일본 기업 일본 마케팅』, 법문사.
- 김현철, 최상철(2006).『사례로 보는 일본 유통』, 법문사.
- 이정희, 한상린, 최상철, 황성혁(2008).『유통시장의 변화와 식품산업의 발전 방안』, 한국유통학회.
- 최상철(2008).「혁신 소매점이 日 '10년 불황' 날렸다」, 동아비즈니스리뷰, Vol. 20, 11월호.

- Blau, P. M.(1964). *Exchange and Power in Social Life*, John Wiley & Sons.
- Coleman, J. S.(1990). *Foundations of Social Theory*, Harvard University Press.
- Homans, G. C.(1974). *Social behavior: Its elementary forms*, New York: Harcourt Brace Jovanovich.
- Dawson, J., M.Mukoyama, S.C.Choi and R.Larke(eds)(2003). *The Internationalization of Retailing in Asia*, Routledge Curzon.
- Dupuis, M., S. C. Choi and R. Larke(2006). "Carrefour: being aware of the domestic market!," John Dawson, Roy Larke and Masao Mukoyama(eds), *Strategic issues in international retailing*, Routledge Curzon.
- Galbraith, J. K.(1952). *American Capitalism: The Concept of Countervailing Power*, Boston: Houghton Mifflin Co.
- Kuhn, T.S.(1962). *The Structure of Scientific Revolutions*, University of Chicago.
- McCracken, G.(1988). *Culture and Consumption: New Approaches to the Symbolic Character of Consumer Goods and Activities*, Indiana University Press.
- McCraw, T. K.(1998). *Creating Modern Capitalism: How Entrepreneurs, Companies, and Countries Triumphed in Three Industrial Revolutions*, Harvard University Press.

- Stern, L. W. [ed.](1969). *Distribution Channels: Behavioral Dimensions*, Boston: Houghton Nifflin.
- Parsons, T.(1961). *Introduction to Part Four in Theories of Society: Foundations of Modern Sociological Theory*, The Free Press.
- Sheth, J. N., D.M. Gardner and D.E. Garret(1988). *Marketing Theory: Evolution and Evaluation*, John Wiley & Sons.

- 石井淳蔵(1984).『日本企業のマーケティング行動』, 日本経済新聞社.
- 石井淳蔵(1993).『マーケティングの神話』, 日本経済新聞社.
- 今井 淳・山本 眞功編(2006)『石門心学の思想』, ぺりかん社.
- 井本省吾(2000).『流通戦国時代の風雲児たち』, 日本経済新聞社.
- 石原武政(1982).『マーケティング競争の構造』, 千倉書房.
- 石原武政・石井淳蔵(1996)『製販統合: 変わる日本の商システム』, 日本経済新聞社.
- 石原武政・矢作敏行編(2004).『日本の流通100年』, 有斐閣.
- 上野光平(1989).『流通産業の思想と戦略：革新をめざす流通産業人へのメッセージ』, リブロポート.
- NHKプロジェクトX(2002).『プロジェクトX挑戦者たち: 日米逆転! コンビニを作った素人たち』, NHKエンタープライズ(DVD).
- 小川進(2000).『イノベーションの発生論理』, 千倉書房.
- 加藤司(2006).『日本的流通システムの動態』, 千倉書房.
- 川勝平太(1991).『日本文明と近代西洋：「鎖国」再考』, 日本放送出版協会.
- 金顕哲(2001).『コンビニエンス・ストア業態の革新』, 有斐閣.
- 小林一三(2006).『私の行き方』, PHP研究所.
- 佐伯啓思(1993).『「欲望」と資本主義』, 講談社現代新書.
- 佐藤肇(1974).『日本の流通機構』, 有斐閣.
- 鈴木敏文(2008).『挑戦我がロマン: 私の履歴書』, 日本経済新聞出版社.
- 高嶋克義(2002).『現代商業学』, 有斐閣アルマ.
- 田島義博(2004).『歴史に学ぶ流通の進化』, 日経事業出版センター.
- 田村正紀(2008).『業態の盛衰: 現代流通の激流』, 千倉書房.
- 崔相鐵・石井淳蔵編著(2009).『流通チャネルの再編』, 中央経済社.
- 崔相鐵(2004).「家電流通：家電メーカーと家電商人の対立と協調」石原武政・矢作敏行編(2004).『日本の流通100年』有斐閣.
- 永川幸樹(1996).『小林一三: 知恵は真剣勝負が生む』, ＫＫベストセラーズ.

- 中内功(1964). 『わが安売り哲学』, 日本経済新聞社.
- 中内功(2006). 『中内功回想録』, 流通科学大学.
- 日本経済新聞社編(2008). 『攻防メガ百貨店』, 日本経済新聞出版社.
- 日本経済新聞社編(2009). 『PB：格安・高品質競争の最前線』, 日本経済新聞出版社.
- 浜矩子(2009). 「ユニクロ栄えて国滅ぶ」, 『文芸春秋』10月号号.
- 藤井通彦(2006). 『韓国流通を変えた男: ロッテ百貨店創世記』, 西日本新聞社.
- 林周二(1962). 『流通革命』, 中公新書.
- 林周二(1999). 『現代の商学』, 有斐閣.
- 樋口 広太郎(1996). 『前例がない。だからやる！』, 実業之日本社.
- 弘兼 憲史(1990). 『課長島耕作: 第9巻』, 講談社漫画文庫.
- 松岡真宏(2000). 『百貨店が復活する日』, 日経BP社
- マックス・ウェーバー(1954). 『一般社会経済史要論(上・下)』, 黒正巌・青山秀夫訳, 岩波書店.
- 向山雅夫(1996). 『ピュア・グローバルへの着地』, 千倉書房.
- 向山雅夫・崔相鐵編著(2009). 『小売国際化の新展開』, 中央経済社.
- 森本哲郎(1993). 『ある通商国家の興亡』, PHP新書.
- 風呂勉(1968). 『マーケティング・チャネル行動論』, 千倉書房.
- 山岸俊男(1990). 『社会的ジレンマのしくみ』, サイエンス社.
- 矢作敏行(1994). 『コンビニエンス・ストア・システムの革新性』, 日本経済新聞社.

위대한 기업을 뛰어넘는

이기는 기업

지은이 | 최상철
펴낸이 | 김경태
펴낸곳 | 한국경제신문 한경BP
등록 | 제 2-315(1967. 5. 15)

제1판 1쇄 발행 | 2010년 8월 20일
제1판 3쇄 발행 | 2011년 4월 10일

주소 | 서울특별시 중구 중림동 441
홈페이지 | http://www.hankyungbp.com
전자우편 | bp@hankyungbp.com
기획출판팀 | 3604-553~6
영업마케팅팀 | 3604-595, 555   FAX | 3604-599

ISBN 978-89-475-2759-0   03320
값 15,000원

파본이나 잘못된 책은 바꿔 드립니다.